ULLSTEIN

Das Buch

Nachdem Peter Kerr und seine Familie den ersten Winter auf der mallorquinischen Finca überstanden haben, gehen die Schwierigkeiten erst richtig los.
Was passiert, wenn man unverhofft zum Schweinebesitzer wird, sich einer Raupenplage erwehren muss oder in einem Lokal dem Teufel selbst begegnet – das und vieles mehr erfahren wir in Kerrs neuem Buch. Augenzwinkernd erzählt er von all den kleinen Peinlichkeiten, die einem Ortsfremden nun einmal passieren, von den Eigenheiten der neuen Bekannten und von den unvermeidlich guten Ratschlägen selbst ernannter Experten.

Diese Liebeserklärung an die Baleareninsel ist ein Buch für Mallorca-Reisende und alle, die schon einmal von einem Neuanfang im Süden geträumt haben.

Der Autor

Peter Kerr war Jazz-Musiker, Schallplattenproduzent und Landwirt in Schottland. Drei Jahre lang lebte er mit seiner Frau und zwei Söhnen auf Mallorca.
In unserem Hause ist bereits Peter Kerrs erstes Mallorca-Buch, *Im Tal der Orangen*, erschienen.

Peter Kerr

Mañana Mañana

Mein Sommer auf Mallorca

Aus dem Englischen
von Ariane Böckler

Ullstein

Besuchen Sie uns im Internet:
www.ullstein-taschenbuch.de

Umwelthinweis:
Dieses Buch wurde auf chlor- und säurefreiem Papier gedruckt.

Ullstein Verlag
Ullstein ist ein Verlag der Ullstein Buchverlage GmbH.
1. Auflage April 2004

Titel der englischen Originalausgabe: *Mañana Mañana*
(Summersdale Publishers Ltd, Chichester, UK)
Übersetzung: Ariane Böckler
Umschlaggestaltung: Thomas Jarzina, Köln, unter Verwendung einer Vorlage
von Atelier 59, München
Die Illustrationen stammen von Peter Kerr.
Satz: LVD GmbH, Berlin
Druck und Bindearbeiten: Clausen & Bosse, Leck
Printed in Germany
ISBN 3-548-36490-X

Inhalt

Folge mir auf eine Insel der Ruhe, wo die Männer nie in Eile sind und die Frauen nie alt werden; wo man keine Worte verschwendet, wo die Sonne länger scheint und selbst der Mond, vom Müßiggang angesteckt, sich langsamer bewegt.

Aus *L'Illa de la Calma* von Santiago Rusiñol (Editorial Selecta, Barcelona 1922)

Eins

Junghähne und Miesmuscheln

General Franco litt neuerdings an Schlaflosigkeit. Vielleicht spürte er aber auch nur den nahenden Frühling. Was auch immer dahinter steckte, der winzige Hahn mit dem gebieterischen Namen und der dazu passenden herrischen Art ließ es sich auf einmal nicht mehr nehmen, seine frühmorgendliche Anwesenheit klar und deutlich zur Geltung … *und* zu Gehör zu bringen.

Und so machte der gefiederte *generalísimo* kurzen Prozess mit dem Luxus der langen, stillen Nächte, die zu einem Genuss auf »Ca's Mayoral« geworden waren, unserem kleinen Bauernhof, der sich zwischen duftenden Hainen voll Orangen- und Zitronenbäumen und anderen exotischen Gewächsen in ein üppiges Tal schmiegte, das versteckt am Fuß der hoch aufragenden Tramuntana-Berge im Südwesten Mallorcas lag. Der freche kleine Kampfhahn, der im Hühnerstall der *finca* unserer Nachbarin, der alten Maria Bauzá, das Regiment führte, hatte sich unmissverständlich zum Ziel gesetzt, sobald er wach war, auch jedes andere Lebewesen im gesamten Tal zu wecken. Und das ausgerechnet, als unser neues Leben endlich erfreuliche Formen anzunehmen begann …

Es war nämlich gar nicht so leicht gewesen, die Gemütsruhe zu entwickeln, die für ein Leben im »*tranquilo*«-Stil der mallorquinischen Landbevölkerung unabdingbar ist, in deren Mitte wir erst kürzlich gezogen waren. Hier herrschte eine so entspannte Lebenseinstellung, eine so beneidenswerte Gelassenheit, dass wir schon sehr schnell an diesem Ort Wurzeln geschlagen hatten, der den Spitznamen »*Mañana*-Tal« verdient gehabt hätte. Und wir fanden es herrlich!

Ich muss zugeben, dass es eine Art Schock war, sich nach den hochindustrialisierten Methoden des Ackerbaus, die wir aus unserer »alten Heimat« Schottland gewohnt waren, an die überwiegend manuellen Bearbeitungsmethoden auf einer kleinen Obstplantage am Mittelmeer gewöhnen zu müssen, aber langsam – oder vielmehr *poco a poco,* wie die Einheimischen sagen – schafften wir es. *Hombre,* anders ging es gar nicht! Und obwohl unsere tapferen Bemühungen, mit unseren neuen Nachbarn auf Spanisch zu kommunizieren, bestimmt des Öfteren für Gelächter gesorgt hatten, wenn sie unter sich über die *familia extranjera* redeten, die sich in ihrer eng verwobenen Gemeinschaft niedergelassen hatte, um dort zu leben *und* zu arbeiten, zeigten sie sich ausnahmslos höflich und geduldig, wenn sie direkt mit uns sprachen.

Sogar der Hang meiner Frau Ellie, gewisse kleine, aber unverzichtbare Besonderheiten der Landessprache zu ignorieren, wurde stets höflich, wenn auch mitunter schelmisch übergangen. Doch einmal hatte sie ihre Gewohnheit, den spanischen Buchstaben »ñ« nicht wie ein normales »n« mit einem »j« dahinter (wie in »Sonja«) auszusprechen, ganz schön in die Bredouille gebracht.

Es war Anfang Januar, und Ellie ging zum ersten Mal im neuen Jahr wieder im nahe gelegenen Marktflecken Andratx einkaufen, wo sie den verschiedenen Ladenbesitzern fröhlich ihre sorgfältig einstudierten guten Wünsche aussprach. Doch als sie nach einem Besuch beim Fischhändler zum Auto zurückkehrte, schien mir irgendetwas nicht zu stimmen.

»Du siehst ein bisschen verärgert aus«, sagte ich. »Was ist denn los?«

»Ach, dieser Fischhändler«, fauchte sie und knallte die Wagentür zu. »Er hat eine ganz blöde Art, weiter nichts!«

»Wie kommst du denn darauf? Ich habe an Markttagen ab und zu in der Bar nebenan mit ihm geplaudert, und auf mich macht er einen recht netten Eindruck.«

»Tja, es war ja auch alles in Ordnung, bis ich ihm beim Gehen ein gutes neues Jahr gewünscht habe.«

»Ach so?«

»Ja. Da lief er puterrot an, und sämtliche Frauen in der Warteschlange fingen an zu kichern.« Ellie schnaubte. »Na ja, ich habe zwar nicht verstanden, was er mir nachgeschrien hat, aber einen schönen Tag hat er mir auf jeden Fall nicht gewünscht, das steht fest!«

»Ähm, du hast ihm also vermutlich auf Spanisch ein gutes neues Jahr gewünscht, oder?«

»Natürlich. *Feliz Ano Nuevo* – was sonst?«

Ich rieb mir die Nase und versuchte das Grinsen zu verbergen, das um meine Mundwinkel zuckte. »Gut, du hast also *ano* gesagt, ausgesprochen wie ›anno‹, nicht *año,* ausgesprochen wie ›anjo‹?«

»Natürlich. Warum?«

»Weil der arme Kerl gerade erst im Krankenhaus Hämorrhoiden wegoperiert bekommen hat. Kein Wunder, dass er aus der Haut gefahren ist.«

Ellies Brauen zogen sich zu einem verständnislosen Stirnrunzeln zusammen. »Aber warum wird er sauer, wenn ihm jemand ein gutes neues Jahr wünscht, nachdem er sich die Hämorrhoiden hat wegoperieren lassen?«

»Einfach weil du ›anno‹ statt ›anjo‹ gesagt hast.«

»Na und?«

»Du hast ihm gar kein gutes neues Jahr gewünscht, das ist der Punkt.«

»Nein?«

»Nein. Was du ihm nämlich in Wirklichkeit gewünscht hast«, sagte ich, während mir die Lachtränen in die Augen stiegen, »war ein gutes neues Arschloch!«

Jetzt lief Ellie puterrot an.

Bestimmt ließen wir immer wieder solche sprachlichen Fehlschüsse los, ohne es auch nur wahrzunehmen. Das war unvermeidlich. Doch selbst wenn wir gelegentlich etwas Beleidigendes sagten, reagierte niemand von den Einheimischen unhöflich – mit der verständlichen Ausnahme dieses bedauernswerten Fischhändlers. Die Tatsache, dass wir uns wenigstens bemühten, schien gewürdigt zu werden, und das reichte uns. Unser Hauptanliegen bestand schließlich darin, unseren herabgewirtschafteten kleinen Bauernhof wieder flottzumachen.

Doch jetzt vergällte mir General Franco alles, indem er die dritte Nacht hintereinander meinen dringend benötigten Schönheitsschlaf sabotierte. Na gut, ich gebe ja zu, dass ich mit dem morgendlichen Krähen eines Familienhahns in den Ohren aufgewachsen war, aber die Berge ringsum verstärkten solchen ländlichen Lärm zu nervtötendem Krach. Und zu allem Überfluss machte Franco seine Sache nicht einmal gut. Seine frühmorgendlichen Bemühungen klangen eher wie die klägliche Vokalakrobatik eines Nachwuchsjodlers statt wie der markante Ruf des stolzen Herrn im Hühnerhof.

Der kleine General schmetterte erneut mit gebrochener Stimme sein Wecksignal.

»Was in Gottes Namen ist nur in diesen verrückten Vogel gefahren?«, stöhnte ich und blinzelte in dem von Fensterläden verdunkelten Zimmer zum Wecker auf dem Nachttisch hinüber. »Zum Kuckuck, es ist noch nicht mal fünf Uhr! Er fängt jeden Morgen früher an!«

Ellie rollte sich in Embryonalstellung zusammen und zog sich die Decke über die Ohren. »Sei still und schlaf weiter«, brummte sie. »Es ist mitten in der Nacht.«

»Wem sagst du das!«

Das ärgerliche Talent meiner Frau, so ungefähr alles zu verschlafen, was nicht gerade einem Erdbeben der Stärke acht gleichkam, hatte sich an unsere beiden Söhne vererbt, den achtzehnjährigen Sandy und seinen zwölfjährigen Bruder Charlie, deren Schnarchen ich durch die dicken Schlafzimmerwände des alten Bauernhauses hören konnte.

Von dem kleinen Bauernhof nebenan ertönte ein weiterer durchdringender Weckruf des Miniatur-*generalísimos*. Gleich darauf wurden seine krächzenden Ausbrüche von einer feurigen Legion weiterer um ihr Revier besorgter Junghähne erwidert, die sich allesamt auf die Krallenspitzen stellten und flügelschlagend darauf warteten, dass ein neuer Tag über ihrer jeweiligen Geflügelprovinz anbrach – den mickrigen Hühnerhöfen, die auf zwanzig kleinen *fincas* der Umgebung lagen.

Nun fing auch Ellie an zu schnarchen.

Ich lag da, starrte blind in die finstere Leere des Zimmers und sehnte mich nach Schlaf, während ein immer lauter werdender Chor erwachender Vögel inbrünstig in den nahe gelegenen Orangenhainen zu zwitschern begann. Und immer noch umgaben mich die heimeligen Geräusche schlummernder Familienmitglieder. Offenbar war ich die einzig wache menschliche Seele im ganzen Tal, dazu verurteilt, dazuliegen und Frau Dornröschen und ihren Söhnen dabei zuzuhören, wie sie selig vor sich hin schnarchten.

Dann bellte Perro, der dämliche Hund des alten Pep, auf dem kleinen, chaotischen Bauernhof gegenüber. Er bellte noch einmal und jaulte auf, als hätte er Schmerzen – Schmerzen, die wohl von einem Tritt in die *cojones* vonseiten seines übermüdeten Herrchens herrührten –, und verstummte wieder. Doch es war zu spät. Perro hatte es geschafft, die gesamte Hundepopulation des Tals zum Kläffen und Bellen zu bringen. Jeder angekettete Köter verjagte pflichtbewusst Wolfsrudel, Banditen und schwarze Männer, die seiner Einbildung zufolge in den finsteren Wäldern um die einsamen Gehöfte herum lauerten.

Gut gemacht, Perro! Auf einen Streich hatte er aus einem gefiederten Tumult ein komplettes Pandämonium gemacht. Der ruhig vorüberfahrende Nachtzug der Natur war regelrecht entgleist.

Ellie und die Jungen schnarchten ungerührt weiter.

Ich stöhnte. »Na gut, dann muss ich eben mit den Wölfen heulen«, murmelte ich, hievte meinen widerwilligen Leib aus dem Bett und zog mich an. »Ich gehe spazieren!«

Draußen hingen die Moschusdüfte der mediterranen Nacht noch betörend in der feuchten Morgenluft. Der Blick von der Veranda mit ihrem Balkendach an der Vorderfront des Hauses war traumhaft. Die uralten Mandelbäume auf dem nächstgelegenen Feld waren in der Dämmerung nur schemenhaft erkennbar, und ihre krummen Äste erhoben sich geisterhaft aus dem Nebel wie verrenkte Arme und spinnenhafte Finger.

Mich fröstelte. Ich zog den Kragen meiner Jacke bis zu den Ohren hoch und wanderte wie in Trance auf die schlafenden Obstgärten zu. Hier im Freien wirkten die Geräusche des erwachenden Tierlebens irgendwie weniger störend, ja sie standen geradezu im Einklang mit ihrer Umgebung und verloren auch langsam an Aufgeregtheit. Schließlich stand ich vor dem alten, aus Bruchstein gemauerten Brunnen in der Ecke unseres abgelegensten Feldes und wandte mich um, um über die in sanft ansteigenden Terrassen angelegten Obsthaine zum Haus zurückzublicken. Sein mit ockerfarbenen

Ziegeln gedecktes Dach war durch die nachlassende Finsternis gerade zu erkennen. Nun herrschte Schweigen. Eine geheimnisvolle Stille hatte sich über das Tal gesenkt mit der Lautlosigkeit, die der Morgendämmerung vorangeht.

Eine Brise wehte durch die Obstbäume und brachte in ihrem linden Hauch den Duft von wilden Myrten und Thymian aus den grünen Hügeln mit, die sich bis an die Küste zogen. Halb fantasierte ich, halb roch ich die Gerüche Afrikas, das jenseits des Horizonts auf der anderen Seite des Mittelmeers lag. Jetzt beneidete ich Ellie und die Jungen nicht mehr um ihren ungestörten Schlaf. General Franco hatte mir einen Gefallen getan.

Mein Blick wurde nach oben gelenkt, zur Sierra Garrafa, wo noch ein einsamer Stern in der tintenblauen Leere über den Gipfeln glomm. Ihre gezackte Silhouette hob sich nun gegen einen breiter werdenden Lichtstreifen ab. Dies war Mallorca, wie ich es noch nie zuvor gesehen hatte: beim Erwachen in seiner ganzen Pracht. Und ich wurde nicht nur Zeuge der Geburt eines neuen Tages, sondern auch des Beginns einer neuen Jahreszeit.

Plötzlich war der Frühling gekommen, und überall waren die Zeichen seiner Ankunft zu sehen. Grüne Gewächse mit Blütenblättern sprossen fröhlich rings um mich herum. Und dort, auf dem exponierten Ast einer in der Nähe stehenden Kiefer, übte ein junges Spatzenmännchen seine unausgereifte Kopulationstechnik an einem willigen Kiefernzapfen. Drüben bei der Ziegelmauer der alten *cisterna* schnüffelte ein pubertierender Igel voller Leidenschaft am stumpfen Ende eines umgedrehten Schrubbers. O ja, der Frühling war wirklich gekommen!

Ich weiß nicht, wie lange ich an die Brüstung des Brunnens gelehnt dastand und mit allen Sinnen die Reize des jungen Tages genoss. Doch als ich endlich den Rückweg zum Haus antrat, überflutete bereits warmes Sonnenlicht die Talsohle und drang durch das üppige Blattwerk der Zitrusbäume, in denen die *azahar*-Blüten dufteten und die Honigbienen ihre Melodien summten.

»Bienen sind die Liebesgötter der Obstgärten«, hatte mir die alte Maria Bauzá kurz nach unserer Ankunft im Tal erklärt. »Ohne sie käme es nicht zum Liebesakt zwischen den Bäumen, dem *matrimonio*, das zur Geburt der Früchte führt.«

Ich weiß noch, wie ich über eine derart poetische Beschreibung von etwas gestaunt hatte, das für die meisten Menschen selbstverständlich war.

»Sie brauchen einen Bienenstock«, hatte Maria hinzugefügt, während ich im Stillen noch über diese unerwartet romantische Formulierung unserer forschen Nachbarin nachdachte.

Sie hatte mir bereits erklärt, dass ich ein Schwein brauchte, ein paar Hühner und einen Esel. Das Schwein und die Hühner waren immerhin auf unsere Einkaufsliste gesetzt worden, wenn auch ein wenig halbherzig, doch ein Esel würde – zum größten Entsetzen der alten Maria – in meiner Hitliste unverzichtbarer landwirtschaftlicher Hilfsmittel niemals den Traktor ersetzen. Insgeheim war ich außerdem der Meinung, dass der Bienenstock sich zum Esel in die Kiste mit den abgelehnten Ideen gesellen würde. Ich hatte weiß Gott schon genug über die Feinheiten des mediterranen Obstanbaus zu lernen und würde mir das Leben bestimmt nicht noch schwerer machen, indem ich mich in die Geheimnisse der uralten Kunst der Bienenzucht vertiefte. Nein, unsere liebebedürftigen Bäume würden sich schon auf die kleinen Pfeile der geflügelten Liebesboten anderer Leute verlassen müssen.

Doch es war schön, sie in den Blüten vor sich hin summen zu hören, und beruhigend zu wissen, dass ihre hingebungsvolle Arbeit sozusagen den Keim zu unserer nächsten Ernte legte. Die Bienen waren mit dem Arrangement offenbar zufrieden, und ihr Besitzer (wenn sie denn einen hatten) konnte sich auf eine Ration Zitrusblütenhonig freuen, die ihm gratis von den Bäumen anderer Leute in den Schoß fiel. Es war eine Situation, von der alle profitierten, und während ich gemächlich meinen Nachhauseweg fortsetzte, freute ich mich an dieser Vorstellung.

Obwohl es noch nicht einmal sieben Uhr war, begannen sich ringsum im Tal schon die mechanischen Werktagsgeräusche bemerkbar zu machen – ein weiteres Anzeichen für den Frühling und das Eintreffen wärmeren Wetters. Und während die Tage immer länger wurden, würden wir schon bald der erstickenden Hitze des Sommers entgegengehen. Dann würde die Landarbeit notgedrungen in der relativen Kühle des frühen Morgens, Spätnachmittags und Abends verrichtet werden.

Drunten auf der Straße, die zum Dorf führte, konnte ich den knatternden Zweitaktmotor des kleinen Citroën 2CV des Bäckers hören, der seine morgendliche Auslieferung begann. Daneben verkündete das Rasseln eines Mobylette-Mopeds, dass der erste der im Dorf ansässigen *campesinos* seine tägliche Fahrt von zu Hause zu einer *finca* irgendwo weiter oben im Tal angetreten hatte. Garantiert hatte er bereits mit ein paar *amigos* in einer der Bars im Dorf ein paar mit *coñac* versetzte Kaffees »gefrühstückt«. Als er gegenüber am Hof unseres Nachbarn vorübersauste, wechselte er einen vergnügten Gruß mit dem alten Pep. Obwohl alles hinter der uralten Mauer verborgen blieb, die an der straßenseitigen Grundstücksgrenze von Ca's Mayoral entlang verlief, schloss ich aus den lautstarken Schimpfwörtern, die Pep seinem Hund zubrüllte, und dem Klingeln von zwanzig blechernen Glocken, dass er sich bereits mit seiner kleinen Schafherde auf den Weg zu einer der zahlreichen »Wiesen« voller Unkraut auf den hohen *bancales* machte, wo er Weiderechte genoss.

Schließlich stimmte noch das hohle Tuckern eines Dieseltraktors mit ein, der zwischen den Bäumen eines weit entfernten Feldes angelassen wurde.

Der Morgen war angebrochen.

Ellie und die Jungen wandten mir den Rücken zu, als ich die Küche betrat. Ellie stand am Herd und kochte Kaffee, während die Jungen am Tisch saßen und Eier mit Speck verputzten, die ihres Namens würdig waren, da sie von den im Obstgarten pickenden Hennen und den mit Feigen gefütterten Schweinen der alten Maria stammten.

»Morgen, Dad. Du hast wohl länger geschlafen, was?«, erkundigte sich Sandy und sah kurz von seinem morgendlichen Festmahl auf. »Hätte nicht gedacht, dass du das nötig hast, dem Geschnarche nach, das die ganze Nacht aus eurem Schlafzimmer kam.«

»Ja«, stimmte Charlie mit ein, ohne sein Geschaufel vom Teller in den Mund zu unterbrechen. »Ich bin total erledigt. Hab kaum ein Auge zugetan bei dem tierischen Krach, den du gemacht hast.«

Schweigend stand ich da und nickte langsam, während ich auf Ellies Richtigstellung wartete, die unvermeidlich war.

»Die Jungs haben Recht, Schatz«, sagte sie schließlich ohne die geringste Spur von Reue im Blick, als sie sich umdrehte, um mir den Kaffee zu bringen. »Du musst wirklich mal was dagegen unternehmen.«

***

Es war Mittwoch und damit Markttag in Andratx.

Sandy hatte sich bereit erklärt, an diesem Morgen die »Görentour« zu übernehmen – sein Ausdruck dafür, seinen jüngeren Bruder zusammen mit den drei noch jüngeren Kindern, die er unterwegs einsammelte, die etwa fünfundzwanzig Kilometer zur Schule zu fahren. Nicht dass es ihm besonders viel Spaß gemacht hätte, für vier faule, kleine Rotznasen – wie er sie mit der stolzen Herablassung eines »reifen« Achtzehnjährigen zu nennen beliebte – den Chauffeur zu spielen, aber er hätte beinahe alles getan, um den Beginn der täglichen Feldarbeit mit unserem winzigen Barbieri-Traktor hinauszuzögern. Im Vergleich zu den wuchtigen Kolossen mit Vierradantrieb, die er gewöhnt war, betrachtete er unseren windigen Diesel herzloserweise als eine Art motorisierten Esel … ohne Sattel. Und im Grunde war er ja auch fast nichts anderes: ein kleines, zweirädriges Arbeitstier, hinter dem man herging wie hinter einem Esel und das man statt mit Zügeln mit einer Lenkstange dirigierte. Doch es war auf jeden Fall eine Maschine, die für die Arbeit in den engen Grenzen dieser von Bäumen übersäten kleinen Felder ideal war. Und sie hatte noch einen Vorzug, wie mir Jaume, ein weiterer unserer verehrten Nachbarn, ausgeführt hatte, als er mir zum ersten Mal empfahl, einen solchen Traktor zu kaufen: »Im Gegensatz zu einem Esel, Don Pedro, scheißt er Ihnen nicht auf die Schuhe.«

Das leuchtete mir durchaus ein, doch Sandy interessierte das alles nicht. Das erniedrigende Bild, hinter diesem tuckernden Micky-Maus-Vehikel über die Felder zu trotten, schmeckte ihm ganz offensichtlich nicht. Oder zumindest stellte er es so dar …

Jedenfalls machten sich unsere Söhne in dem relativ bequemen »Familien«-Ford-Fiesta auf den Weg, während Ellie und ich den Rücksitz des »Hof«-Seat-Pandas ausbauten und das Auto bis zum Dach mit Orangenkisten voll luden, der heutigen Bestellung für Señor Jeronimo, unseren freundlichen Obstgroßhändler an der Küste in Peguera.

»Praktisch, zwei Autos zu haben«, keuchte Ellie und bemühte sich redlich darum, es sich auf dem ganz nach vorn geschobenen Beifahrersitz des Pandas bequem zu machen, obwohl jedes Mal, wenn ich auf dem kurvenreichen *camino* bremste, der durch das Dorf Sa Coma nach Andratx führte, eine Plastikkiste gegen ihren Hinterkopf schlug und ein paar saftige Valencia-Orangen auf ihrem Schoß landeten.

»Mm, trotzdem wäre mir wohler, wenn wir die Zulassungspapiere hätten«, murmelte ich und klaubte eine fliegende Mandarine vom Armaturenbrett. Ich musste daran denken, wie unser Freund Jock Burns unsere Bedenken zerstreut hatte, als er uns zu seinem Gebrauchtwagenhändler-*contacto* im Inneren der Insel gelockt hatte.

»Total clever, dieser Enrique«, hatte Jock mir anvertraut und mir dabei durch ein Zwinkern zu verstehen gegeben, dass das unter uns bleiben sollte. »Macht die besten Geschäfte, die du dir vorstellen kannst, mit den großen Autovermietern, du weißt schon. Ein Jahr alte Motoren, in bestem Zustand, kaum Kilometer, jede Woche beim Kundendienst, zum halben Neupreis. Unschlagbar, Mann.« Und wieder ein Zwinkern, das diesmal schon verschwörerisch wirkte. »Kontakte, weißt du, was ich meine? Kontakte – so kommt man nämlich hier auf der Insel am besten durch.«

Allerdings waren volle drei Monate verstrichen, bevor wir Jocks Rat angenommen hatten und die stolzen, wenn auch etwas bangen Besitzer des Fiestas und des Pandas geworden waren – natürlich beide in bestem Zustand und mit kaum Kilometern. Doch die Zulassungspapiere waren immer noch nicht aufgetaucht.

»No problema«, hatte Enrique mir damals versichert und mir mit der einen Hand mehrere vertrauensfördernde Klapse auf den Rücken gegeben, während er sich mit der anderen mein freudig in Empfang genommene *dinero* in die Brusttasche steckte. Ich solle mir wegen einer derartigen Nebensache wie den fehlenden Papieren für diese *coches estupendos* keine Gedanken machen. *Coño*, wir waren hier in Spanien, und solche Sachen dauerten eben ihre Zeit. Er legte den Kopf schief, zog die Schulter hoch und ließ in einem mi-

mischen Achselzucken die Mundwinkel fallen. »Sie wissen doch, wie diese großen Mietwagenfirmen sind, *amigo*. Haben ihre eigenen Gesetze, stimmt's?« Ich solle alles ganz locker sehen, *tranquilo* bleiben. Die *documentos* würden bald mit der Post kommen. Wahrscheinlich schon *mañana*. *»Ay-y-y, no problema, eh!«*

Jock, der ebenfalls Schotte war und jahrelang als Lehrer auf der Insel gearbeitet hatte (und außerdem ein beliebter Alleinunterhalter in Hotels sowie ein bekanntes Faktotum war), hatte in den Wochen darauf, als ich mehrmals ihm gegenüber meine Besorgnis geäußert hatte, Enriques Philosophie wiederholt.

»Mach dir nich ins Hemd, Mann«, hatte er gesagt. »Sieh's mal so: Solang du keine Papiere hast, kannste die Autos auch nich auf dich zulassen, stimmt's?«

»Stimmt, und genau das stört mich. Ich meine, dann kann ich sie auch nicht versteuern und –«

Jock hob die Hand, um mich zum Schweigen zu bringen, und sah mich fragend an. »Und solang die Autos nich auf dich zugelassen sind …?«

Ich sah Jock verständnislos an, während er in klassischer Lehrermanier auf meine Antwort wartete.

»Du kapierst nicht, worauf ich rauswill, was, Mann?«

Ich schüttelte den Kopf.

Auch Jock schüttelte den Kopf und gab pikierte Schnalzgeräusche von sich. »Haste schon mal versucht, im Stadtzentrum von Palma zu parken, wenn dich Ellie an nem Samstagmorgen zum Einkaufsbummel schleppt?«

Ich nickte.

Auch Jock nickte, diesmal aber mit selbstgefälligem Grinsen. »Is doch zum Kotzen, oder? Alles voller Autos. Und die Bullen verteilen massenhaft Strafzettel, stimmt's?«

»Schon, aber ich weiß nicht, was das mit …« Dann dämmerte es mir. »Ach, Moment mal – du meinst also, dass ich parken kann, wo ich will, weil die früheren Besitzer der Autos –«

»*Deine* Strafzettel geschickt kriegen«, ergänzte Jock grinsend.

»Hm, aber –«

»Hm, aber gar nix! Hör mal, was glaubste, was diese Mietwagenfirmen mit den Dutzenden von Strafzetteln machen, die sie auf so ner Ferieninsel wie der hier Tag für Tag geschickt kriegen? Sie ihren längst abgereisten, auf Nimmerwiedersehen verschwundenen Kunden nach Großbritannien, Deutschland, Skandinavien oder sonst wohin nachschicken? Vergiss es! Nee, Kumpel, die hauen sie postwendend in ihren Aktenvernichter. Und genau dasselbe wird mit deinen auch passieren, also park einfach ungeniert drauflos, solang du kannst.« Jock zuckte wie Enrique mit den Achseln. »Is hier völlig normal.«

Ich war nicht ganz überzeugt. »Na ja … mag sein. Aber es gibt doch auch noch die Verkehrspolizei. Was mache ich, wenn denen aufgeht, dass die Kfz-Steuer für die Autos überfällig ist?«

Jock tätschelte meine Wange und warf mir ein herablassendes Lächeln zu. »Stell dich gegenüber den Bullen einfach dumm. Dürfte dir doch nich schwer fallen, oder? Du sagst ganz laut: ›*No comprendo!* Sprechen only English! Auto nix meine. Von Mietwagenfirma!‹ Dann soll ihm deine Frau nen Schlafzimmerblick zuwerfen und ihm kurz neckisch ihre *melones* unter die Nase halten – das hat bei den spanischen Bullen noch immer gezogen –, und Bingo! – schon biste aus dem Schneider.«

»Oder auf dem Weg in den Knast wegen Zuhälterei«, wagte ich matt einzuwenden. »Und wegen verschiedener Vergehen im Zusammenhang mit den Autos. Womöglich müsste ich monate- oder sogar jahrelang sitzen.«

»Nee, nee«, widersprach Jock lachend. »He, denk mal nach,

Mann. Clever musste sein – damit kommt man hier auf der Insel am besten durch.«

Es war mir schon anstrengend genug, dass ich lernen musste, *tranquilo* zu sein (und offen gestanden hatte ich noch einen weiten Weg vor mir, bis ich mir diese spanischste aller Eigenschaften auch nur halbwegs antrainiert hätte), und jetzt erwartete Jock auch noch, dass ich »clever« würde, ein Charakterzug, den ich seiner Ansicht nach ohnehin im Blut haben müsste, »weil du ja schließlich Schotte bist und so – du weißt schon, was ich meine.«

Genau wie ich es befürchtet hatte, regelte ein Polizist den Verkehr. Wie ein Fels in der Brandung stand er mitten auf der Kreuzung am Ortseingang von Andratx, als Ellie und ich mit unserem orangenbeladenen Panda auf ihn zurollten. Er bedeutete mir anzuhalten und kam dann herübergeschlendert. Sein gesamtes Auftreten zeugte von der Macht seiner Uniform. Jede Spur von angeborener Cleverness, die vielleicht in meinen schottischen Genen auf der Lauer gelegen hatte, machte sich schleunigst aus dem Staub.

Der undurchschaubare Gesetzeshüter umkreiste langsam das Auto und inspizierte es durch seine verspiegelte Sonnenbrille.

»Halt ihm um Gottes willen nicht deine *melones* unter die Nase«, tuschelte ich Ellie aus dem Mundwinkel zu.

»*Wie* bitte?«, schnaubte sie.

»Na ja, versuch einfach, ruhig zu wirken. Bleib ... bleib natürlich und so.«

»Ich *bin* natürlich und so! Und ruhig!«

»Ja, aber ich meine ... ohne Papiere für das Auto ...« Mittlerweile flüsterte ich.

»Stell dich nicht so an«, schimpfte Ellie. »Selbst wenn er sie sehen will – was ist schon dabei? Sag ihm die Wahrheit. Du hast dir nichts zuschulden kommen lassen. Schieb einfach alles auf diesen Enrique, wenn es Ärger gibt.«

Wie immer hatte Ellie Recht. Die bestechende Logik des reinen Gewissens. Schon wieder etwas, das ich offenbar lernen musste.

Ein plötzlicher Disput, der sich zwischen einem jungen Traktorfahrer und einem alten *campesino* mit Esel und Karren darüber entsponnen hatte, wer an der Kreuzung Vorfahrt hatte, lenkte den Polizisten von uns ab. Das cholerische Verkehrsverhalten der Mallorquiner hatte gerade im richtigen Moment sämtliche Unterschiede zwischen Generationen und technischen Niveaus eingeebnet. Der finster dreinblickende *policía municipal* winkte uns – etwas widerwillig, wie mir schien – weiter, pfiff den Streithähnen im Fall Traktor gegen Esel zu und stolzierte hinüber, um sie zur Schnecke zu machen. In der Zwischenzeit wurde natürlich der gesamte Verkehr hinter ihnen aufgehalten, und da Markttag war, führte dies zu einem rasch anwachsenden Stau von Bussen, die zu diesem beliebten allwöchentlichen Ereignis Touristen in die Stadt karrten. Während ich dem Gott der Steuerbetrüger ein stilles Gebet entrichtete, fuhr ich so schnell davon, wie der kleine Panda es gestattete. Hinter uns blies ein Orchester von Bushupen eine wirkungslose Protestfanfare gegen den Brüllwettstreit dreier Männer, der nun hinten auf der Kreuzung tobte. Wie ich im Rückspiegel bemerkte, war der Esel bereits eingeschlafen.

Wenn man Andratx hinter sich lässt, steigt die Straße nach Peguera steil zum Coll d'Andritxol an, einer Bergkette, die die bewaldeten tieferen Hänge der Biniorella- und der Garaffa-Berge miteinander verbindet und zugleich eine der ergiebigsten Quellen der Gegend birgt. Normalerweise musste man ein Auge auf die regelmäßigen Prozessionen von riesigen Wassertankwagen haben, die auf der schmalen Straße von der Quelle kamen, doch heute Morgen war das einzige Fahrzeug, das auf die Hauptstraße einbog, eine zerbeulte alte Mobylette, die von einem schmächtigen mallorquinischen

Bauern mit einem Lächeln und einer Zigarette im Mund gesteuert wurde und von deren Lenkstange eine Einkaufstasche baumelte.

Es war Jordi Beltran, ein echtes Andratxer Original. Er wohnte zwar in der Stadt, bewirtschaftete aber einen von mehreren *huertos* oder kleinen Nutzgärten, die einen schmalen Streifen flachen, fruchtbaren Landes beanspruchten, das direkt neben der reichhaltigen Wasserquelle des Colls am Berghang lag. Jordi, der sich anerkennenswert flüssig in Gossenenglisch auszudrücken wusste, war ein guter Kumpel und eine wertvolle Anlaufstelle für Ratschläge und lokale Informationen geworden, seit ich ihn vor ein paar Monaten zufällig im Zeitschriftenladen unten in Port d'Andratx kennen gelernt hatte.

Ich drückte auf die Hupe und winkte. Ein Grinsen des Erkennens breitete sich über Jordis hagere Gesichtszüge aus. Er zeigte auf Andratx und machte mit an die Lippen gesetztem Daumen und in die Luft abgespreiztem kleinen Finger die mallorquinische Geste für Trinken. Nachdem er meinen aufgerichteten Daumen als Bestätigung dafür aufgefasst hatte, dass ich seine Botschaft verstanden hatte, drehte er den Gashebel der Mobylette auf und zockelte in einem Wirbel aus blauen Auspuffgasen und Zigarettenrauch den Berg hinab.

»Dann ist *dein* Markttag ja wohl schon unter Dach und Fach«, sagte Ellie trocken.

Ich entschied mich für besonnenes Schweigen.

* * *

Peguera ist ein quirliger Urlaubsort, eine aufstrebende *urbanización*, die vor dem Aufkommen des Massentourismus nur wenig mehr gewesen war als eine Ansammlung von Fischerhütten, und damit das absolute Gegenteil zum verschlafenen, alten Andratx und dem Mallorca, das wir kennen und lieben gelernt hatten. Aber trotzdem fuhren wir regelmäßig nach Peguera, vor allem weil es damals nicht nur den nächstgelegenen Supermarkt von nennenswerter Größe besaß, sondern auch eine Filiale der Palmaer Bank, bei der wir unser Konto hatten – und natürlich Señor Jeronimos Obstgroßhandel.

Ich setzte die durch Verrenkungen lädierte und von Orangen traktierte Ellie beim *supermercado* am Stadtrand ab und fuhr weiter. An der Bar El Piano hielt ich kurz an, um ein paar Worte mit der Besitzerin zu wechseln, der stets freundlichen Señora Esperanza, die gerade zur Vorbereitung auf das Tagesgeschäft die Terrasse wischte. Eigentlich nichts weiter als ein großes, schlichtes Speiselokal abseits der Touristenströme, wird die »Bar« El Piano vorwiegend von Bauarbeitern und Lastwagenfahrern für einen kurzen Brandy nach dem Essen aufgesucht, nachdem sie Esperanzas berühmte *menús del día* genossen haben – drei großzügig bemessene Gänge, einschließlich Brot und einer ordentlichen *garrafa* Wein, und das alles zum Preis einer »Vorspeise« in einem durchschnittlichen britischen Restaurant. Natürlich hatten die Unmengen überwiegend deutscher hier ansässiger Ausländer schnell begriffen, welche eindeutigen Vorteile es hatte, ein Lokal zu besuchen, in dem man ein reichlich bemessenes Menü für nicht mehr Geld – und bedeutend weniger Mühe – bekam, als man für die Zubereitung einer Mahlzeit in der eigenen Küche gebraucht hätte.

Die kosmopolitische und gesellschaftlich gemischte Bar El Piano war schon lange auch auf unsere immer länger werdende Liste von Mallorcas preiswerten Mittagstischen gesetzt worden, und als Señora Esperanza das aktuelle Tagesmenü vortrug, bekam ich gleich Hunger. Doch es war noch viel zu tun, bevor solchen Regungen nachgegeben werden durfte, und so verabschiedete ich mich und fuhr um die Ecke zu Jeronimos kleinem Lagerhaus.

Wie immer wimmelte es in dem engen Raum von Menschen: Bauern, die ihre Waren anlieferten, Ladenbesitzer, Gastwirte und Hotelköche, die Ware suchten und auswählten, Lieferanten, die volle Kisten zu ihren Wagen schleppten, und mittendrin der unerschütterliche Jeronimo, der mit der einen Hand Geld entgegennahm und es mit der anderen ausgab. Wie es den altehrwürdigen spanischen Traditionen auf dem Lande entsprach, wurden sämtliche Transaktionen in bar vorgenommen, und falls irgendwelche Aufzeichnungen geführt wurden, so konnten diese nur in Jeronimos Kopf existieren. Bedauert sei der arme Steuerprüfer, der versuchen wollte, die finanziellen Feinheiten eines offenkundig so ungenauen Systems zu ergründen, das – wiederum den altehrwürdigen spanischen Traditionen entsprechend – gerade der Grund für die offenkundige Ungenauigkeit gewesen sein könnte. Aber natürlich nur, wenn es sich um einen weniger ehrbaren Geschäftsmann als Señor Jeronimo gehandelt hätte.

»Lo siento, señor«, sagte er mit bedauerndem Achselzucken, nachdem er einen Blick auf meine Orangensammlung geworfen hatte. »Ich kann Ihnen heute alles abnehmen, was Sie haben, außer den zwei Kisten Valencias.« Er wies auf einen Stapel Kisten im hinteren Teil des Lagerhauses. »Alles Valencias, Señor Peter. Es ist schon spät in der Orangensaison, und da die Valencias eine späte Sorte sind, gibt es ein Überangebot.« Er zuckte erneut mit den Achseln. »Ich habe heute Morgen schon zu viele gekauft.«

»Na gut«, sagte ich lächelnd und versuchte, nicht allzu enttäuscht dreinzuschauen. »So läuft es eben im Obsthandel.« Ich dankte ihm für das kleine Bündel Scheine, das er mir sorgfältig in die Hand zählte, wandte mich um und schleppte die zwei Kisten unerwünschter Orangen zum Auto zurück.

»Momentito!«, rief mir Jeronimo nach und kam mit einer Hand voll kurzer, grüner Stängel, die nicht viel dicker als Grashalme waren, aus dem Lagerhaus gerannt. »Ein kleines

Geschenk für Ihre Frau.« Er musterte einen Moment lang meine verwirrte Miene, runzelte dann die Stirn und fragte: »Sie mag das nicht, oder?«

»Ich weiß nicht«, antwortete ich und starrte verständnislos auf die dünnen Triebe herab. »Nehmen Sie es mir nicht übel, aber … was ist das?«

»Sie wissen es nicht?«

Ich schüttelte verlegen den Kopf.

Jeronimo war perplex. *»Hombre«,* japste er, »das hier ist unbezahlbar – der Kaviar des mallorquinischen Bodens!«

»Also … also dann danke. Vielen Dank«, sagte ich, um keinen Deut schlauer. »Was, ähm … was mache ich damit?«

»Sie wissen nicht, wie man *espárragos* zubereitet? *Dios mío!*«

»Ach, Spargel! Klar, natürlich«, bluffte ich und betrachtete die spindeldürren Stängel genauer. Und ja, es war tatsächlich Spargel, der allerdings wie eine extrem magersüchtige Version der dicken Stangen aussah, die ich kannte. »Sie, äh, sehen sehr hübsch aus.«

»Hübsch? *Hübsch?*«

Zweifellos hatte ich Jeronimo beleidigt, also entschuldigte ich mich wortreich und gestand meine bisherige völlige Ahnungslosigkeit in Bezug auf diesen Schatz mallorquinischer Vegetation ein.

Dieser mallorquinische Spargel, so erklärte er mir nun, während er mich mit dem leicht mitleidigen Blick eines Mannes bedachte, der einen Vollidioten vor sich zu haben glaubt, sei ein gastronomischer Luxus von unermesslichem Wert.

»Trotz seiner bescheidenen Größe«, plapperte mein Mund respektlos hervor, bevor ich das Gehirn einschalten konnte.

Jeronimo behandelte meinen vorlauten Fauxpas mit der Missachtung, die er verdiente, und erläuterte mir, dass die *espárragos* wild auf der Insel wüchsen und die jungen, zarten

Schößlinge – wie diese hier – jedes Frühjahr begierig von Leuten mit erlesenem Geschmack gesammelt würden.

»Die Franzosen mögen ja stolz auf ihre Trüffel sein«, fügte er herablassend hinzu, »aber, *hombre,* diese überteuerten Klumpen von Stinkpilzen können mit dem kulinarischen Schatz Mallorcas nicht mithalten, den Sie gerade in der Hand halten. In etwas Butter sautiert, leicht gewürzt und vielleicht mit einem zarten Hauch Knoblauch versehen, und … ich sage Ihnen, *señor,* manche Leute würden für diesen Genuss töten.«

Plötzlich beschlichen mich leichte Schuldgefühle, weil ich eine derart kostbare und seltene Delikatesse angenommen hatte, und ich versuchte, das Jeronimo klarzumachen. »Hören Sie«, begann ich, »bitte fassen Sie das nicht falsch auf, aber Ihre eigene Familie … ich meine, würden Sie nicht lieber –«

Jeronimo hob die Hand und schüttelte beruhigend den Kopf. »Bitte, ich weiß, was Sie jetzt sagen wollen, aber ich versichere Ihnen, dass ich Ihnen die *espárragos* liebend gern überlasse, mein Freund.«

»Wirklich?«

»Sicher.« Er machte eine abwehrende Geste zu dem kleinen grünen Bündel in meiner Hand und ging dann wieder zum Lagerhaus zurück. »Ich persönlich«, rief er mir über die Schulter zu, »kann das verdammte Zeug nicht ausstehen.«

Da ich fest daran glaube, dass man eine gute Tat mit einer anderen vergelten soll, hielt ich auf dem Rückweg erneut an der Bar El Piano und schenkte Señora Esperanza eine der Orangenkisten. Sie nahm sie mit einem gekreischten Schwall von *muchas gracias'* entgegen und bestand darauf, mir diese herrlichen Orangen zu bezahlen. Also, *naranjas* anzubauen sei schließlich mein Beruf, erklärte sie, und daher sei es nicht mehr als recht und billig, dass ich dafür eine Bezahlung erhielte. Respektvoll lehnte ich ihr Angebot ab (ich wusste ganz genau, dass ich die Früchte auf einem übersättigten Markt wohl ohnehin nicht an jemand anderen verkaufen könnte) und deutete an, dass sie ja womöglich auch für die zweite Kiste Verwendung habe. Aber nein, erwiderte die Señora mit höflichem Lächeln, sie könne keinesfalls ein noch großzügigeres Orangengeschenk von mir annehmen als das bereits erhaltene, und der *señor* werde bestimmt woanders einen würdigeren Empfänger für seine *benevolencia* finden.

Da war ich mir nicht so sicher, aber ich wusste, dass Señora Esperanza meine kleine Geste nicht vergessen würde, auch wenn ihr Lagerraum wahrscheinlich schon von preisreduzierten Valencia-Orangen überquoll. Wenn eine angemessene Höflichkeitsfrist abgelaufen war, würde sie uns mit Naturalien entschädigen. Und obwohl wir nicht auf derartige Gegengaben aus waren, würden wir sie, wenn der Zeitpunkt gekommen war, taktvoll und ohne großes Getue annehmen. Das war, wie wir bereits gelernt hatten, die spanische Art.

»Ein Jammer, dass du sie nicht auf dem Baum gelassen hast«, meinte Ellie mit einem Blick auf die letzte volle Kiste, als wir gemeinsam den Inhalt ihres Einkaufswagens ins Auto luden. Sie rieb sich den Hinterkopf. »Hm, außerdem hätte mir das auf dem Weg hierher ein paar kleinere Blessuren erspart.«

Sie hatte in beiden Punkten Recht. Orangen halten sich am besten, wenn man sie dort hängen lässt, wo sie wachsen, selbst wenn sie schon ganz reif sind. Das war mir von unserem Nachbarn Jaume gleich zu Beginn unseres Abenteuers als Obstbauern auf Mallorca erklärt worden und seitdem noch viele Male von ungefähr jedem zweiten *campesino* im Tal. Und doch hatte es meiner ersten Begegnung mit einem übersättigten Markt bedurft, bis ich diesen Rat wirklich begriffen hatte.

»Und was willst du jetzt mit ihnen anfangen?«, fragte Ellie in unverhohlen herablassendem Tonfall.

Ich widerstand der Versuchung, ihr die auf der Hand liegende Antwort zu geben, und lenkte den Panda in Richtung Andratx.

* * *

Der Marktplatz von Andratx liegt am Stadtrand, in einer breiten Allee, über der sich die imposante Masse der Burg Son Mas erhebt. Jahrhundertelang war sie die prunkvolle Residenz der reichen Landbesitzer gewesen, doch nun diente sie der Stadtverwaltung von Andratx als nicht minder prächtiger Sitz. Zeiten, politische Verhältnisse und eben auch Geschicke wandeln sich.

Ich setzte Ellie ab, damit sie wie jede Woche an den zahlreichen Buden herumstöbern konnte, die alles verkauften: von frischen Produkten vom Bauernhof bis zu Lammfell-Hausschuhen, von lebendem Geflügel zum Kochen und Kaninchen zum Braten bis zu Töpfen, Pfannen und Baumscheren, von Kanarienvögeln in Käfigen bis zu Gürteln aus falschem Schlangenleder, die von dunkelhäutigen Romas mit dem Ruf »Looky, looky, Lady!« angepriesen wurden, und schließlich von Plastiksäcken voll dampfendem Maultierdung bis hin zu Musikkassetten mit den ewig gleichen Hits der spanischen Urlaubsorte. *Costa*-Klassiker wie »The Birdie Song«, »Agadoo« und natürlich das unverzichtbare »We're Having A Gang Bang Against The Wall« dröhnten über das lebhafte Treiben hinweg.

Obwohl die Touristensaison erst langsam anlief, herrschte tatsächlich überraschend viel Betrieb auf dem Marktplatz. Landfrauen, die ihre Hühner anboten, standen Seite an Seite mit von Sombreros geschmückten Urlaubern, ledergesichtige alte Bauern wurden von bierbäuchigen Rüpeln in Fußballtrikots beiseite geschoben, verschlagene Burschen griffen in offene Handtaschen oder schnappten sich überquellende Brieftaschen, die einladend aus vorüberkommenden Hosentaschen lugten. Wenn doch nur schon Herbst wäre und die Mittwochvormittage im verschlafenen Andratx wieder »normal« würden. Gern ließ ich Ellie dort zurück und fuhr zum Hauptplatz.

Die Plaza de España verbirgt sich im Stadtzentrum und ist ein angenehmer, offener Platz inmitten eines rechtwinklig angelegten Netzes aus schmalen Straßen. Der überwältigende Irrgarten-Effekt verstärkt sich für den Ortsfremden durch ein verwirrendes, aber notwendiges Einbahnstraßensystem. Noch nach vier Monaten als Wahl-Einheimischer verlor ich in Andratx immer wieder die Orientierung. Doch heute Morgen klappte es. Ich parkte das Auto an einer Ecke des Platzes und steuerte die Bar Nuevo an.

»Ay-y-y, ja Kruzifix! Wie geht dir heute, Mann?«, rief Jordi von seinem sonnigen Plätzchen vor seiner Stammkneipe.

Nachdem wir uns mit Handschlag begrüßt hatten, setzte ich mich an seinen Tisch und bestellte zwei Bier bei Guillermo, dem aufmerksamen Besitzer, der in der Tür seines Lokals erschienen war, sowie er Jordis Begrüßung vernommen hatte.

»Nein, nein, Kruzifix, mir nix kaufen Bier!«, protestierte Jordi.

»Okay«, sagte ich zu Guillermo, »ein Bier für mich, *por favor,* und einen *coñac* für Jordi. Oder Gin oder Bacardi – was er eben will.«

Guillermo sah mich an, als wollte er sagen »Sie werden's nicht glauben«, während Jordi seine Proteste bekräftigte. Obwohl er weiß Gott kein Säufer war, hatte ich doch nie erlebt, dass Jordi in Mußestunden eine alkoholische Erfrischung abgelehnt hätte. Daher verschlug mir seine nächste Äußerung den Atem.

»*Zumo de naranja, Guillermo. Sí, solamente zumo de naranja, eh!*«

Orangensaft? Nichts als Orangensaft! Was war mit Jordi geschehen? Ob er krank sei, erkundigte ich mich.

»Bin gewesen in Krankenhaus, echt wahr«, vertraute er mir mit gedämpfter Stimme an. Wenn Jordi Englisch sprach, lag sein Akzent irgendwo zwischen Karatschi und der englischen Stadt Coventry, wo er sechzehn Jahre lang gearbeitet, allerdings fast ausschließlich unter Asiaten gelebt hatte. »Zwei Wochen in diese verfluchte Scheiß-*sanatorio* droben in Berge, Mann.«

Diese Neuigkeit kam nicht völlig überraschend für mich. Immerhin hatte Jordi zeit seines Lebens regelmäßig die starken spanischen Zigaretten geraucht und hatte nun seinen sechzigsten Sommer hinter sich …

»Im *sanatorio*?«, fragte ich ernsthaft besorgt. »Hast du Probleme mit der Lunge, Jordi?«

Der schmächtige Kerl schüttelte den Kopf, zog die nächste Zigarette aus seiner Hemdtasche und zündete sie an. Nicht der kleinste Ansatz eines verräterischen Hustens drang aus seiner knochigen Brust. Allerdings sagte mir das Zögern, mit dem er meine Frage beantwortete, dass er nach dem richtigen Wort suchte. Jordi sprach leidenschaftlich gern Englisch, und obwohl sein Wortschatz nicht besonders umfangreich war, war es ihm zuwider, bei einer Lücke ertappt zu werden. Er war auch nie um Worte verlegen. Im Zweifelsfall setzte er irgendetwas ein, und in diesem speziellen Fall war das Ersatzwort »Kutteln«.

»Kutteln?«, fragte ich völlig perplex. »Du warst wegen … *Kutteln* im Krankenhaus?«

»Kruzifix! Was für verfluchte Scheißesprach du reden in Schottischland, Herrgott noch mal?« Die beste Form der Verteidigung war in Jordis Augen offenbar Angriff. Erbost zeigte er auf seine Magengrube. »Du weißt schon – Zeug hier drin, was gut passt mit Zwiebeln. Wie ich sein sagen … Kutteln!«

Dann dämmerte es mir. Der Hinweis auf die Zwiebeln brachte den Durchbruch. »Ach«, sagte ich und rang verzweifelt darum, nicht einmal zu schmunzeln, geschweige denn zu lachen, »du, ähm, – du meinst Leber, stimmt's?«

»Ja! Wie ich sein sagen ... Leber! Jordis gottverfluchte Drecksleber sein werden Mist!« Er verzog das Gesicht sorgenvoll, schlug die spindeldürren Beine übereinander, zog tief an seiner Zigarette und brummte dann durch eine Wolke ausgeatmeten Gestanks: »Is verflucht albern!«

Es brauchte nicht viel, um Jordi dazu zu überreden, sein Leiden in allen Einzelheiten zu schildern, und mein anfänglicher Verdacht, dass sein Leberproblem aufs Trinken zurückzuführen war, erwies sich natürlich als völlig richtig. Vor etwas mehr als vierzehn Tagen, so erzählte er, war er auf dem Nachhauseweg von seiner *finca* auf einen Sprung in die Bar Nuevo gegangen – »nur für paar verfluchte Kurze«, wie jeden Abend. Doch dann schlug das Schicksal grausam zu (was in Bars nicht selten geschieht). Diesmal hatte das Schicksal die Gestalt von Wayne Murphy angenommen, einem versoffenen Australier, der, wenn er nicht gerade auf Ölbohranlagen im Nahen Osten schuftete, mit einer Schwedin, die schon bessere Tage gesehen hatte, in einer ehemaligen Schäferhütte bei Andratx hauste. Wayne war gerade nach einer dreimonatigen »Trockenzeit« in der Golfregion nach Mallorca zurückgekehrt und hatte – wie er es formulierte – »nen Packen Petrodollars, Kumpel, und nen Durst, der ein verfluchtes Buschfeuer im Hafen von Sydney entfachen könnte«. Das Problem bestand nun darin, dass ein Mann einen Kumpel braucht, mit dem er quatschen kann, während er sich ein paar kühle Blonde hinter die Binde kippt, und Wayne hatte niemanden, da er die Landessprache nicht beherrschte und an diesem Abend keiner der Einheimischen in der Bar Nuevo die seine verstand ... bis Jordi eintraf.

Nun hatten Jordi und Wayne schon bei früheren Gelegenheiten ein paar denkwürdige Besäufnisse in den Bars von Andratx hinter sich gebracht, und so hatte Jordi es als selbstverständlich empfunden, sich erneut zu seinem alten Kumpel zu gesellen. Ein paar Flaschen San Miguel, eine nette, gepflegte Plauderei auf Englisch und natürlich die Gelegenheit, ein paar ausgefallene Schimpfwörter von einem richtigen Fachmann wie Wayne aufzuschnappen. War ja nichts dabei, hatte Jordi sich gesagt.

Doch als der Abend immer länger wurde und die geplanten paar Flaschen zu mehreren Litern pro Mann ausuferten, war es den zwei unerschrockenen Zechern wie eine glänzende Idee erschienen, als Guillermo schließlich die Rollläden herunterließ, auf einen schnellen Schlummertrunk Jordis Haus aufzusuchen. Etwa eine Hand voll von Waynes Petrodollars, die er ohnehin unbedingt loswerden wollte, waren dann in ein bescheidenes Mitnahmepaket aus sechs Literflaschen Fundador-*coñac* investiert worden.

Jordi wachte drei Tage später wieder auf. Er war zu Hause. Das wusste er, weil er den Küchenfußboden erkannte, auf dem er lag. Doch wie lange er schon dort lag oder auch nur, was geschehen war, nachdem sie die Bar Nuevo verlassen hatten, war ihm völlig schleierhaft. Er wusste nur, dass sein Kopf hämmerte, als wäre er kurz vorm Zerspringen, sein Mund wie die Unterhose eines Beduinen schmeckte (ein Ausdruck, den er *glaubte,* bei Wayne aufgeschnappt zu haben) und er rechts unterhalb des Brustkorbs entsetzliche, brennende Schmerzen verspürte. Wayne war weg, und der Brandy auch, aber die sechs leeren Flaschen, die verstreut auf dem Fußboden lagen, sprachen für sich.

»Verfluchter Drecksdokter kommen meine Haus«, schnaubte Jordi und trank einen winzigen Schluck von seinem Orangensaft. Einen Moment lang dachte ich, er würde ihn wieder ausspucken. »Mich schicken rauf in *sanatorio,* echt wahr. Gleich sofort – *ambulancia* – Blaulicht blinken – Sirene tuten – schwere Notfall.« Schweigend starrte er in seinen Orangensaft, bevor er, fast wie für sich selbst, hinzufügte: »Kruzifix! Armer Jordi fast beinah sein gegangen hops.«

»Ein klitzekleiner Hauch von Alkoholvergiftung, was, Jordi?«, bemerkte ich mitfühlend und begriff auf der Stelle, dass ich mich mit dieser Formulierung vermutlich um den Preis für die Untertreibung des Jahrhunderts bewerben konnte.

Jordi sagte nichts. Er saß nur da und hing seinen Gedanken nach.

»Und was war mit deinem Freund Wayne?«, fragte ich nach einem Weilchen.

Jordi sah auf. Plötzlich hatte er ein Funkeln in den Augen, und ein Blick stiller Hochachtung beflügelte das Lächeln, das nun seine Mundwinkel umspielte. »Ach, er sein ganz gut okay. Ich ihn sehen gestern – drüben in Bar Balear, andere Seite von verfluchte Platz. Und er immer noch saufen, jau, Magen wie Blechhütte zum Schafescheren diese Scheißkerl muss haben.« Jordi kicherte. Sein Akzent besaß nun einen leicht australischen Anstrich. »Ah jau, ersäuf die verfluchten Würmer, Kumpel. Kruzifix!« Seine knochigen Schultern erzitterten unter einem gekeuchten kleinen Kichern.

»Du, ähm, du – trinkst also keine harten Sachen mehr, Jordi?«

Der trübsinnige Ausdruck legte sich wieder über seine Gesichtszüge. »Harte Sachen, Wein, Bier, alle Zeug Sachen. Drecksdokter mir klar sagen, nix mehr trinken die Alkoholiker für dich, Jordi – sonst du unter Garantie sein toter Mann.« Jordi hielt inne und sah mich an. In seinen Augen standen Tränen, und seine Unterlippe bebte. »Ich dir ja schon sein sagen … Jordis Kutteln … im Arsch.« Er schüttelte den Kopf in unverhohlenem Selbstmitleid und schloss dann mit gefühlvollem Krächzen: »Is verflucht albern.«

Die Mühe, mir eine geeignete Entgegnung einfallen lassen zu müssen, blieb mir erspart, weil ich sah, wie sich Ellie, beladen mit noch mehr überquellenden Plastiktüten, auf den Platz schleppte. Allerdings fragte ich mich, wie lange ein eingefleischter Gesellschafts-Trinker wie Jordi es fertig brächte, beim Orangensaft zu bleiben. Doch beim Anblick Ellies fragte ich mich noch eindringlicher, wie es kam, dass eine Frau den halben Vormittag damit verbringen konnte, im Supermarkt einen ganzen Einkaufswagen mit Zeug voll zu laden und direkt anschließend eine weitere Stunde lang exakt das Gleiche noch einmal auf einem Straßenmarkt zu tun.

»Ah, hallo, Lady – bitte setzen«, sagte Jordi, als Ellie auf den Tisch zukam. Er stand auf, machte seine gewohnte steife, kleine Verbeugung, wies Ellie einen bestimmten Stuhl zu und ersuchte sie dann freundlich, ihren »Arsch dort zu pflanzen«.

Ellie tat wie gebeten und warf Jordi ein sittsames kleines Dankeslächeln zu. Sie hatte schon mehrmals kurz das Vergnügen von Jordis Gesellschaft gehabt und wusste, dass die harmloseren Schimpfwörter, die er sich für die Gegenwart von Damen aufhob, ausschließlich als Kennzeichen von Respekt und Ritterlichkeit zu verstehen waren. Und tatsächlich hatte ich Jordi in Ellies Anwesenheit nicht ein einziges Mal etwas Härteres als sein Markenzeichen »Kruzifix« oder wie heute »Arsch« sagen hören. Ein richtig galanter *caballero*, unser Jordi.

»So, Lady, was du sein haben einkaufen?«, fragte er, nachdem er zufrieden festgestellt hatte, dass Ellie bequem »gepflanzt« war.

»Na ja, wissen Sie, nur das übliche Kleinzeug. Aber, ähm, ich habe beim Fischhändler Muscheln gekauft. Das erste Mal, dass ich wieder drin war, seit ich ihm ein gutes neues –«

»Muskeln?«, rief Jordi aus, und ein begeistertes Grinsen schob sich über seine hageren Gesichtszüge. »Kruzifix, Kruzifix! Jordi auch!« Er bückte sich und zog ein kleines Netz voller glänzender, schwarzer Weichtiere aus seiner Einkaufstasche und hielt es stolz in die Höhe. »Majorki-Muskeln. Die bestesten, echt wahr.«

»Ja, ich fand auch, dass sie schön frisch aussahen. Aber eigentlich habe ich hier noch nie welche gekauft. Und Muscheln … na ja, irgendwie bin ich nicht ganz sicher …«

»Du wissen, wie müssen kochen, Lady?«

»Ähm, ja. Normalerweise mache ich sie einfach –«

Jordi drohte Ellie mit dem Zeigefinger. »Entschuldigen den Unterbruch, Lady, aber Jordi haben bestes Rezept aller Zeiten für Muskeln. Von alte Oma von Jordi – er sein gewesen Matrose auf die Fischerboote.«

Während wir versuchten, uns darauf einen Reim zu machen, begann Jordi sein Spezial-Muschelrezept zu diktieren, wobei er darauf bestand, dass Ellie es sich notierte, »für Fall sie vergessen«.

»Mejillones à la Jordi«
(»Jordis Muskeln«)

1 Kilo frische Muscheln, gewaschen, entbartet und bei mittlerer Hitze in einen großen Topf gelegt

Dazu gebe man:
1 großes Glas trockenen Rotwein
1 halbierte Zitrone
1 große, fein gehackte Zwiebel
3 in Scheiben geschnittene Knoblauchzehen
1 große, gehackte Tomate
ein paar Tropfen Weinessig
eine Hand voll gehackte Petersilie
frisch gemahlenen schwarzen Pfeffer
Tomatenmark in ausreichender Menge, um die Soße einzudicken

Topf zudecken und zum Kochen bringen, dann Hitze reduzieren.

Fünf oder sechs Minuten köcheln lassen (bis die Schalen sich geöffnet haben), dabei immer wieder schütteln und mit knusprigem Brot servieren.

Während Ellie die letzten unerlässlichen Anweisungen auf die Rückseite eines Umschlags schrieb, beugte sich Jordi zu mir herüber und flüsterte: »Ist verflucht herrliche Rezept, Mann.« Er zwinkerte. »Das Scheißgelbe vom Ei, echt wahr.«

Nach einer derart farbigen Beschreibung konnte ich es kaum erwarten, möglichst bald den Topf zuzudecken und ihn immer wieder zu schütteln. Ja, ich spürte geradezu, wie ich unruhig wurde. Oder rührte das daher, dass ich gerade bemerkt hatte, wie der Verkehrspolizist, der mich vorher bereits angehalten hatte, nun auf den Platz geschlendert kam und neben unserem Auto stehen blieb? Erneut musterte er es eingehend, betrachtete die Nummernschilder hinten und vorne und spähte dann hinein. Ein fieses kleines Grinsen breitete sich unterhalb seiner unergründlichen Spiegelbrille aus. Erwischt, dachte ich. Mein Gott, und ich hatte schon ganz vergessen gehabt, dass ich immer noch keine spanische *residencia*-Bescheinigung hatte, die zumindest das Verkaufen von Orangen legal gemacht hätte. Was würde ich also sagen, wenn er mich fragte, wo die ganzen Kisten geblieben waren, die vorher noch das Auto gefüllt hatten? Dass ich sie einem Waisenhaus gestiftet hatte? Bestimmt nicht, ich kannte nicht mal ein passendes Kinderheim. Einem Nonnenkloster? Noch schlechter, auch in der Richtung hatte ich keinerlei Verbindungen. Nur keine Panik! Sich tief in den Stuhl hineinsinken lassen und versuchen, sich unsichtbar zu machen, das war die Lösung …

Jordi brauchte nicht lange, um meine Reaktion auf das Nahen des Gesetzeshüters zu bemerken. Er machte eine abfällige Handbewegung. »Ay-y-y-y-y, du nix Angst haben wegen ihm«, höhnte er. »*Policía municipal?* Pah! Du nur Angst haben brauchen wegen *Guardia Civil,* Kruzifix!« Er gluckste vor sich hin. »*Sí,* und die erschießen heute auch nicht mehr so viele Leuten.«

Aber trotz seiner prahlerischen Erklärung entschuldigte Jordi sich rasch und trat geschickt den Rückzug ins Innere der Bar an, als der Polizist auf uns zukam und unterwegs stehen blieb, um sich Jordis alte Mobylette anzuschauen, die wie üblich illegal auf dem Gehsteig geparkt war. Mein Herz begann unregelmäßig zu schlagen, als der Polizist schließlich direkt auf unseren Tisch zugeschlendert kam.

»*Ah-h-h, buenos días, señor.* Das ist Ihr Wagen, nicht?«, erkundigte er sich auf beängstigend herzliche Weise, während er in Richtung unseres kleinen Pandas nickte.

Ich versuchte Blickkontakt aufzunehmen und hinter den verspiegelten Gläsern seiner Sonnenbrille nach einem Funken von Mitgefühl zu suchen, doch alles, was ich sah, war mein eigenes Spiegelbild – das Gesicht eines schuldbewusst dreinsehenden Ausländers – in doppelter Ausführung.

»Ähm, *sí, sí ... Mi coche ... sí*«, gestand ich stockend ein, wobei mir finstere Bilder der berüchtigten Verliese in Schloss Bellver am Stadtrand von Palma in den Sinn kamen. Verdammt – und ein Glas Bier hielt ich auch noch in der Hand. Keine Wagenpapiere, keine Kfz-Steuer, keine Arbeitserlaubnis, und zu allem Überfluss war ich jetzt auch noch ein Kandidat für den Alkoholtest!

Ellie räusperte sich und schenkte dem Polizisten ein entwaffnendes Lächeln. »Ein *problema,* Sir?«, fragte sie in fließendem Spanglish.

Der Polizist nahm die Brille ab, und zum Vorschein kamen zwei braune Augen, die ungefähr so bedrohlich wirkten wie die eines Koalabären. »*No problema, señora*«, antwortete er lächelnd. Nein, nein, fuhr er fort und machte beruhigende Handbewegungen, als glätte er eine Tischdecke – nein, es sei nur, dass er zuvor die wunderbaren Valencia-Orangen in unserem Auto gesehen habe und nun fragen wolle, ob er uns welche abkaufen könne. Aber dann habe dieser dumme alte *campesino* mit dem Esel das Theater mit dem *chico* mit dem Traktor angefangen, und ... Nun ja, er habe eben bemerkt, dass wir immer noch ein paar Valencias im Auto liegen hätten, und da er selbst *valenciano* war, hielt er auf dem Markt von Andratx stets Ausschau nach den Orangen seiner Heimat, aber heute habe er keine so guten wie unsere gesehen, und deshalb –

»Sie gehören Ihnen«, sagte ich schnell, nahm den verdutzten Schutzmann beim Arm und führte ihn zu unserem Auto. »Alle. Bitte ... bedienen Sie sich.«

Ich machte die Heckklappe auf und drängte ihm die volle Kiste auf.

»Nein, *gracias*, aber ich brauche nur –«

»Nein, ich bestehe darauf.«

»Aber – aber, ich muss sie bezahlen. Wie viel –?«

»Nein, nein – ich verkaufe sie nicht! O nein, wir – wissen Sie, wir haben so viele, wir verschenken sie einfach an – an, ähm, Freunde. Ja! Und bitte nehmen Sie sie an ... äh, *amigo*.«

»Aber die Kiste ...«

»Zerbrechen Sie sich nicht den Kopf über die Kiste. Geben Sie sie, ach, geben Sie sie einfach irgendwann Guillermo in der Bar. Aber das eilt nicht – das eilt überhaupt nicht. Nur wenn Sie irgendwann mal zufällig vorbeikommen.«

Ein freudiges Grinsen zog sich über die Miene des Polizisten. *»Muy generoso, señor«*, sagte er strahlend und beugte sich dann vor, um mir leise zuzuflüstern: »Und wenn Sie je einen Strafzettel kriegen, dann wissen Sie ja, wohin Sie sich wenden müssen, damit – äh, damit das ... geregelt wird, *sí*?«

Auf einmal waren Valencias meine Lieblingsorangen geworden.

»Weißt du jetzt, was ich meine?«, hätte Jock sicher gesagt. »Kontakte und Cleverness. Das brauchste nämlich, wennste hier auf der Insel durchkommen willst. Ey, echt unschlagbar, Mann!«

Seine beiden Richtlinien hatten mir auf jeden Fall durch den Tag geholfen, wenn auch eher zufällig, und als wir uns am Abend zum ersten Mal in diesem Jahr zum Familienabendessen hinaus auf die Veranda setzten, klang sogar General Francos gejodeltes Krähen relativ melodisch. Vielleicht war es der Wein, vielleicht war es der zarte Duft der Zitrusbäume, der mit dem warmen Abendwind aus den Obsthainen herüberwehte, oder vielleicht war es einfach nur die Ankunft des Frühlings. Was auch immer der Grund dafür war, ich war mit meinem Schicksal zufrieden, und auch wenn es nicht ausgesprochen wurde, hatten wir zweifellos endlich alle begriffen, dass wir uns mehr als nur ein bisschen glücklich schätzen durften, an einem so herrlichen Ort zu leben.

Und was war mit Señor Jeronimos *espárragos?* Genau auf die Art zubereitet, die er empfohlen hatte, waren sie in der Tat ein absoluter Genuss – zarter, saftiger und schmackhafter als jeder andere Spargel, den ich zuvor oder danach gegessen habe … abgesehen vielleicht von den seltenen Gelegenheiten, wenn wir das Glück hatten, ein paar der mallorquinischen Wundertriebe in einer unbestellten Ecke des Feldes zu entdecken.

Auch Jordis Muschelrezept stieß auf ungeteiltes Lob. Eine weitere Perle der schlichten mallorquinischen Kochkunst, die auszuprobieren ich jedem wärmstens ans Herz lege. Jordis zur See fahrende Oma wird großen Beifall ernten, das verspreche ich Ihnen.

»Tja, Dad«, sagte ein gesättigter Sandy, während er die letzten köstlichen Reste seines Muschelsuds mit einem Stück Brot auftunkte, »willst du uns heute Nacht wieder mit deinem Geschnarche unterhalten?«

Ich goss mir noch ein Glas Wein ein und lehnte mich zurück, um zuzusehen, wie die Sonne hinter dem Bergkamm auf der anderen Seite des Tales verschwand. »Ja«, erwiderte ich mit zufriedenem Schmunzeln, »höchstwahrscheinlich tu ich das.«

Ellie und Charlie stöhnten einstimmig auf, während in den Tiefen des Feigenbaums neben dem Haus ein Grillenchor seinen nächtlichen Gesang anstimmte. Ein weiteres Zeichen dafür, dass der Frühling tatsächlich gekommen war.

ZWEI

Auch der Holzweg führt zum Ziel

»In einem unserer Orangenbäume hängt kopfüber eine anderthalb Meter große Blaumeise.«

»Eine *was*?«

Ellie trank nicht, daher wusste ich, dass sie nüchtern sein musste, aber ich hatte gehört, dass auf Mallorca angeblich wilder Schlafmohn wuchs, und so fragte ich mich, ob sie versehentlich an einer solchen Blüte geschnüffelt hatte.

»Ich schwöre dir«, beharrte sie, »ein Ding, das aussieht wie eine riesige Blaumeise, hängt von einem der Bäume im hinteren Obstgarten. Komm raus und sieh's dir selbst an.«

Ich ging zu ihr auf den Balkon und folgte ihrem Blick über die Baumreihen hinweg, die sich über die sanft abfallenden Felder zogen. Und sie hatte Recht. Sie hatte keine Halluzinationen. Dort unten war etwas – ein bunt gefärbtes Wesen, das aus dieser Entfernung einer überdimensionalen Blaumeise erstaunlich ähnlich sah. Es fuhrwerkte im Inneren eines

Orangenbaums herum und schleuderte büschelweise Zweige und gelegentlich sogar einen Ast auf die Erde.

»Siehst du jetzt, was ich meine?«

»Ja, schon«, keuchte ich. »Aber wenn das eine Blaumeise ist, dann muss man sie mit einem Specht gekreuzt haben, der mit Gorilla-Hormonen behandelt wurde. Schau nur! Das Ding zerfetzt den ganzen Baum! Ich gehe lieber gleich runter und sehe nach, was zum Henker das ist.«

Das Problem mit einer Obstplantage ist, dass man vom Boden aus im wahrsten Sinne des Wortes den Wald vor lauter Bäumen nicht sieht. Während ich also die Reihen im Laufschritt durchmaß, sah ich nichts als Bäume und Zitruslaub, das fast bis auf Kniehöhe herabreichte. Und wie sehr ich mich auch bemühte, ich konnte nicht den kleinsten Zipfel der gigantischen Blaumeise entdecken, während der Krach, den sie beim Verwüsten der Bäume veranstaltete, immer lauter wurde, je näher ich kam. Das grässliche Knacken und Ächzen mutwilliger Holzzerstörung schien inzwischen das ganze Tal zu durchdringen. Die gewohnt heitere Ruhe unseres Eckchens im mediterranen Paradies war zumindest akustisch zu etwas geworden, das eher der Geräuschentwicklung eines Holzfällerlagers in den kanadischen Rockies ähnelte.

Der Anblick, der mich erwartete, als ich das abgelegene Feld endlich erreicht hatte, verschlug mir die Sprache. Direkt vor mir stand der Baum, den ich bislang als den gesündesten der ganzen Plantage betrachtet hatte – ein großer, fruchtbarer Mandarinenbaum, der nun zu einem fast blattlosen Skelett verunstaltet worden war. Einige Zweige und mehrere Äste lagen verstreut um die traurigen Überreste seiner einst so stattlichen Gestalt.

Ein Gemetzel.

»Was zum Teufel ist hier los?«, brüllte ich.

»Ah, *buenos días, señor*«, säuselte die Blaumeise … oder

vielmehr das, was selbst aus der Nähe immer noch ein bisschen wie eine Blaumeise wirkte.

Doch das Wesen, das in der Baumruine hing, war kein Vogel. Es war ein Mann – ein drahtiger, kleiner Mann Mitte fünfzig mit einer blau-weißen Baseballkappe auf dem Kopf, einem gelben T-Shirt und Bluejeans. Sein »Schwanz« bestand aus einem Sortiment von Sägen, Messern und Scheren, die von einem stabilen Gürtel um seine Taille herabhingen.

»Ich bin Pepe Suau«, sagte er lächelnd, ließ sich geschmeidig aus der Baumleiche fallen und streckte mir die Hand entgegen. »Ich bin gekommen, um Ihre Obstbäume zu beschneiden.«

Pepe erklärte weiter, dass er sich in unserem Tal normalerweise zuerst um die Bäume der alten Maria kümmere, aber da die Bäume des *señor de Escocia* in einem derart vernachlässigten Zustand seien, habe er es für das Beste gehalten, in diesem Jahr stattdessen hier anzufangen. Seine Stimme klang sanft und beruhigend, während er mir darlegte, wie viel Arbeit es bei mir für ihn zu tun gab. *»Hombre, mucho, mucho trabajo!«*

Wem sagte er das! Kurz nachdem ich den Bauernhof Ca's Mayoral von Francisca und Tomàs Ferrer gekauft hatte, einem aufstiegsorientierten Mallorquiner Ehepaar, das das Anwesen von Franciscas Eltern geerbt hatte, wurden wir von wohlmeinenden Nachbarn darauf aufmerksam gemacht, dass es um die Gesundheit der Obstbäume nicht ganz so bestellt war, wie es *inexperto* Obstbauern wie uns scheinen mochte. Obwohl Franciscas Vater, der alte Paco, stolz darauf gewesen war, den Hof zu jeder Zeit in bestem Zustand gehalten zu haben, hatten ihn das Alter und der tragische Verlust seiner Frau nach und nach seiner Energie und des Willens zum Weitermachen beraubt. Die Folge war, dass die Obstplantage in den letzten Jahren immer mehr vernachlässigt worden war. Auch wenn die Bäume auf das ungeübte

Auge noch einen guten Eindruck machen mochten, stand doch fest, dass mittlerweile viele von ihnen von Krankheiten befallen waren und sie alle unter dem Mangel an Beschneidung litten. Wir mussten uns den Tatsachen stellen: In unserem naiven Unwissen hatten wir eine taube Nuss von Orangenplantage gekauft – eine heruntergekommene, wenn auch idyllisch erscheinende Katze im Sack, die unsere Entschlusskraft, unsere Beharrlichkeit und – so vermuteten wir – unsere finanziellen Ressourcen auf die Probe stellen würde, wenn wir sie jemals wieder zu früherem Glanz zurückführen wollten.

Ich wusste noch, wie geknickt ich gewesen war, als mir der alte Jaume an einem sonnigen Dezembertag während eines zwanglosen Inspektionsgangs durch die regelmäßigen Reihen unserer Bäume zartfühlend die schlechte Nachricht beigebracht hatte. Auf einmal stand die Gelassenheit des milden Mallorquiner Winters in scharfem Kontrast zu meiner zunehmenden Panik. Hatte ich meine Familie den weiten Weg in ein fremdes Land machen lassen und so viel von unseren Ersparnissen in eine Form der Landwirtschaft investiert, über die ich nichts wusste, nur um als Opfer meiner eigenen Impulsivität – und vielleicht der mit allen Wassern gewaschenen Ferrers – an der ersten Hürde zu straucheln? Damals fürchtete ich genau das, trotz Ellies stets optimistischer und aufbauender Worte.

Doch es gab kein Zurück. Wir hatten alle Brücken hinter uns abgebrochen, und nun blieb uns keine andere Wahl, als die Zähne zusammenzubeißen, die Ärmel hochzukrempeln und uns an die Arbeit zu machen. Schließlich hatten wir vor vielen Jahren in Schottland vor einer ähnlichen Herausforderung gestanden und durch pure Willenskraft und harte Arbeit das erreicht, was wir uns vorgenommen hatten. Also warum nicht hier? Im Grunde genommen bestand der einzige Unterschied doch nur in der Sprache und dem Klima.

Wenn man von der Tatsache absah, dass wir keine Ahnung von dem hatten, was wir taten.

Doch letztlich bedurfte es der Freundlichkeit und des Verständnisses unserer alten Mallorquiner Nachbarn, um mich davon zu überzeugen, dass ich keinen nicht wieder gutzumachenden Fehler begangen hatte.

»Im Frühling wird alles gut, Don Pedro«, hatte der alte Jaume an diesem unvergesslichen Dezembertag gesagt. »Wir sind hier auf Mallorca. Seien Sie einfach *tranquilo,* dann wird alles gut, Sie werden sehen.«

Ein vernünftiger Rat für einen anderen *tranquilo mallorquín* vielleicht, aber leichter gesagt als getan für einen nordischen Neurotiker wie mich, der aus seiner gewohnten Umgebung herausgerissen worden war.

»Sie brauchen nichts als die Hilfe eines echten Maestros der Bäume«, war Jaume fortgefahren. Er hatte mir mitfühlend eine Hand auf die Schulter gelegt und mich durch seine vorbildlichen Zitronenhaine zu einer *tranquilo*-fördernden Probe seines hausgekelterten *vino tinto* geleitet. »Und mein *amigo* Pepe Suau ist der Maestro aller Baum-Maestros in der Gegend von Andratx. Überlassen Sie nur alles mir, Don Pedro. Ich leite alles in die Wege.«

Eine ordentliche Dosis von Jaumes kräftigem Weinjahrgang zur Mittagszeit hatte mich zumindest mit der Notwendigkeit der täglichen *siesta* vertraut gemacht. Doch die bohrenden Zweifel daran, ob es klug gewesen war, unsere Existenz auf ein potenzielles Hirngespinst zu gründen, plagten mich noch die ganzen restlichen Wintermonate hindurch, auch wenn ich mich mit der Zeit auf Ca's Mayoral voll und ganz zu Hause und mit dem Tal und seinen Bewohnern im Einklang fühlte.

Und nun, als ich die drastische Operation an unserem in meinen Augen gesündesten Baum begutachtete, die Pepe Suau für nötig erachtet hatte, steigerten sich diese Zweifel erneut fast zu einer Panik. Wie konnten wir nächsten Winter auf eine anständige Ernte hoffen, wenn sämtliche Zitronen- und Orangenbäume am Schluss so aussahen? Selbst die emsigsten Bienen konnten kein *matrimonio* arrangieren, wenn nichts mehr übrig war, woran Blüten wachsen konnten. Ja, schlimmer noch, in der Zwischenzeit musste man sich um all die anderen Bäume kümmern, die im Sommer und im Herbst Früchte tragen – die Aprikosen, Quitten, Kakipflaumen, Feigen, Granatäpfel, Loquats, Pflaumen, Kirschen und Birnen – von den Mandel- und Johannisbrotbäumen ganz zu schweigen. Wie sollten wir überleben, wenn wir bis weiß Gott wann kein Obst zu verkaufen hatten? Verflucht und zugenäht, es würde Jahre dauern, bis sich die Bäume von solchen lebensgefährlichen Amputationen erholt hätten!

Ich merkte, wie mir ein kalter Schweißtropfen über die Stirn zu rinnen begann. Im selben Moment legte auf dem Bauernhof der alten Maria eine Henne aus General Francos Harem punktgenau ein Ei. Ihr postnatales Gegacker klang mir in diesem Augenblick verdächtig nach einem höhnischen Glucksen. Vielleicht hatte sie ja Recht. Ganz egal, für wie integriert ich mich auch hielt, ich war nach wie vor der *loco extranjero*, der bekloppte Ausländer, genau wie all die anderen, die in den Augen mancher Mallorquiner ihr Gehirn bei der Ankunft am Flughafen zurückließen. Ja, es ließ sich nicht leugnen, dass ich ein wesentlich dickeres Ei gelegt hatte, als es Marias lachende Henne in ihren kühnsten Träumen hätte produzieren können. Das tat weh.

Pepe Suau stieß ein kurzes, wissendes Kichern aus. Seine freundlichen Augen musterten mich eingehend. »Sie glauben, ich ermorde Ihre Bäume, Señor Peter, stimmt's?«, murmelte er.

Eine Antwort wäre überflüssig gewesen, also zuckte ich lediglich resigniert mit den Achseln, nach dem Motto *»que será, será«* – es kommt, wie es kommt. Der Boden schien sich unter mir aufzutun.

Pepes Lächeln wurde zu einem breiten Grinsen. »Sie haben diesen alten *mandarino* für einen Ihrer besten Bäume gehalten, *sí*?«

Ich nickte todernst.

»Und er hat Ihnen *mucha fruta* geschenkt, stimmt's?«

»*Sí, mucha.*«

Pepe wies auf den traurigen Amputierten. »Und jetzt fragen Sie sich, wie auf ihm wieder *mandarinas* wachsen sollen – jemals wieder, *sí*?«

Ich rang mir ein bestätigendes Seufzen ab und senkte die Mundwinkel zu einem betrübten Lächeln.

Ah, das sei die List der Bäume, verriet mir Pepe und lenkte meine Aufmerksamkeit auf das Gewirr von Ästen und die Haufen belaubter Zweige, die auf dem Boden herumlagen. »Sich selbst überlassen wachsen und wachsen sie einfach, und das Geflecht aus Ästen wird immer komplizierter und verworrener. Bäume sind nämlich wie Kinder, *señor* – ohne Kontrolle und ohne Bildung schießen sie einfach ins Kraut. Das macht sie vielleicht in mancher Hinsicht nicht weniger schön, aber ungebärdig, weniger ertragreich und normalerweise selbst zu ihrem schlimmsten Feind.« Er bückte sich und hob einen dünnen Trieb auf, der fast so lang war wie er groß. »Und genau wie Sie es bei einem Kind tun würden, müssen Sie den Baum vor schlechter Gesellschaft bewahren, vor Schmarotzern wie diesem Schößling hier, da er dem Baum mit der Zeit alles stiehlt, was gut an ihm ist.« Und wenn Gesundheitsprobleme auftraten, wie dies unweigerlich geschah, ganz egal, wie aufmerksam der Landwirt auch war, musste der Baum gepflegt werden, bis es besser wurde. »*Sí*, das ist genau wie bei einem Kind, Señor Peter – nur noch schwieriger.« Er legte seinen Finger an die Lippen. »Ein Baum kann nämlich nicht sprechen.« Dann wies er auf sein Auge. »Also muss der Bauer *muy observador* sein, stimmt's?«

Herrje, und da hatte ich mir eingebildet, in Schottland eine

Woche alte verwaiste Kälbchen aufzupäppeln sei schon eine Herkulesarbeit gewesen! Na, wenigstens konnte einem ein Baum keinen Durchfall über die Jeans kleckern oder mitten in der Nacht nach warmer Milch aus der Flasche brüllen. Immerhin ein Vorteil.

»Ja, schon gut, ich habe es kapiert, Pepe«, sagte ich. »Ist ja gewissermaßen nur vernünftig. Aber offen gestanden begreife ich nicht, wie es einem Baum gut tun kann, so massiv verstümmelt zu werden wie der hier. Oder dem Obstbauern, nebenbei bemerkt. *Oder* dessen Bankkonto.«

Pepe kicherte. »Ah ja, aber genau wie ein widerspenstiges Kind wird dieser Baum Sie schon bald dafür belohnen, dass Sie ihn vor seiner eigenen Torheit bewahrt haben. Sie müssen ihn nur den ganzen Sommer lang tränken und nähren und den Rest der Natur überlassen. Im November wird Ihnen dieser Baum einen guten Ertrag an *mandarinas* schenken – vielleicht nicht so viele wie dieses Jahr, aber dafür sind sie dann größer, saftiger und« – er hielt inne und rieb Daumen und Zeigefinger aneinander – »was am wichtigsten ist ... schwerer.«

Meinem unerfahrenen Auge schien es, als bedürfte es einer Art kleineren Wunders, um Pepes Vorhersage eintreffen zu lassen, doch nun lag unser nacktes Überleben voll und ganz in seinen Händen, und mir blieb nichts anderes übrig, als mich auf ihn zu verlassen und das Beste zu hoffen.

Anschließend erklärte er mir in allen Einzelheiten, warum er mehrere ziemlich dicke Äste aus der Mitte des Baumes herausgeschnitten hatte. Man müsse das Herz des Baumes offen halten, sagte er, um Licht hineinzulassen und das Wachstum frischer, Früchte tragender Zweige anzuregen. »Derart störende Äste hätten schon vor Jahren entfernt werden müssen«, vertraute er mir im Flüsterton an und warf einen Blick über die Schulter, als könnte der alte Paco, der ehemalige Besitzer des Hofes und früher selbst ein berühmter Baum-

Maestro, irgendwie lauschen. »Aber der Baum hat Sie bereits dafür belohnt, dass Sie ihn gerettet haben, Señor Peter«, sagte er grinsend. Ich vermutete, dass er damit meine Stimmung aufhellen wollte, die ihm meine finstere Miene unmissverständlich verdeutlichte.

»Ja?«

»*Sí, claro!* Sehen Sie sich das an, mein Freund.« Er bückte sich und hob einen der dickeren Äste auf, die er von dem Baum entfernt hatte. »Schlagen Sie sämtliche dünnen Triebe und Zweige ab, hacken Sie den Rest in einen halben Meter lange Stücke, und was haben Sie dann?«

»Holzscheite?«, fragte ich zaghaft, während ich überlegte, ob das eine Fangfrage gewesen war.

»*Sí!* Holzscheite! *Estupendo!*« Der kleine Mann lachte laut und schlug mir derart enthusiastisch auf den Rücken, als hätte ich gerade die Million im Fernsehquiz gewonnen. Ah, *sí, sí*, begeisterte er sich, nächsten Winter würde ich das Vergnügen haben, vor einem lodernden Feuer zu sitzen, das den süßen Duft von Orangen, Zitronen, ja sogar von Kirschen, Quitten und allem Möglichen verströmte! *Coño*, wenn er mit meinen Obstgärten fertig wäre, brauchte ich jahrelang kein Feuerholz mehr zu kaufen!

Zumindest würden wir mit allem Komfort verhungern, sagte ich mir zum Trost, während vor meinem geistigen Auge Bilder vorüberzogen, auf denen unsere Felder nach Pepes »heilsamem« *trabajo* aussahen wie ein atomares Schlachtfeld.

»*Ahora!*«, sagte er, legte seinen Werkzeuggürtel wieder an und setzte eine geschäftsmäßige Miene auf. »Señor Peter, jetzt muss ich mit meiner Arbeit weitermachen. Aber schauen Sie nur.« Er beschrieb mit der Hand einen weiten Bogen. »All diese Orangenbäume, die noch Früchte tragen – die hebe ich mir bis zuletzt auf, dann können Sie sie abernten, bevor ich sie beschneide. *Sí*, hier gibt es wirklich viel zu tun. *Mucho, mucho trabajo.*«

Das brauchte er mir nicht zweimal zu sagen. Die nächsten zehn Tage schufteten Ellie, Sandy und ich – und an den Wochenenden sowie nach der Schule auch Charlie – wie die Berserker, um dem sägenden und schneidenden Pepe immer einen Schritt voraus zu sein. Manchmal wurde er von seinem Sohn Miguel begleitet, der offenkundig die Gabe seines Vaters zur Baumbehandlung geerbt hatte. Anscheinend mussten sie einen Baum bestenfalls einer ganz oberflächlichen Inspektion unterziehen, bevor sie sich daranmachten, mit ihren Werkzeugen mindestens einen kosmetischen Eingriff und äußerstenfalls eine komplette Umgestaltung vorzunehmen. Das Tempo ihrer Technik war sagenhaft, aber zu unserem Glück sorgte ihr mit anderen Aufträgen gefüllter Terminkalender dafür, dass sie nur morgens nach Ca's Mayoral kamen und wir daher alle Nachmittage und Abende zur Verfügung hatten, um aufzuholen: die letzten Orangen zu pflücken, das zu Scheiten verarbeitbare Holz vom restlichen zu trennen, es zurechtzuschneiden und das Abfallmaterial anschließend zu Haufen zu stapeln, um es später zu verbrennen.

Während die Frühlingstemperaturen tagsüber unerbittlich auf Werte um fünfundzwanzig Grad kletterten, erhielten wir einen beängstigenden Vorgeschmack auf die Arbeitsbedingungen, die uns in ein oder zwei Monaten erwarten würden. Schon jetzt fiel es uns mitunter schwer, bei Temperaturen weiterzuschuften, die – auch wenn sie nach Mallorquiner Sommermaßstäben noch niedrig waren – ungefähr dem entsprachen, womit wir es beim Heumachen in Schottland normalerweise höchstens in einem besonders sonnigen Jahr zu tun hatten. Zudem hatten wir in Schottland Maschinen, die einen Großteil der schweren Arbeit übernahmen, während hier, auf dem engen Raum der Obstplantage, fast ausschließlich manueller Einsatz gefordert war. Selbst auf die unerlässliche *siesta* musste verzichtet werden, um den blitzenden

Klingen von Pepe Suau und seinem Sohn immer wenigstens einen Schritt voraus zu bleiben.

»Denk an die vielen Pfunde, die du abnimmst«, sagte ich an einem besonders schwülen Samstagnachmittag aufmunternd zu Ellie, während eine feuchte Brise die Flammen des Scheiterhaufens anfachte, den wir mit den inzwischen staubtrockenen Bergen von Baumabfällen fütterten. »Das hier ist besser als eine Sauna.«

Ellie sagte nichts, doch der Blick, den sie mir zuwarf, während sie sich den mit Asche vermischten Schweiß von der Stirn wischte, sprach Bände.

»Eine richtige Sauna wäre mir lieber«, schnaubte Sandy und hievte einen wuchtigen Aprikosenast auf den kleinen Anhänger, den wir am hinteren Ende unseres winzigen Barbieri-Traktors befestigt hatten. »Und ein richtiger Traktor … mit vier Rädern … einer hydraulischen Frontladeschaufel … einem Führerhaus mit Sitz … *und* einer Klimaanlage!«

»Mir würden schon ein Sitz und eine Klimaanlage reichen«, witzelte Charlie, der sein Bestes tat, um geschäftig zu wirken und nicht aufzufallen, während er auf der windwärts gelegenen Seite des Feuers mit ein paar leichtgewichtigen Ästen herumhantierte.

Ich beschloss, meine erbaulichen Worte zur Motivation meiner Mitmenschen ab sofort für mich zu behalten.

Doch wir machten Fortschritte, selbst wenn es ziemlich *poco a poco* voranging. Und unsere entschlossene Schufterei ging nicht unbemerkt an unseren Nachbarn vorbei.

»In der guten alten Zeit hätten wir sogar noch die Zweige aufgehoben«, erklärte die alte Maria Bauzá, Jaumes hochbetagte Schwiegermutter und Besitzerin der *finca* nebenan, die Jaume für sie bewirtschaftete, seit er seine *profesión* als Kellner in einem der besten Hotels von Palma aufgegeben hatte und in den Ruhestand gegangen war. Maria, wie üblich ganz in Schwarz – abgesehen von einem ramponierten, breitkrempigen Strohhut von der Art, wie sie die Mallorquiner Landfrauen ihrer Generation gern trugen –, war unbemerkt an die Natursteinmauer gehumpelt, die unsere beiden Höfe voneinander trennte. Sie hatte wie gewohnt ihre zuverlässige Breithacke in der Hand, lehnte ihre winzige, gebeugte Gestalt gegen den glatten Stamm eines Schatten spendenden Zitronenbaums und blickte zu uns herüber.

Wir hatten schon lange begriffen, dass Marias bevorzugtes Gesprächsthema – oder genauer gesagt Vortragsthema – ihre geliebte »gute alte Zeit« war und alles, was damit zusammenhing.

»*Buenos días*, Maria«, keuchten wir einstimmig und harrten ohne allzu große Vorfreude ihres Sermons.

»Und ihr müsst unbedingt die Holzasche aufheben, wenn das Feuer ausgegangen ist«, fuhr sie fort. »Füllt sie in Säcke oder Kisten und bewahrt sie an einem trockenen Ort auf.«

»*Sí?* Und dann kann man sie noch zu etwas brauchen, oder, Maria?«, japste ich, während ich mich vor der langen Spitze einer Flamme wegduckte, die unter dem heißen Atem des Windes gierig aus dem Scheiterhaufen züngelte.

»In der guten alten Zeit hätten wir auch die Zweige aufgehoben, sogar die ganz kleinen, um im Winter damit das Kaminfeuer anzuzünden«, erklärte Maria vorwurfsvoll und schwenkte damit mühelos auf ihre verwirrende Form der Gesprächsführung ein, nämlich zum vorletzten Thema zurückzukehren, ohne das letzte abgeschlossen zu haben. Mit Maria zu sprechen war, als spielte man verbal Bockspringen – und zwar rückwärts.

Ich blinzelte sie durch den beißenden Qualm an. »Gute Idee!«, erwiderte ich, Begeisterung markierend. »Vielleicht machen wir das in einem anderen Jahr, Maria. Aber im Moment, na ja, Sie sehen sicher, dass wir ein bisschen zu beschäftigt sind, um –«

»Und was liefert euch dieser laute Traktor zum Verbrennen im Haus, wenn die kalte Jahreszeit kommt?«, unterbrach sie mich. Unter dem Rand ihres Strohhuts bildete sich ein Stirnrunzeln, während sie mit dem Griff ihrer Hacke auf das kleine Fahrzeug deutete.

Ich holte tief Atem und machte mich auf eine ihrer bevorzugten Tiraden zum Thema Esel gegen Traktor gefasst. »Na ja«, seufzte ich, »vielleicht könnten wir das verbrauchte Motoröl verbrennen. Aber im Haus wäre das eigentlich keine gute –«

Maria knallte die Klinge ihrer Hacke auf die Mauer und unterbrach mich mitten im Satz.

»Mierda de burro!«, schrie sie, so laut sie es mit ihrer Piepsstimme vermochte.

Ellie und Sandy kicherten leise, während Charlie in schallendes Gelächter ausbrach. Ich suchte nach einer Entgegnung, die weder beleidigend wäre noch der boshaften alten Frau den Eindruck vermittelte, dass ich bereit war, ihren Köder zu schlucken.

»Ähm, tut mir Leid, Maria – *no entiendo*. Ich verstehe nicht ganz, was Sie –«

»Sie hat Eselsscheiße gesagt, Dad«, platzte Charlie mit großen Augen heraus. Ein um Zustimmung heischendes Grinsen teilte sein Gesicht in zwei Hälften wie eine umgekehrte Melonenscheibe.

»Schön zu erfahren, dass du im Spanischunterricht in der Schule so gut vorankommst, Charlie«, brummte ich, »aber auf diese Übersetzung bin ich selbst auch schon gekommen, besten Dank. Würdest du jetzt bitte einfach mit deiner Arbeit weitermachen und mir alles Weitere überlassen?«

»Mierda de burro!«, wiederholte Maria, diesmal sogar noch lauter.

Ich beschloss, es zu riskieren, bocksprungartig vorzugehen. »Sie schlagen also vor, Maria, dass die Holzasche und die *mier-*«

»Wer hat irgendwas von Holzasche gesagt?«, schrie sie. »Ich rede von Sachen, die ihr im Winter in eurem Feuer verbrennen könnt! *Madre mía!* Ihr jungen Leute hört einem nie zu – das ist das Problem mit euch!«

Vermutlich hätte ich mich davon geschmeichelt fühlen sollen, dass sie mich »jung« nannte, aber dummerweise war in Marias Augen jeder unter achtzig jung. Ich häufte die nächste Forke mit belaubten Zweigen auf das Feuer, was Maria dazu veranlasste, eine Reihe von Wörtern in ihrem angestammten *mallorquín* von sich zu geben – abfällig klingende Wörter, die, auch wenn ich sie nicht verstand, keiner Erläuterung bedurften. Mittlerweile war ich fest davon überzeugt, dass sie mich schon lange als *loco extranjero* erster Güte abgestempelt hatte.

»Habt ihr denn in *Escocia* keine handgemachten Scheite gehabt?«, rief sie schließlich, nun wieder in kastilischem Spanisch, das für sie und die anderen *mallorquines* vom Land im Grunde eine Zweitsprache war – eine Fremdsprache, bei der sie manchmal überlegen mussten, bevor sie sprachen, was sie dann relativ langsam taten. Für Leute wie uns, die noch mit der spanischen Sprache zu kämpfen hatten, war das ideal.

»Handgemachte Scheite?« Ich kratzte mir den Kopf. »Nein, ich glaube, nicht. Na ja, jetzt, wo Sie es erwähnen – es hat mal jemand eine kleine Maschine erfunden, mit der man Briketts aus alten Zeitungen machen konnte, glaube ich. Hat sich aber nie durchgesetzt. Mehr Aufwand als Nutzen, schätze ich.«

»Mehr Geld als Verstand«, lautete Marias gemurmelte Erwiderung. *Vale,* sie wusste nichts von Zeitungsscheiten, doch das Prinzip war das gleiche. Nutze alles. Wirf nichts weg. Das war das Motto auf diesen kleinen mallorquinischen Höfen. »Denken Sie an meine Worte«, fügte sie weise hinzu. »Sie werden es noch früh genug einsehen, *muchacho*.«

Obwohl ich Marias Rat keine Sekunde lang in Zweifel zog, hätte es uns in der gegenwärtigen Situation mehr als ein paar Portionen Brennstoff gekostet, wenn wir Pepe Suau hätten warten lassen, während wir mühsam unzählige Ladungen Zweige sortiert, gebündelt und auf dem Anhänger abtransportiert hätten. Unsere spitzbübische alte Nachbarin wusste das mit Sicherheit ganz genau, aber ihr schien die Angelegenheit geeignet für die »Unterhaltung« an diesem Tag – auch wenn diese notgedrungen überaus einseitig bleiben musste.

»*Gracias* für die, ähm, Eier, Maria«, sagte Ellie und versuchte so, in ihrem charakteristischen Hispano-Englisch einen Themenwechsel herbeizuführen. »Die, äh, Jungs – *hijos* –, ja, die *hijos* hier haben sie neulich *mañana* zum Frühstück gegessen. *Sí, muy* lecker, die, Sie wissen schon – Eier … *gracias*.«

Ob Maria viel davon verstanden hatte, war nicht auszumachen, doch da sie Ellie als eine Art Märchenprinzessin aus dem romantischen, eisigen Norden betrachtete, schien sie das gestotterte Kauderwelsch zumindest als Kompliment aufzufassen.

»Nein, nein, *señora de Escocia*«, erwiderte sie mit süßem Lächeln und schwenkte verhalten vorwurfsvoll den Zeigefinger wie ein Uhrpendel vor Ellies Nase hin und her, »*Gracias a ti!* Ich danke *dir*!«

Doch dieses Zwischenspiel willkommener Abschweifung war nur von kurzer Dauer. Wie ich schon befürchtet hatte, ließ sich Maria nicht so ohne weiteres vom Hauptziel ihrer Gedanken für den heutigen Tag ablenken. Der Ausdruck des Missfallens legte sich wieder auf ihre Miene, und sie wandte ihre Aufmerksamkeit von Ellie ab und richtete sie erneut auf mich.

»*Mierda de burro!*«

Erneut war ein Kichern der Vorfreude von meinen schwer schuftenden Angehörigen zu vernehmen.

Ich seufzte tief und ergeben, rammte die drei hölzernen Zinken meiner mallorquinischen Heugabel in die Erde, schloss die Finger um das Ende ihres langen Stiels, nahm mit übereinander geschlagenen Beinen die Ruheposition ein und schenkte der alten Frau meine ungeteilte Aufmerksamkeit. Es war besser, die Sache ein für alle Mal hinter sich zu bringen.

»*Bueno,* Maria«, sagte ich und verband die Worte mit einem gemächlichen Kopfnicken, das ihr ihren Sieg bestätigte. »Das müssen Sie mir schon genauer erklären. Worin besteht denn der Zusammenhang zwischen Zweigen, trockenem Laub, Eselsmist und Brennstoff für den Winter?« Ich wartete auf die absehbare Antwort, während Maria triumphierte und keuchend in sich hineinkicherte.

Jeder Mensch von ausreichender Intelligenz, so erklärte sie und ließ mich dabei nicht einen Moment im Zweifel darüber, dass ich nicht in diesen speziellen Club aufgenommen war, wüsste, dass man im Mai bei abnehmendem Mond die trockenen Blätter und die kleineren Zweige zerbröselte, sie mit etwas Stroh, dem Eselsmist und ein bisschen Wasser vermischte (sie hielt inne, um Backe-backe-Kuchen-Gesten zu machen), die dabei entstandenen Klötze zum Trocknen in die Sonne legte, und, *»Oye!«*, schon hatte man seine handgemachten Scheite. *»Mágico, no?«*

»Ja, schon, jetzt verstehe ich auch, warum Sie so enttäuscht gewesen sein müssen, als Jaume Ihren Esel gegen einen Traktor eingetauscht hat«, räumte ich diplomatisch ein und versuchte, mich beeindruckt zu geben.

»*Sí,* und noch etwas«, sagte sie, »ihr *modernos* tätet gut daran, diese Gewohnheit aus der guten alten Zeit wieder aufleben zu lassen.«

»Tja, mag sein, Maria – aber heutzutage könnte es vielleicht ein bisschen zu zeitraubend sein, sich auf die Suche nach genug Eselssch-«

»*Barbacoas!*«

»Barbecue? Tut mir Leid, da kann ich Ihnen nicht folgen.«

»Das ist doch so ein neumodischer Fimmel, diese *barbacoas, sí*?«

»*Sí*, aber ich verstehe nicht, was das –«

»*Mosquitos!*«

»Barbecue und Stechmücken … ja, das kann wirklich eine unangenehme Kombination sein.« Langsam ging sie mir auf die Nerven. »Aber was hat das mit Scheiten aus Eselsmist zu tun? Ich meine –«

»Sehr listige Tiere, *los mosquitos*.« Maria tippte sich mit ihrem knorrigen Zeigefinger an die Schläfe, um diese Aussage zu bekräftigen. Dann tippte sie sich seitlich an die Nase. »Sie fliegen nämlich nie irgendwohin, wo es nach Rauch von *mierda de burro* riecht.«

Das Gesicht der Greisin verzog sich zu einem breiten Grinsen. Ihre Lippen teilten sich und entblößten ihre verbliebenen fünf Zähne – zwei oben, drei unten. Ich weiß noch, dass mir Marias Lächeln beim ersten Mal, als ich es in seiner ganzen Pracht gesehen hatte, wie ein optisches Kitzeln erschienen war, und genauso empfand ich es nun wieder: unwiderstehlich und absolut ansteckend.

Ich lächelte. Ich konnte gar nicht anders. Und dann, als Marias Grinsen zu ihrem typischen, klingelnden Kichern wurde, begann auch ich zu lachen. Unweigerlich erfasste die ansteckende Heiterkeit Ellie und die Jungen. Doch die Einzige, die wirklich wusste, warum wir in ein solches Gelächter ausbrachen, war die Urheberin selbst.

Hatte sie mich mit ihren Stechmücken abwehrenden Scheiten aus Eselsmist nur auf den Arm genommen? Ich vermutete es. Doch andererseits hatte ich tatsächlich von Viehhirten im australischen Busch gehört, die getrocknete Kuhfladen in ihren Lagerfeuern verbrannten, um die Fliegen fern zu halten, also hatte sie mich vielleicht gar nicht veralbert. Wie dem auch sei, ich hatte jedenfalls nicht vor, mit einem Eimer die Landstraßen abzusuchen und klumpenweise Eselsmist aufzusammeln, nur um Marias schrullige Empfehlung auszuprobieren. So, wie ich sie nämlich langsam kannte, war das höchstwahrscheinlich genau das, wozu sie mich bringen wollte, nur damit sie auf Kosten ihres Lieblings-*loco extranjero* mal wieder so richtig herzhaft lachen konnte. Allerdings nahm ich an, dass das mit dem Esel ziemlich ernst gemeint gewesen war – eine Vermutung, die durch den viel sagenden finsteren Blick, den sie beim Gehen unserem Traktor zuwarf, bestätigt wurde.

»Verbrauchtes Öl?«, schnaubte sie. »Pah!«

»Wenigstens ist uns das mit der Holzasche erspart geblieben«, tuschelte ich Ellie zu.

»Ja«, pflichtete mir Sandy bei, »vielleicht hat ihr chaotisches Grashüpfer-Gedächtnis endlich mal kapituliert.«

Welch schöne Hoffnung.

»Oiga!«, rief Maria über die Schulter. »Vergesst nicht, was ich euch über die Holzasche gesagt habe. Verstreut sie um eure Kohlköpfe, *amigos*, dann fallen keine Schnecken über sie her.« Sie hielt inne und wirbelte herum, um ihren gewohnten Abschiedsschuss abzufeuern: die Hacke erhoben wie die Axt eines Scharfrichters. »Aber um die beste Asche zu kriegen, hättet ihr eure Zweige bei abnehmendem Mond im November verbrennen müssen!«

* * *

Eines Morgens, als er gerade die abschließenden Schnitte an unserem letzten Orangenbaum vornahm, sprach ich Pepe Suau auf Marias Mondphasen-Fimmel an.

»Ich kann mich noch gut daran erinnern, wie mein Großvater immer von diesem ganzen Zeug mit Zunehmen und Abnehmen geredet hat«, sagte ich. »Aber ich bezweifle, dass es in Großbritannien noch viele Landwirte gibt, die an diesem alten Glauben festhalten. Ehrlich gesagt sind die Tipps von den Herstellern chemischer Pflanzenschutzmittel das Einzige, woran sich die jüngeren orientieren.«

Pepe setzte ein wissendes Lächeln auf. Er benutze mittlerweile auch solche Pflanzenschutzmittel, gestand er – aber nur, wenn es absolut notwendig sei. Viele der älteren Obstbauern lehnten die Anwendung solcher »giftigen« modernen Mixturen natürlich ab, aber wenn man sie verantwortungsbewusst und maßvoll einsetzte, sah er keine große Gefahr in ihnen. »*En realidad* können manche dieser Spritzmittel Wunder wirken«, versicherte er. »Sie können einen kranken Baum retten, der in früheren Zeiten abgestorben wäre.« Er wies auf eine schwarze, modrige Masse, die an den Blättern des Baumes klebte, den er soeben bearbeitet hatte. »Ein Pilz, den Insekten ausgelöst haben, die auch Viruskrankheiten verbreiten«, erklärte er. »Diese *parásitos* müssen einfach mit Chemikalien unter Kontrolle gehalten werden. Und sehen Sie mal hier.« Er zeigte auf einen Aprikosenbaum, den er so massiv beschnitten hatte, dass er aussah, als wäre er vom Blitz getroffen worden. »Der hier hat eine *enfermedad* an den Hauptästen, die durch alte Beschneidungsnarben ins Holz eingedrungen ist.« Pepe senkte den Kopf und sah sich erneut verstohlen um. »Darum hätte sich der alte Paco schon vor Jahren kümmern müssen«, flüsterte er.

»Und, wird er überleben?«, fragte ich beklommen, nachdem mir schon mehrere andere Aprikosen- und Pflaumenbäume im gleichen »kurz geschorenen« Zustand aufgefallen waren.

Pepe hob die Schultern. »*Vamos a ver.* Mal sehen. Aber möglich ist es nur mit dem überlegten Einsatz von Pflanzenschutzmitteln und *por la gracia de dios*.«

Also, dachte ich im Stillen, musste sich Gott bei landwirtschaftlichen Wundern heutzutage sogar in einem derart frommen Land wie Spanien auf die Unterstützung von Verbündeten wie Bayer und ICI verlassen.

»Na ja, Pepe, ein oder zwei Gebete bringe ich bestimmt zustande«, sagte ich, »aber was die Anwendung von Chemikalien an den Bäumen betrifft, habe ich keinen blassen Schimmer. Ich meine, ich kann nicht einmal die Krankheiten identifizieren, geschweige denn die richtigen Heilmittel verschreiben.« Schon wieder bekam ich dieses altbekannte flaue Gefühl in der Magengrube.

Pepe lachte in sich hinein und tätschelte mir beruhigend die Schulter, ging mit der Säge in der Hand zu seinem nächsten Patienten weiter. »Das lernen Sie mit der Zeit schon, Señor Peter.«

»Womöglich bringe ich dabei alle meine Bäume um«, mutmaßte ich matt.

Pepe stimmte erneut sein sonores kleines Kichern an. »*Usted tranquilo, señor.* Jetzt, im ersten Jahr, zeige ich Ihnen, wie man es macht, keine Angst.« Er hörte einen Moment lang auf zu sägen und sah mir in die Augen. »Aber es gibt eine goldene Regel, die Sie von Anfang an beherzigen müssen.«

»*Sí?*«

»*Sí.*« Er hielt sich eine Hand hinters Ohr. »Hören Sie ihre Musik?«

»Sie meinen die Bienen?«, fragte ich, erstaunt, dass die fleißigen kleinen Insekten immer noch genug Blüten fanden, um sich von unseren versehrten Bäumen angezogen zu fühlen.

»*Sí,* die Bienen. *Las abejas.*« Ein sentimentales Lächeln ließ Pepes Gesicht aufleuchten. »Die kleinen Musikanten des Obstgartens nennen wir sie auf Mallorca.«

Zuerst hatte die alte Maria die Bienen als Liebesgötter bezeichnet, und nun beschrieb Pepe sie als Musikanten. Die liebevollen, ja fast schon schwärmerischen Gefühle, die diese scheinbar so nüchternen, arbeitsamen Landbewohner für ein solch niederes Geschöpf aufbrachten, erstaunten und rührten mich zugleich.

»Und die goldene Regel?«, erkundigte ich mich.

»Die goldene Regel lautet, dass Sie, wenn Sie Ihre Bäume spritzen wollen, unbedingt bis zum Abend warten müssen – bis die Bienen nach vollbrachtem Tagwerk nach Hause geflogen sind. Denn sonst, *señor*, riskieren Sie lediglich, die besten kleinen Freunde umzubringen, die ein Obstbauer haben kann.«

In der Tat ein einfacher, aber scharfsinniger Rat und noch dazu etwas, das ich noch überhaupt nicht bedacht hatte.

»Und was ist mit den Mondphasen?«, fragte ich halb im Scherz.

Doch Pepe blieb erstaunlich ernst. »Ihr Großvater hatte Recht. Wenn man auf einer Insel lebt, bleibt einem gar nichts anderes übrig, als den Einfluss des Mondes mit Respekt zu behandeln.«

Das fand ich nun wirklich interessant, da mein Großvater tatsächlich auf einer Insel gelebt hatte. Er war Bauer auf Sanday gewesen, einer der entlegenen Orkneyinseln nördlich von Schottland und ganz in der Nähe eines Meeresstreifens, der als das vielleicht tückischste Gewässer rund um die gesamte britische Küste galt. Außerdem fiel mir jetzt rückblickend wieder ein, dass er mir erzählt hatte, wie er Ackerbau und Viehzucht mit dem Fischen verbunden hatte – Letzteres nicht in kommerzieller Absicht, denn er fuhr nur dann mit einem kleinen Segelboot hinaus, wenn die Versorgung der Familie nach einem Fang verlangte. Mit den Auswirkungen vertraut zu sein, die die Mondphasen auf Wind und Gezeiten hatten, war für ihn mit Sicherheit unabdingbar gewesen.

Ich hörte genau zu, als Pepe mir nun schilderte, wie man ihm als Heranwachsendem beigebracht hatte, bei nahezu jeder Arbeit, die übers Jahr auf dem Bauernhof zu verrichten war, auf die Mondphasen zu achten. Die Mandelbäume wurden bei zunehmendem Mond im Januar veredelt und die Bauerngärten bei abnehmendem Mond desselben Monats gehackt. All diese Regeln mussten befolgt werden. Und so ging es weiter – säen, pflanzen und veredeln bei zunehmendem Mond, jäten, stutzen und beschneiden bei abnehmendem. Genauso war es bei den Tieren. Ja, sogar Aufgaben wie das Kastrieren von Lämmern und Kälbern mussten bei abnehmendem Mond erledigt werden, während Übereinstimmung darüber herrschte, dass das Decken von Ziegen und Schafen am erfolgreichsten war, wenn man es bei zunehmendem Mond »arrangierte«.

»Man folgt damit nur dem Rhythmus der Natur, Señor Peter. Ich für meinen Teil glaube jedenfalls an so was. *Bueno*, es ist heutzutage schwer, die Zeit zu finden, um den ganzen alten Überzeugungen nachzukommen, aber ich habe keine davon vergessen und sie auch schon an meinen Sohn weitergegeben.«

»Und das Spritzen mit Chemikalien? Gibt es eine Zeit, die dafür am besten ist?«

Pepe zuckte resigniert mit den Achseln. »Viele der uralten mallorquinischen Bauernregeln gehen bis auf die Römerzeit zurück, auf die Schriften des Plinius.« Er kicherte wieder. »Aber ich bezweifle, dass selbst er als Ausbund an Weisheit es gewagt hätte, eine Antwort auf Ihre Frage zu geben, mein Freund. Nein, warten Sie einfach, bis die kleinen Musikanten am Abend ihre Instrumente eingepackt haben – ich glaube, das ist der beste Rat, den Sie für den Einsatz von Chemikalien kriegen werden, oder?«

Der kleine Mann schob die Baseballkappe nach hinten, um sich die Stirn zu wischen. Die Sonne beschien seine gelassenen Züge. Er hatte ein freundliches, zufriedenes Gesicht, ohne den bräunlichen Teint und die dunklen Haare, die so typisch für einen Festlandspanier sind. Nein, er besaß das Gesicht eines Insulaners, das wie bei so vielen Mallorquiner Bauern Züge aufwies, die eher jenen der Bewohner der nördlichen britischen Inseln ähnelten als den dunklen Abkömmlingen der Mauren, die weite Teile Südspaniens bevölkern. Die kühnen alten nordländischen Seefahrer hatten ihren Samen weiß Gott weit – und erfolgreich – gestreut.

Ich sah Pepe zu, wie er dem Orangenbaum geschickt die

letzten Schnitte beibrachte, und blickte dann gemeinsam mit ihm auf die Ergebnisse seines *trabajo* zurück. Vielleicht waren unsere Obsthaine doch nicht ganz zu dem atomaren Schlachtfeld geworden, wie ich befürchtet hatte, aber trotz allem waren sie arg zugerichtet. Wieder hoffte ich insgeheim, dass Pepes Können seinem Ruf entsprach.

»Die erholen sich bald«, sagte er, als er meinen Blick bemerkte, und lenkte dann meine Aufmerksamkeit auf die nächstgelegenen Baumreihen. »Wie Sie sehen, habe ich einige Bäume nur ganz leicht beschnitten. Die erholen sich noch schneller als die anderen und bringen Ihnen dieses Jahr auf alle Fälle eine gute Ernte. Aber nächstes Jahr sind sie dann dran für einen Eingriff *más extenso, sí*?«

»Wie Sie meinen, Pepe. Ich bin Ihnen vollkommen ausgeliefert.«

Obwohl ich Pepe, sooft ich konnte, aufmerksam bei der Arbeit zugesehen hatte, waren mir die Feinheiten seines Könnens weitgehend verborgen geblieben. Allerdings fiel mir auf, dass er einige besonders stark verwachsene Bäume völlig unangetastet gelassen hatte, und so sprach ich ihn darauf an.

»Ah, *sí, los higos*.« Er schüttelte den Kopf. »*Hombre,* allem Anschein nach haben diese alten Feigenbäume schon seit vielen, vielen Jahren keine Baumsäge mehr gesehen.« Von allen Obstbäumen, so erklärte er mir, war der Feigenbaum derjenige, dessen Wachstum am dringendsten rigoros kontrolliert werden musste, da er sonst wucherte und wucherte, bis er jenes fortgeschrittene Stadium eines vernachlässigten Ausreißers erreicht hatte, das ich nun vor Augen hatte. »*Por Dios!*«, rief Pepe aus. »Wenn diese Bäume Kinder wären, könnte man sie nur noch *gamberros* nennen – Rabauken!«

»Dann hat sie der alte Paco also nicht besonders gut erzogen, was?«, sagte ich halblaut.

Doch Pepe beeilte sich, den ehemaligen Besitzer von Ca's Mayoral in Schutz zu nehmen. »Nein, nein«, protestierte er, diesmal ohne die Stimme zu senken. »Paco hat *los higos* schon in Schach gehalten, keine Sorge – oder vielmehr so lange, wie es seine Gesundheit und sein Engagement erlaubten. Und damit war ihr Schicksal dann besiegelt. *Oye!* Dreh nie einem Feigenbaum den Rücken zu, wie das alte Sprichwort sagt, sonst greifen dir seine Zweige in die Taschen, während dir seine Wurzeln das Haus einreißen!« Pepe blickte in das Gewirr aus herabhängenden und aufwärts gebogenen Zweigen an einem besonders ungebärdig wirkenden Exemplar hinauf. »*Sí, señor,* die Finger *und* die Zehen dieser *chicos* brauchen eine anständige Maniküre.« Er pfiff durch die Zähne. »*Vaya! Mucho, mucho trabajo!*«

Wann er denn mit der Arbeit an ihnen beginnen werde, fragte ich, ohne besondere Vorfreude darauf, noch mehr Berge von Baumabfällen sortieren zu müssen.

Ah, das werde nun leider bis nächstes Jahr warten müssen, eröffnete mir Pepe. Der Druck, sich der Anliegen anderer wartender *clientes* anzunehmen, sei inzwischen so groß geworden, was ich angesichts dessen, wie viel Zeit er auf unserer Obstplantage zugebracht habe, sicher verstehen werde. Außerdem müsse er sich auch um die Arbeit auf seinem eigenen Hof kümmern – so viel Arbeit, dass es seinem Sohn und ihm nahezu unmöglich sei, alles zu schaffen, da sie zu dieser Jahreszeit jeden Morgen damit zubrächten, die Bäume anderer Leute zu beschneiden.

»Ach so – ja klar. Sie sind ja selbst auch Landwirt«, sagte ich und bekam Schuldgefühle, weil ich womöglich den Eindruck erweckt hatte, als wollte ich seine wertvolle Zeit quasi selbstverständlich in Anspruch nehmen. »Ich meine, zusätzlich dazu, dass Sie ein professioneller Baum-Maestro sind. Tut mir Leid, Pepe, mir war nicht ganz klar …«

»*No problema*«, beruhigte mich Pepe und tätschelte mir die Schulter. Auf seiner Miene lag der Hauch eines stolzen kleinen Lächelns, als er mir gestand, dass er diese Art zu leben durchaus gewohnt sei, nachdem er von jeher tagein, tagaus auf demselben Hof arbeitete und das Einkommen der Familie dadurch aufbesserte, dass er sich bei Bedarf um die Bäume der anderen Obstbauern kümmerte. »Mein Zuhause heißt Es Pou, eine *finca* von vielen Hektar – oder *cuarteradas*, um das mallorquinische Flächenmaß zu verwenden. *Sí, sí, señor*«, versicherte er, und seine gewohnte Bescheidenheit verschwand einen Augenblick lang, »ich bewirtschafte eine der größten *fincas* im ganzen Bezirk von Andratx – mit Tausenden von Mandelbäumen und einer riesigen Schafherde!«

Natürlich wollte ich diesen sanftmütigen kleinen Mann nicht dadurch beleidigen, dass ich in Frage stellte, was er mir gerade erzählt hatte, aber es kam mir trotzdem seltsam vor. Ich hatte es ja selbst gesehen: Pepe schuftete wie ein Pferd, und zwar *immer*. Ihm war die lockere mallorquinische Art fremd, das Werkzeug für einen längeren Schwatz beiseite zu legen, wann immer sich die Gelegenheit bot. Also warum rackerte er sich dermaßen ab, um zusätzliches Geld zu verdienen, wenn er selbst ein so einträglich klingendes Anwesen besaß? Denn sicher galt auch auf Mallorca die allgemein anwendbare landwirtschaftliche Maxime »Je größer der Hof, desto lohnender ist er«. Doch die offenbare Diskrepanz, die hier zu herrschen schien, war Pepes Angelegenheit, und es stand mir nicht zu, neugierige Fragen zu stellen.

»Es wäre mir eine Ehre, wenn Sie mich einmal zu Hause besuchen würden, Señor Peter«, sagte er, während er sein Werkzeug in den Kofferraum seines uralten kleinen Seat 600 lud, der im Innenhof von Ca's Mayoral geparkt war. »Das Haus von Es Pou ist sehr alt und sehr groß – ein *senyoríu* nennen wir hier ein solches Herrenhaus –, und es gibt dort viel Traditionelles zu sehen. Dazu noch den Hof und die Tiere. Bestimmt fänden Sie alles sehr interessant.«

Ob Pepe gespürt hatte, dass ich seine Behauptung, ein »Groß«-Bauer zu sein, nicht ganz für bare Münze genommen hatte, und er mich nur auf seine *finca* eingeladen hatte, um mir meinen Irrtum nachzuweisen, wusste ich nicht. Doch er hatte seine Einladung auf überaus herzliche Weise ausgesprochen, und ich zögerte nicht, sie anzunehmen.

»Die *señora de Escocia* auch. Bitte bringen Sie sie mit, wenn Sie kommen. Meine Frau und ich würden uns freuen, Sie bei uns willkommen zu heißen.«

Und so wurde ein Tag vereinbart, an dem Pepe wie üblich nachmittags zu Hause wäre. Ich freute mich aufrichtig darauf, mit eigenen Augen seinen alten mallorquinischen Hof zu sehen. Und natürlich konnte ich es kaum erwarten, das Geheimnis dieses arbeitsamen, aufrichtigen kleinen Mannes zu lüften, der sich ganz gelassen solcher wertvoller materieller Besitztümer brüstete. Wer weiß? Vielleicht stellte sich ja heraus, dass er doch eher einer Elster ähnelte als einer Blaumeise.

DREI

Paseos, Plantagen und ein Abendessen mit Dämonen

Mit den länger werdenden Frühlingstagen beginnt in Spanien unweigerlich die *paseo*-Saison. Was ist ein *paseo*? Nun ja, wörtlich übersetzt ist es ein Spaziergang, aber für die Spanier ist ein *paseo* bedeutend mehr als das. Natürlich ist es ein Spaziergang, aber auch ein Ritual aus Sehen und Gesehen-Werden, ein gesellschaftliches Ereignis und eine Modenschau in einem. Und der *paseo* ist für alle Altersgruppen da – er ist eine Pflichtveranstaltung, die sich jeden Abend wiederholt, wenn die Einwohner einer Stadt oder eines Dorfes auf der zentralen *plaza* oder einer beliebten *avenida* zusammenkommen. In ihren besten Sachen schlendern sie ungezwungen herum, tauschen im Vorbeigehen höfliche Grußformeln mit ihren Nachbarn aus und schwatzen mit Feuereifer über die anderen, sobald sie außer Hörweite sind.

Der *paseo* ist auch eine ideale Gelegenheit für ungebundene junge Leute, sich zu zeigen und sich gegenseitig zu taxieren.

Mädchengruppen kichern scheu, wenn sie den Weg ihrer männlichen Flammen kreuzen, die im Gegenzug pseudo-lässige Kommentare austauschen, während sie Blicke über die Schulter werfen, um die Rückenansicht der *chicas* zu mustern, die ihnen gefallen. Doch die Stars der Show sind unbestreitbar die älteren Matronen. Sie glänzen stets mit makellos frisierten Haaren, schick über die Schultern drapierten, zarten Spitzenschals und – ob die Temperatur es nun erfordert oder nicht – Fächern mit komplizierten Filigranmustern, die sie in regelmäßigen Abständen aufklappen, um sich die Wangen zu kühlen oder, wenn ich das sagen darf, um ihre Klatschmäuler vor den Blicken potenzieller Lippenleser zu schützen.

Der *paseo* ist, so heißt es, eine Tradition, die seit Menschengedenken gepflegt wird und die es selbstverständlich ebenso in anderen Mittelmeerländern gibt, wenn auch unter anderen Namen. Doch die Spanier haben ihn zu etwas Besonderem weiterentwickelt – einem Ereignis, an dem auch der einfachste Bürger gleichberechtigt mit den anderen teilnehmen kann. Aber vielleicht ist er ja eine spanische Sitte, deren Aufrechterhaltung ausschließlich den Spaniern überlassen bleiben sollte. Nicht dass man es ungern sähe, wenn die *extranjeros* so vieler Nationalitäten, die heute Spanien besuchen oder dort leben, daran teilnähmen. Im Gegenteil – schließlich liefern sie den Einheimischen neuen Gesprächsstoff. Nein, es ist nur einfach so, dass allein die Spanier diese würdevolle Gelassenheit besitzen, die für die stilvolle Atmosphäre des Anlasses unverzichtbar ist. In ihrer eigenen Sprache »geben« Spanier einen *paseo*. Andere machen nur einen Spaziergang.

Bevor wir nach Ca's Mayoral gezogen waren, war ein *paseo* für mich vor allem das, was ich miterlebt hatte, wenn wir auf Menorca, der Nachbarinsel von Mallorca, Urlaub machten. Mahón, die hübsche kleine Hauptstadt Menorcas, besitzt einen Platz namens Explanada, wo sich an ruhigen Sommerabenden die Stadtbewohner versammeln, um auf altehrwürdige Weise zu »promenieren«, während Touristen wie wir fasziniert und voller Neid zusehen. Eine angenehmere Umgebung für einen *paseo* ist nämlich kaum denkbar: eine großzügige, von Bäumen beschattete und von Häusern mit grünen Fensterläden umstandene *plaza,* auf die weiße Tauben hinabgeflattert kommen, um Sonnenblumenkerne aufzupicken, die ihnen lachende Kinder hinwerfen, und wo sich genussfreudige Einheimische sowie Besucher um Kioske drängen, die brutzelnde *bunyol*-Krapfen oder knusprige, mit *sobrasada*-Wurst bestrichene *bocadillo*-Sandwiches verkaufen. Ein unvergessliches Erlebnis, umgeben vom Leuchten eines mediterranen Sonnenuntergangs.

Wir freuten uns darauf, diese Atmosphäre nun in unserer neuen Inselheimat genießen zu können, aber bis jetzt hatten uns die langen Stunden unerlässlicher Landarbeiten daran gehindert.

Doch dann kam der *paseo* zu uns! Natürlich nicht die komplette Prozession von der Plaza de España aus Andratx, sondern eine wesentlich kleinere, bescheidenere Version, die für uns aber auf ihre Art ebenso reizvoll war. Es geschah eines sonnigen Abends Ende März, als das Tal nach einem der spektakulären Regengüsse, wie sie mitunter in der Übergangszeit von Frühling und Herbst auf Mallorca vom Himmel kommen, in duftender Ruhe schwelgte.

Zuerst war es eine alte Frau, die Hand in Hand mit ihrer mutmaßlichen Enkelin langsam den Weg entlangschritt. Als Nächstes kam ein älterer Mann mithilfe eines Stocks angehumpelt. Dann erschienen zwei Teenager, die wie Schwestern aussahen – vielleicht lag es aber auch nur an ihrem identischen, übertriebenen Make-up. Schon bald waren in unregelmäßigen Abständen über zwanzig Personen vorübergekommen, manche in Gruppen, andere allein, und alle hatten uns ein verhaltenes *»Buenos tardes«* zugenickt, während sie durch unser Gatter schauten und sich womöglich darüber wunderten, dass wir immer noch arbeiteten. Alle gingen in dem gemächlichen Schritt, der den echten *paseo* ausmacht.

Wir erkannten sie als Leute aus dem Dorf, das einen knappen Kilometer weiter am anderen Ende des Weges lag. Viele von ihnen hatten wir bislang lediglich scheu aus ihren Haustüren spähen sehen, wenn wir auf dem Weg nach Andratx vorbeifuhren. Die meisten waren offenkundig Leute mit bescheidenen Mitteln, wie die schlichten Reihenhäuser bezeugen, welche die einzige Straße säumen, aus der ihr gesamtes Dorf besteht. Und irgendwie sahen sie gar nicht wie Mallorquiner aus. Ihnen fehlte die gelassene, zufriedene Ausstrahlung, die so typisch für die Inselbewohner ist – jedenfalls einigen der Älteren.

»Españoles«, hatte Jordi erklärt, als ich das ihm gegenüber eines Tages erwähnt hatte. »Regierung von Madrid sie schicken rüber von Festland. *Sí*, das sein gewesen vor viele Jahre, echt wahr. Sie bringen die Männer für bauen die Straße um die Berge, Mann – die verfluchte Küste rauf, bis ganz nach Estellencs, Banyalbufar, Deià auch dazu. Viele Gefahr arbeiten für die Männer«, hatte er hinzugefügt und sorgenvoll den Kopf geschüttelt.

Als ich nach näheren Einzelheiten fragte, hatte Jordi geantwortet, dass die Regierung ganze Familien aus den ärmeren Gegenden des spanischen Festlandes »exportiert« habe, offenbar, um billige Arbeitskräfte für den Ausbau der gewundenen Straße zu haben, die Hunderte von Metern über dem Meer an der steilen Nordflanke des Tramuntana-Gebirges klebt. Denn genau das war es, wofür man die Männer gebraucht hatte – Leib und Leben unter Bedingungen zu riskieren, die extrem gefährlich gewesen sein mussten.

Und doch hatten viele Einheimische geglaubt – und manche

dachten noch heute so –, dass die Regierung diese Familien in Wirklichkeit nur deshalb auf Mallorca ansiedelte, um die hartnäckig auf ihre Unabhängigkeit bedachte Inselbevölkerung mit *españoles* zu »verwässern«. Denn obwohl Mallorca geographisch und politisch zu Spanien gehört, fühlen sich die meisten Mallorquiner aus innerer Überzeugung in erster Linie als Mallorquiner und bestenfalls in zweiter (und das in manchen Fällen ausgesprochen widerwillig) als Spanier.

Doch selbst wenn es einen ausgeklügelten Plan gegeben haben sollte, das mallorquinische Volk zu unterjochen und seine Sprache, das *Mallorquín,* zu unterdrücken, indem man die Insel klammheimlich mit Festlandspaniern »kolonisierte«, war das Vorhaben in diesem Fall nicht weiter gediehen, als eine etwas verlorene Personengruppe hervorzubringen, die zumindest von einem Teil der Einheimischen nicht gerade mit offenen Armen willkommen geheißen wurde. Steckte in manchen Mallorquinern ein Stückchen Fremdenfeindlichkeit, oder waren ihre Befürchtungen berechtigt? Erinnerungen an den spanischen Bürgerkrieg vielleicht? Wer weiß. Doch die Zeit, die große Heilerin aller Wunden, hatte nach und nach die Wogen geglättet, zumindest unter der jüngeren Generation der Mallorquiner. Die meisten von ihnen akzeptierten mittlerweile ihre Altersgenossen, die auf der Insel geborenen Kinder der Zugezogenen, als ebenbürtige Landsleute.

»Für mich«, hatte Jordi achselzuckend gesagt, »ich nehmen eine Mann, wie ich ihn sehen. Ich sein gewesen in Spanien, Frankreich, Deutschland und England. Überall Jordi sein gewesen. Und ich dir sagen eines, Mann: Es geben Gute und Schlechte überall. Kruzifix! Das Leben sein zu verflucht kurz für nicht nehmen die Guten!«

Eine durchaus vertretbare Philosophie, und außerdem konnten wir als *extranjeros* ersten Grades froh sein, dass offenbar sämtliche Mallorquiner, die wir kennen gelernt hatten, ihr anhingen. Und genauso behandelten wir im Gegenzug unsere ursprünglich vom Festland stammenden Nachbarn aus dem Dorf – in der Hoffnung, dass das Gefühl erwidert würde.

Nach dieser flüchtigen Begegnung bei ihrem ersten *paseo* der Saison blieb erst der eine und dann der andere Dörfler im Vorübergehen stehen, um kurze Höflichkeiten auszutauschen und, so vermuteten wir, um diese seltsamen, hellhäutigen Spinner aus dem Norden genauer zu betrachten, die allen Ernstes auf die Insel gezogen waren, um sich auf den Feldern abzurackern – und das auch noch, wie es uns in letzter Zeit zwangsläufig zur Gewohnheit geworden war, während der sakrosankten *siesta*.

»Deine find ich aber nicht so toll«, sagte Charlie zu seinem älteren Bruder.

Sandy ließ sich nicht einmal herab, von dem Bewässerungsgraben aufzusehen, den er mühsam um einen Baum herum zog. Dazu benutzte er eine dreieckige Hacke mit kurzem Griff, das in Spanien übliche Werkzeug für Arbeiten vom Betonmischen bis … na ja, bis zum Anlegen von Bewässerungsgräben.

»Ich wüsste gern, wie das Ding auf Spanisch heißt«, sagte ich und nahm Sandy das Utensil mit dem konkaven Blatt ab, um ihm eine Atempause zu gönnen.

»Tierisch bescheuert – so würde *ich* es jedenfalls nennen«, brummte Sandy. Er rollte mit den Schultern und reckte seinen schmerzenden Rücken. »Noch über fünfhundert Bäume zu beackern. Mein Gott, das muss doch auch einfacher gehen.«

»Ich hab gesagt, deine find ich aber nicht so toll«, wiederholte Charlie.

Ich sah Sandy eine Grimasse ziehen, während sein Blick Charlies mehrfachen seitlichen Kopfbewegungen auf das Gatter hin folgte, das eine Öffnung in der zum Weg hin gelegenen Mauer bildete.

»O nein«, stöhnte Sandy, »nicht schon wieder die gefürchteten Schwestern des Schreckens.«

Sie befanden sich gut dreißig Meter von uns entfernt, aber sogar auf diese Distanz konnte ich erkennen, dass die beiden übertrieben geschminkten Mädchen, die vor zwei Wochen beim ersten kleinen *paseo* an Ca's Mayoral vorbeigekommen waren, ihrer inzwischen vertraut gewordenen Gewohnheit folgten. Es war ihnen zur Routine geworden, nicht nur zu den üblichen *paseo*-Zeiten, sondern zu jeder beliebigen Tageszeit, wenn sie ihre Arbeit – was auch immer das sein mochte – zufällig gerade unterbrechen konnten. Dann schlenderten sie mit gespieltem Desinteresse den Weg entlang, und wenn sie Sandy auf den Feldern arbeiten sahen, blieben sie am Gatter stehen, lächelten ihm scheu zu und klimperten dabei verführerisch mit ihren von Mascara schweren Wimpern.

»Ich finde, meine ist um Klassen besser«, spöttelte Charlie.

»Die Stimme der Erfahrung!«, murmelte Sandy, während er so tat, als würde seine Aufmerksamkeit von etwas beansprucht, das in entgegengesetzter Richtung zu seinen beiden Bewunderinnen lag.

»Geh doch hin und plaudre mit ihnen, Sandy«, empfahl ich und zwinkerte dabei verstohlen Charlie zu. »Wär ne gute Übung für dein Spanisch.«

Ohne sich umzudrehen, begann Sandy sich an einem der unteren Äste des nächstgelegenen Mandelbaums zu schaffen zu machen. »Nee«, grummelte er, »nicht ganz mein Typ. Ein bisschen zu viel Baumarkt für meinen Geschmack.«

»Baumarkt?«

»Ja, zu viel Moltofill und Dulux feste Farbe.«

Es war eine grobe Art, es auszudrücken, aber ich wusste, was er meinte. Als ich die Mädchen das erste Mal hatte vorbeigehen sehen, hatte ich sie zunächst auf Mitte dreißig geschätzt und gedacht, sie hätten sich im hoffnungslosen Versuch, jünger zu wirken, so aufgedonnert. Doch seitdem hatte ich sie ein paarmal aus der Nähe gesehen, als ich mit dem Auto an ihnen vorbeigefahren war, und war zu dem Schluss gekommen, dass sie vermutlich nicht älter als siebzehn oder achtzehn waren – hübsche *señoritas* mit rabenschwarzen Haaren, die offenbar südspanischer Abstammung waren und aus Gründen, die nur sie selbst kannten, ihre natürlichen Gesichtszüge unter einer dicken Schicht Make-up, Rouge, scharlachrotem Lippenstift und zu dick aufgetragenem Lidschatten verbargen. Sie sahen aus, als kämen sie geradewegs vom Set eines Buster-Keaton-Films, und obwohl Sandys Spitzname »Schwestern des Schreckens« vielleicht ein bisschen *zu* flegelhaft war, konnten einem die Mädchen in voller Kriegsbemalung auf jeden Fall kalte Schauer über den Rücken jagen, wenn man in einer finsteren Nacht unvermittelt vor ihnen stand.

»Er hat Muffensausen wegen ihrer Brüder«, verriet uns Charlie, während Sandy durch die Bäume auf unsere *casita de aperos* zustolzierte, das kleine Steinhäuschen, in dem unser Traktor sowie verschiedene Geräte und Werkzeuge untergebracht waren. »Sie haben zwei. Meistens lungern sie in der Nähe rum, wenn die Schreckensweiber auf Männerfang gehen.«

»Anstandspersonen, Charlie. Eine alte spanische Tradition.«

»Aufpasser, würde ich sagen. Ich meine, wie soll man Mädchen anquatschen, wenn einem dabei zwei Gorillas auf die Pelle rücken?«

Die tiefgründigen Überlegungen eines Zwölfjährigen.

Doch Charlie hatte seinerseits ganz offensichtlich begonnen, sich lebhaft für das andere Geschlecht zu interessieren, und ich hatte den Verdacht, dass seine Art, in das Spielchen einzusteigen, nicht so vorsichtig sein würde, wie es bei seinem älteren Bruder der Fall zu sein schien – zumindest nach seinem heutigen Verhalten zu urteilen.

Auf jeden Fall verebbten die Avancen, die die rätselhaften Schwestern des Schreckens Sandy aus der Ferne machten, nach und nach in der kühlen Brise, die von der sprichwörtlichen kalten Schulter ausgeht. Immer seltener erschienen sie auf dem Feldweg, und binnen weniger Wochen konnte man sie abends in Andratx sehen, wo sie vom ländlichen Vorbeispazieren an Ca's Mayoral zum vollwertigen *paseo* auf der Plaza de España aufgestiegen waren. Nach wie vor hatten sie die Gesichter grotesk übertrieben geschminkt, nach wie vor schlenderten sie Arm in Arm dahin, nach wie vor lauerten ihre Brüder im Hintergrund, und nach wie vor hatten sie bezeichnenderweise keinen einzigen Verehrer im Schlepptau.

Doch das war nur eine Frage der Zeit. In der betörenden Wärme mediterraner Abende würde die Liebe eines Tages auch zu ihnen kommen. Allerdings nur, so mutmaßte ich, wenn sie Stuck und Anstrich von ihren Gesichtern entfernten und wieder zeigten, welche makellosen Reize darunter lagen. Mit dem Einzug der modernen Sitten (falls das kein zu platter Euphemismus für das ist, was die betörende Wärme mediterraner Abende unweigerlich auslöst) würden die als Anstandswauwaus fungierenden Brüder bei Bedarf einfach abgehängt. Und so kam es wohl auch.

Fürs Erste musste jedenfalls Ellies »geheimer« Wunsch, dass Sandy bald eine *novia* fände, ein nettes, einheimisches Mädchen, das sein Herz für sich gewinnen und ihn damit ermuntern würde, dauerhaft auf der Insel Wurzeln zu schlagen, noch unerfüllt bleiben. Allerdings hatte sie eines Morgens in der Ankunft einer gewissen Matrone aus dem Dorf zumindest einen Hoffnungsschimmer gesehen ...

Sie war eine der regelmäßigen *paseo*-Teilnehmerinnen, eine schlanke, grauhaarige Frau von etwa siebzig Jahren, die von Anfang an die kontaktfreudigste der vorüberspazierenden

Dorfbewohner gewesen war und uns im Gegensatz zur reservierteren Art ihrer Nachbarn stets unbefangen ein breites Grinsen und einen fröhlichen Gruß zuwarf. Wir hatten uns angewöhnt, sie »Señora Brotzähne« zu nennen – einfach weil ihr breites Grinsen unweigerlich großzügige Ablagerungen von weißem *pan* zum Vorschein brachte, das hartnäckig in den Lücken zwischen den makellos geformten Zähnen ihres oberen Gebisses klebte – eines Gebisses, auf das die Señora sichtlich und zu Recht stolz war.

Sie wisse, dass es schon sehr spät in der Saison sei, hatte sie gestanden, als Ellie ihr das Gatter öffnete, aber sie habe bemerkt, dass an einigen unserer Bäume noch Orangen hingen, und wolle sich erkundigen, ob sie wohl welche kaufen könne.

Es hingen tatsächlich noch ein paar Orangen an den Bäumen, denen Pepe seine ärgsten Beschneidungsmaßnahmen erspart hatte, doch hatten sie ihre beste Zeit schon hinter sich. Ganz gewiss befanden sie sich nicht mehr in jenem frischen, saftigen Zustand, in dem man sie an Señor Jeronimo hätte verkaufen können. Ja, um sie nicht verfaulen sehen zu müssen, waren wir mittlerweile dazu übergegangen, so viele wie möglich von ihnen auszupressen und den Saft zu trinken. Dies ging so weit, dass Charlie schwor, unsere Haut fange langsam an, eine orientalische Schattierung anzunehmen. Wir schluckten Überdosen von Vitamin C – schlecht für einen Jungen in seinem Alter, meinte er –, und wenn er bis ans Ende seiner Tage keine einzige Orange mehr sähe, wäre es ihm immer noch zu viel.

Erleichtert, dass jemand anders dazu bereit war, die Orangen davor zu bewahren, auf dem Boden zu verfaulen, hatte Ellie die Señora mit offenen Armen willkommen geheißen und ihr in ihrer gewohnten Mischsprache aus mit Spanisch durchsetztem Englisch erklärt, dass sie gern kostenlos so viele Orangen mitnehmen könne, wie sie wolle – vor allem, wenn es ihr nichts ausmachte, sie selbst zu pflücken. Mit zufriedenem Nicken hatte die Señora dann in ihre geräumige Einkaufstasche gefasst und eine alte, aber gut geschliffene Gartenschere hervorgezogen.

»*Siempre preparada*. Allzeit bereit«, erklärte sie und erfreute Ellie durch ihr begeistertes Lächeln mit der Nahaufnahme eines jüngst verspeisten *bocadillo*. Die Maxime »Hilf dir selbst, dann hilft dir Gott« war der Señora in der sich neigenden Orangensaison offenbar nicht fremd. »*Ven aquí*«, hatte sie dann gerufen und war wieder durchs Gatter hinausgegangen, um jemandem zu winken, der um die Ecke der hohen, steinernen Mauer stand. »Komm her, Carmen, *pequeñita mía*!«

Carmen war ihre Enkelin, ein hübsches, schüchternes Mädchen von etwa siebzehn Jahren, deren Gesicht zu einem liebenswerten Lächeln erblühte, als sie Ellie die Hand schüttelte und einen kleinen Knicks machte.

»Ach, bloß nicht so förmlich«, hatte Ellie gelacht und aus Respekt ebenfalls einen Knicks gemacht. »Ich bin nicht die Königin. Und selbst wenn ich es wäre, würde ich diesen ganzen unterwürfigen Blödsinn schnell abschaffen.«

»*Sí, señora*«, hatte Carmen lächelnd erwidert und erneut geknickst.

Ich ging zu Ellie in den Garten, nachdem Carmen und ihre Großmutter in Richtung Orangenhain davonmarschiert waren. Ellie blickte ihnen mit verträumtem Blick nach. Die Situation war eindeutig.

»Du verschwendest deine Zeit, wenn du dir eine Liebesbeziehung für Sandy herbeiwünschst, Ellie.«

»Nein, das stimmt nicht.«

»Glaub mir, wenn sich Sandy nicht hundertprozentig sicher ist, ob seine Zukunft hier auf Mallorca liegt oder nicht, dann macht ihm eine einheimische Freundin die Entscheidung auch nicht leichter. Eher im Gegenteil.«

Ellie nickte widerwillig und seufzte. Bei dem in den Augen mancher Leute aus unserer alten Heimat etwas waghalsigen Abenteuer, auf das wir uns eingelassen hatten, bestand schließlich ihr einziges Bestreben darin, die Familie zusammenzuhalten. Als wir den Jungen eröffnet hatten, dass wir mit dem Gedanken spielten, der Vertrautheit und relativen Sicherheit unseres Heimatlandes den Rücken zu kehren und uns als ungeübte Obstbauern auf Mallorca zu versuchen, war es Sandy gewesen, der in Begeisterung geriet, während sich der jüngere Charlie bestenfalls gleichgültig gezeigt hatte. Doch nun schien sich ihre Einstellung fast komplett umgekehrt zu haben.

Trotz seiner anfangs ausgeprägten Abneigung hatte sich Charlie schnell an die ungezwungene Atmosphäre in seiner neuen Schule auf der Insel gewöhnt – einer internationalen englischsprachigen Schule, wo die Schuluniform bestenfalls aus T-Shirt, Turnschuhen und Jeans bestand. Die Überzahl an amerikanischen Kindern (viele von ihnen lebten mit ihren Müttern auf der Insel, während ihre Väter auf den Ölfeldern des Nahen Ostens arbeiteten) verlieh der Aussprache sämtlicher neuen Schüler rasch einen britisch-amerikanischen Einschlag, ganz gleich, woher sie stammten. Und Charlie sprach schon bald genauso gedehnt wie alle anderen.

Aber während er nun täglich in den Genuss einer Menge neuer Freunde, neuer Sportarten unter gleißendem Sonnenlicht und eines neuen, lässigeren pädagogischen Ansatzes als in Schottland kam, saß sein älterer Bruder die meiste Zeit im Tal fest und arbeitete auf einem Bauernhof. Sicher, er hatte sich bei einem mallorquinischen Junioren-Fußballverein angemeldet, der einen Platz nördlich von Palma besaß. Aber dieser Platz lag gut dreißig Kilometer entfernt, und obwohl sich Sandy gut integriert und mit dem überwiegend aus Mallorquinern bestehenden Team angefreundet hatte, lebte keiner seiner Sportskameraden in unserem Teil der Insel. Also musste er hier in der Umgebung Kontakte knüpfen. Das war keine leichte Aufgabe für einen achtzehnjährigen Ausländer, der die Sprache erst noch lernte und der in einer ruhigen, ländlichen Gegend wohnte, wo in erster Linie Leute lebten, die seine Großeltern hätten sein können.

Daher rührte also Ellies gut gemeinter, in Wirklichkeit aber unbedachter Wunsch, ein »nettes, junges *señorita*-Mädchen« für ihn zu finden, das in der Nähe wohnte. Doch jegliche Hoffnung darauf, dass Señora Brotzähne ihre Kupplerinstinkte teilen möge, wurde restlos zerstört, als besagte Señora mit einer bis oben hin mit frisch gepflückten Orangen gefüllten Einkaufstasche ins Haus zurückkehrte. Wie sich nun herausstellte, wollte sie mit ihrem Besuch tatsächlich etwas für die junge Carmen einfädeln, doch dieses Etwas entpuppte sich als ein Anliegen völlig unromantischer Natur.

»Meine Carmen ist ein braves Mädchen«, versicherte sie Ellie und mir mit Nachdruck. »Ehrlich, ruhig und kräftig. Eine gute Arbeiterin und sehr sauber. Ich sage Ihnen, *señores*, Sie könnten Sie allein im Haus lassen, ohne fürchten zu müssen, dass Ihre *cosas privadas* angerührt werden.«

Ellie sah mich verständnislos an und murmelte aus dem Mundwinkel: »Was sind meine *cosas privadas*? Klingt, als täte es weh.«

»Persönliche Sachen.« Ich lächelte der älteren Dame zu und sprach weiter mit Ellie auf Englisch. »Ich glaube, die *señora* ist in Sachen Arbeitsvermittlung unterwegs.«

Und während Carmen schweigend dastand und verlegen auf ihre Füße herabblickte, fuhr ihre Großmutter tatsächlich fort, die vielen Qualitäten ihrer *nieta* aufzuzählen, wobei sie sich für die Vertrauenswürdigkeit des jungen Mädchens persönlich verbürgte. Endlich kam sie zum Punkt. Sie habe gehört, dass die *señora de Escocia* kein Hausmädchen habe, und man könne ja schließlich von keiner Frau erwarten, sich um ein so großes Haus allein zu kümmern. Carmen, so hob sie hervor, wäre genau das richtige Mädchen für diese Aufgabe. »*Hombre,* sie würde sogar bei Ihnen wohnen! … Ähm, das heißt, natürlich nur, wenn sie neben ihrem Lohn auch Essen bekommt.«

Da ich unschlüssig war, wie ich auf dieses ehrlich gemeinte, wenn auch völlig unerwartete Angebot reagieren sollte, ohne sie zu beleidigen, begann ich stockend zu antworten. Doch die alte Dame war nicht zu bremsen.

»*Ah, sí, señor*! Und noch etwas!«, unterbrach sie mich und wandte sich um, um mit einem faltigen Finger auf die Obstbäume zu zeigen. »Auf einem solchen Hof fällt für einen *caballero* wie Sie auch zu viel Arbeit an. Hier in Spanien macht der *señor* die Feldarbeit nicht selbst.« Sie warf Ellie einen Blick zu, lächelte zuckersüß und musterte mich vorwurfsvoll. »Und natürlich darf von der *señora* überhaupt nicht erwartet werden, dass sie auf den Feldern arbeitet. Niemals! *Nunca! Nunca!* Nein, *señor,* Sie brauchen *labradores,* Landarbeiter, die Ihnen die Arbeit abnehmen. So ist das hier üblich. *Sí* … vor allem bei *extranjeros.*«

Ich wollte gerade erklären, dass wir ein bisschen anders waren als die reichen, pensionierten oder Urlaub machenden Ausländer, die sich, nur um die Reize eines alten Steinhauses zu genießen, Bauernhöfe in Spanien gekauft hatten, doch die *señora* kam mir erneut zuvor. Wie ich schon geahnt hatte, erklärte sie uns, dass sie drei wohlgeratene Enkel habe – starke, stramme *chicos,* die die erbarmungslose Sonne Mallorcas gewohnt waren –, die ideale Landarbeiter für uns abgeben würden. Als sie meine betretene Miene sah, ergänzte sie mit hoffnungsvollem Lächeln: »Ähm, in einer Art Turnus vielleicht, *sí*?«

Es hatte keinen Zweck, um den heißen Brei herumzureden, und so machte ich mich daran, der *señora* und ihrer Enkelin so schonend wie möglich beizubringen, dass dort, wo wir herkamen, ein Kleinbauer zwangsläufig sein eigener *labra-*

dor ist – der, wann immer nötig, bei der Feldarbeit von seiner Frau (schließlich braucht man ja jemanden, den man anbrüllen kann, wenn etwas schief geht!) oder, falls er welche hat, seinen Söhnen unterstützt wird. Finanzielle Umstände zwangen einen zu dieser Form der Arbeitsteilung. Überdies verdiente man mit einer *finca* wie Ca's Mayoral einfach nicht genug, um noch weitere Personen außerhalb der Familie zu unterstützen … und selbst das würde sich wohl als schwierig genug erweisen.

Die vorher noch begeisterte Miene der älteren Frau verzog sich einen Moment lang zu einem Ausdruck offener Enttäuschung. Doch sie erholte sich rasch und strahlte uns erneut mit teigigem Grinsen an. »Aber das Haus«, erkundigte sie sich optimistisch. »*La señora de Escocia* braucht doch auf jeden Fall Hilfe im Haus, oder?« Als sie meinen ablehnenden Blick sah, hakte sie matt nach: »Vielleicht nur einen oder zwei Tage die Woche, *sí*?«

Ich schüttelte langsam den Kopf und entschuldigte mich wortreich dafür, dass ich ihr freundliches Angebot nicht annehmen konnte, während ich meinen Standpunkt noch einmal verdeutlichte. Im Gegensatz zu anderen Ausländern, denen sie im ländlichen Mallorca begegnet sein mochte, waren wir keine betuchten Hobbybauern, die es sich leisten konnten, herumzugondeln und die Landschaft zu genießen, während sie andere dafür bezahlten, dass sie ihnen die Arbeit abnahmen. Wir waren ausgesprochen praktisch veranlagt, erledigten alle unsere Aufgaben selbst und taten es noch dazu gern. Das waren wir gewohnt. Auch Ellie war am liebsten selbst Meisterin des Mopps, Chefköchin und Spülerin – eben in jeder Hinsicht Herrin in ihrem eigenen Haus.

Es folgte ein Moment lastenden Schweigens, während dessen Señora Brotzähne mit einem Blick schwindender Hoffnung abwechselnd Ellie und mich musterte. »*Entonces*«, seufzte sie schließlich desillusioniert, nachdem ihr Bild von uns zerstört war, »*ustedes ... ustedes son nada más que campesinos también*?«

Da sah ich mich gezwungen zu nicken und resigniert die Achseln zu heben. »Ganz genau, *señora*«, gestand ich. »Wir sind leider auch nur Bauern.«

Wie sich herausstellte, war Sandy aus einem wesentlich handfesteren Grund so urplötzlich zum Geräteschuppen gerast, als nur um den Fern-Avancen der Schwestern des Schreckens zu entfliehen. Trotzdem überraschte es mich, als ich das unverkennbare Tuckern des Dieselmotors unseres kleinen Barbieri-Traktors vernahm. Normalerweise musste ich Sandy fast unter Einsatz von roher Gewalt zu dem Mini-Fahrzeug zerren, wenn er damit eine Arbeit erledigen sollte. Also warum lenkte er den Traktor nun aus freien Stücken in meine Richtung? Und warum hatte er den Pflug angehängt, wo doch sämtliches Land bereits umgepflügt und bearbeitet war?

»Schmerzlose Bewässerung«, erklärte er mir.

»Kapier ich nicht.«

»Ich schon«, tönte Charlie. »Hey, super Idee, großer Bruder!«

»Ich kapier's immer noch nicht.«

Die Jungen lachten über etwas, was nur sie beide verstanden.

»Wie geht's deinem Rücken, nachdem du zehn Minuten lang mit diesem Hackendings einen Graben ausgehoben hast?«, wollte Sandy wissen.

»Offen gestanden tut er saumäßig weh.« Ich blickte auf das gebogene Blatt des kleinen Werkzeugs herab. »Anscheinend eignen wir Nordeuropäer uns besser dazu, Hacken zu schieben als zu ziehen. Aber weshalb die plötzliche Begeisterung für den kleinen Traktor?«

»Ist doch klar«, riefen die Jungen einstimmig. »Keine Rückenschmerzen mehr.«

»Nee, nee«, wandte ich geringschätzig ein. »Pepe Suau hat gesagt, die Bewässerungsrinnen müssten in etwa zwei Meter Abstand um jeden Baum herum verlaufen.«

»Warum?«, fragte Sandy.

»Weil er sagt, dass der Baum dort trinkt – nicht am Stamm, sondern durch die zarten Wurzeln unter den äußersten Spitzen der Zweige.«

»Du kapierst den entscheidenden Punkt nicht, Dad«, meinte Charlie mit selbstzufriedenem Grinsen.

»O doch, Charlie! Ihr zwei Schlauberger bildet euch ein, ihr könntet die Bewässerungsgräben mit dem Pflug ziehen? Stimmt's?«

»Stimmt.«

»Stimmt nicht. Pflüge sind dazu gebaut, gerade Linien zu ziehen. Versuch mal, einen Kreis mit einem Radius von nur zwei Metern zu pflügen. Aussichtslos.«

Die Jungs sahen sich an und zwinkerten sich geheimnisvoll zu.

»Wer sagt denn, dass die Furchen kreisförmig sein müssen?«, bohrte Sandy weiter.

»Na ja … weißt du … na ja, so ist das eben …« Ich rang um eine Antwort. »Ja, ich meine, ein Baum ist eben so gebaut. Von oben betrachtet – aus der Vogelperspektive – ist er kreisförmig.«

»Ganz schön schlau, der Baum, wenn er rauskriegt, dass sein Wasser aus einem viereckigen Graben kommt statt aus einem runden«, wieherte Charlie.

Endlich fiel der Groschen. Die Jungen hatten natürlich absolut Recht. Anstatt um jeden einzelnen Baum auf dem Hof von Hand einen runden Graben zu ziehen, konnte man den Traktor einfach geradeaus fahren lassen und den Pflug neben jedem Baum in jeder Reihe kurz in den Boden senken. Dann wiederholte man das Verfahren in der anderen Richtung, bis sämtliche Bäume von tiefen, Wasser führenden

Furchen umgeben waren – nur eben viereckigen. Die Faulheitsgene in meiner Nachkommenschaft hatten gerade eine Arbeit sparende Methode für eine höchst strapaziöse Aufgabe ersonnen, der ich alles andere als erfreut entgegengeblickt hatte.

»Genial«, fand Ellie, die gerade aufgetaucht war, um uns daran zu erinnern, dass schon fast Essenszeit war. »So genial, dass ich glaube, wir sollten die Jungs zur Feier des Tages zum Essen ausführen!«

Es gehörte nie viel dazu, Ellie davon zu überzeugen, dass ein Restaurantbesuch angebracht war – erst recht nicht an einem Sonntag, dem Tag des typischen umfangreichen Mittagessens für die typische umfangreiche spanische Familie.

»Besten Dank, aber auf mich müsst ihr verzichten«, erklärte Sandy. »Fußball, wisst ihr noch? Wir haben heute ein Heimspiel.«

»Yeah«, pflichtete ihm Charlie in seinem britisch-amerikanischen Akzent bei, »ich glaube, ich lasse das Mittagessen heute auch ausfallen. Schaue mir stattdessen mit Sandy das Spiel an.« Er hielt inne und sah mich gemeinsam mit seinem Bruder erwartungsvoll an. Dann fügte er hinzu: »Aber vielleicht könnten wir uns unterwegs ein paar BigMäcs besorgen, ja?«

»Einverstanden«, sagte ich und gab ihnen gern die für den Hamburgerkauf nötige Summe Peseten, die erfreulicherweise bedeutend geringer ausfiel, als was ihr Verzehr in einem »konventionelleren« Lokal mit uns verschlungen hätte.

Nachdem unsere Familie nun also nur noch zwei Personen umfasste, machten Ellie und ich uns stadtfein, stiegen in den kleinen Ford Fiesta und fuhren Richtung Palma. Wir hatten nicht die leiseste Ahnung, dass sich das Lokal, in dem wir an diesem Tag zu Mittag essen sollten, als alles andere als konventionell erweisen würde …

* * *

Der stromlinienförmige Rumpf eines Kreuzfahrtdampfers, der im Hafen von Porto Pi angelegt hatte, ragte vor uns über der Straße auf, als wir uns dem westlichen Stadtrand von Palma näherten, und wachte wie ein Pfeiler des Wohlstands über das spektakuläre Sortiment von Booten, die in schier endlosen Reihen in der weit geschwungenen Bucht der Stadt ankerten. Elegante Jachten schaukelten Kiel an Rumpf neben pfeilschnellen Rennbooten, jedes einzelne Boot eine Demonstration des Reichtums seines Besitzers. Dennoch wurden alle von der imposanten Stattlichkeit schnittiger, hochseetauglicher Motorjachten in den Schatten gestellt, von denen viele exotische orientalische Namen auf den Flanken trugen oder Landeplätze am Heck besaßen, auf denen Hubschrauber hockten wie gigantische Libellen aus Metall.

»Offenbar keine Orangenbauern«, bemerkte Ellie. »Wir könnten es uns nicht mal leisten, ein Beiboot für eines dieser Dinger zu kaufen.«

»Hm, zurzeit sind wir um ein paar Ölquellen verlegen«, räumte ich ein. »Offen gestanden würde es nicht mal für ein Beiboot für eines der Beiboote reichen.«

Schweigend hingen wir diesem Gedanken nach, während wir die umwerfende Schönheit von Palmas palmengesäumter Hafenpromenade bestaunten. Obwohl nur etwa dreißig Kilometer von unserem Tal entfernt, hätte diese bekannte Seite Mallorcas kaum einen schärferen Kontrast dazu darstellen können. Hier liegt das mit Hotels besetzte Kronjuwel eines blühenden Touristenreichs. Nur der Anblick einiger kleiner Fischerboote, deren überdimensionale Laternen strategisch angeordnet waren, um in der Nacht Schwärme von Sardinen anzulocken, erinnerten an eine noch erhaltene insulare Lebensweise, die sich nun gezwungen sieht, überfüllte Hafenanlagen mit einem stetig anwachsenden Zustrom vermögender Vertreter der Freizeitgesellschaft zu teilen.

»Wohin fahren wir eigentlich?«, wollte Ellie wissen.

»Zur Straße nach Manacor auf der anderen Seite der Stadt.«

»Warum haben wir dann nicht einfach die Stadtautobahn genommen? Dann könnten wir jetzt schon dort sein.«

»Sicher, aber möchtest du wirklich den Anblick von Betonträgern gegen das hier eintauschen?« Ich wies auf einen Wald aus Segelmasten vor der imposanten Silhouette der Kathedrale von Palma, die das Bild von Stadt und Küste beherrscht. »Das hier muss immer noch eine der spektakulärsten Aussichten am ganzen Mittelmeer sein. Genieß sie!«

Ellie erhob keine weiteren Einwände.

Die gewaltigen Umrisse eines etwa anderthalb Kilometer vor der Küste vor Anker gegangenen amerikanischen Flugzeugträgers drängten sich in unser Blickfeld. Seine bedrohlich wirkende Präsenz stand in seltsamem Gegensatz zu der gelassenen und friedlichen Atmosphäre, für die Mallorca berühmt ist. Er erinnerte in ernüchternder Weise an die Unruhen, die in manchen an diesem schönen Meer gelegenen Ländern nach wie vor herrschen. In der Antike galt das Mittelmeer als Mittelpunkt der Welt, doch nun wurde es von den Schiffen eines weit entfernten und vergleichsweise jungen Staates kontrolliert, der durch ebenjene natürlichen Reichtümer zu Macht gekommen war, die bei den spanischen Abenteurern des Altertums so heiß begehrt waren.

Wir hielten an einer Ampel, um mehrere Gruppen junger amerikanischer Matrosen über die Straße zu lassen. Sie kamen von den Hafenanlagen her, wo sie ein mit Motorbarkassen operierender Zubringerdienst absetzte und sie so aus ihrer schwimmenden Festung befreite. In jungfräuliches Weiß gekleidet, mit von Vorfreude auf den Landgang strahlenden Gesichtern, schienen viele der jungen Seeleute direkt auf die La Lonja genannte alte Warenbörse zuzusteuern, die auf der anderen Seite der Fahrbahn lag. Doch ich vermutete, dass es weniger die in dem schönen Museum der Lonja ausgestellten Exponate zur maritimen Geschichte der Insel waren, die sie anzogen. Wahrscheinlich lockte sie eher das Labyrinth enger Gassen und finsterer Winkel in der Altstadt dahinter, wo man die lang entbehrte weibliche Gesellschaft fand und für eine Hand voll Yankee-Dollars auch kaufen konnte.

»Tja, du weißt ja, wie Seeleute sind«, sagte ich zu Ellie, die diesen Ansturm aufgekratzter Männlichkeit in ausgestellten Hosen mit vor Staunen gerunzelter Stirn betrachtete.

»Ja«, brummte sie, »ein Haufen wüster Kerle.«

Die Straße zu der lebhaften, im Inselinneren gelegenen Stadt Manacor teilt Mallorca östlich von Palma in zwei Hälften und führt in ihrer Fortsetzung zu zahlreichen beliebten Urlaubsorten, die sich an der von kleinen Buchten durchbrochenen Küste von Cala Ratjada südwärts bis zum Fischerdorf Porto Cristo hinabziehen, das etwa sechzig Kilometer von der Hauptstadt entfernt liegt. Nicht dass ich vorgehabt hätte, so weit zu fahren. Aber obwohl wir uns so zeitig aufgemacht hatten, dass wir glaubten, dem allgemeinen Andrang zuvorzukommen, hatte sich der altbekannte sonntägliche Exodus zum Mittagessen in die Umgebung von Palma bereits in Bewegung gesetzt. Ein steter Strom familiengerechter Autos ergoss sich aus der Stadt und trug deren Passagiere der verlockenden Auswahl großer Restaurants entgegen, die sich auf den knapp zwanzig Kilometern zwischen Palma und dem Dorf Algaida verteilen. Wir würden uns anstrengen müssen, wenn wir noch einen Tisch in einem der beliebteren von ihnen bekommen wollten.

Die Landschaft hinter der Stadt, durch die wir nun fuhren, war das genaue Gegenstück zu der dramatischen Gebirgsszenerie, die unser Zuhause in der südwestlichen Ecke der Insel umgab. Es Pla, Mallorcas weite zentrale Hochebene, erstreckte sich als endloses Panorama aus kleinen, flachen Feldern vor uns. Bauernhäuser aus Sandstein in der Farbe alter Mandelschalen tauchten auf wie verstreute Hausbootflottillen, die auf einem breiten Flickenteppich aus Grün- und Brauntönen treiben. Und die zahnlückigen Flügel von etwa hundert Windmühlen hoben sich wie zerschlissene Segel gegen die entfernten Hügel am blauen Horizont ab.

Zwei Kühe mit Fußfesseln, die auf einer nicht umzäunten Weide grasten, käuten im Schatten einer hohen Palme wieder und sahen verträumt dem schwitzenden Bauern zu, der sich mit seinem von einem Maultier gezogenen Pflug abplagte, während er sein Land auf die neue Saat vorbereitete – vielleicht das Futter für ebenjene zufriedenen Rinder. Unterdessen donnerte ein riesiges Passagierflugzeug, zweifellos voll gestopft mit den ersten Touristen, im Landeanflug auf den Flughafen von Palma direkt über uns hinweg. Es Pla führte einem die zwei Seiten von Mallorca vor Augen, die sich einen flüchtigen Moment lang in einem Schnappschuss hier zusammenfanden. Der Bauer wischte sich den Schweiß von der Stirn, fluchte über das Flugzeug und beschimpfte sein Maultier.

Einer der größten Reize der Insel ist ihre anhaltende Fähigkeit, einen zu überraschen. Nach wenigen Kilometern begann die Straße langsam anzusteigen und in ein sanft gewelltes Land aus Kiefernwäldern und *monte bajo* überzugehen, den Maquis von Mallorca. Zwergwüchsige immergrüne Eichen und silberne Olivenbäume heben die Köpfe über ein wirres Unterholz aus Kreuzdorn und Ginster, und alles ist durchdrungen vom Duft der Wacholder-, Rosmarin- und Heidekrautgewächse.

Wie für Mallorca typisch, wird diese sanfte Wildnis allerdings bald wieder von einer kultivierten Landschaft abgelöst. Doch war das hier eine Landschaft, die in scharfem Kontrast zu der gepflegten Symmetrie von Es Pla stand, wo intensiv angebautes Gemüse und Beerenobst durch üppig vorhandenes Grundwasser, das von den allgegenwärtigen Windmühlen nach oben gepumpt wird, gut gedeihen. Die Steigung war zu Ende, und wir fuhren nun eine gerade Straße entlang, die auf beiden Seiten von Kiefernwäldchen gesäumt war, hinter denen Mandel- und Olivenhaine Schutz fanden. Unmengen dieser verlässlichen mediterranen Bäume, deren Wasserbedarf von den bescheidenen Regenfällen der Region gedeckt wird, standen behaglich im staubigen Erdreich, das im Lauf der Jahrhunderte von den strohgelben Steinen befreit worden war, mit denen man anschließend die Mauern um jedes der willkürlich geformten Felder errichtet hatte.

Ein großer gelber Vogel flog direkt vor uns über die Straße und verschwand in den farblich passenden Blüten einer Echten Akazie, die neben dem Gatter eines Bauernhofs wuchs.

»Wow!«, stieß Ellie hervor. »Imposanter Kanarienvogel!«

»Ein Pirol«, erwiderte ich lachend.

»Wie bitte?«

»Du kannst mir glauben, dass es ein Pirol war.«

Aus den Augenwinkeln sah ich, wie mich Ellie ungläubig anstarrte. »Seit wann bist du denn der große Ornithologe?«

»Tja, normalerweise hätte ich auch nicht gewusst, was es ist«, räumte ich ein, »aber Pepe Suau hat mir mal einen gezeigt, als er unsere Bäume beschnitten hat. Man kriegt nur ganz selten einen zu Gesicht, meinte er. Soll aber Glück bringen.«

»Na, dann bringt er mir hoffentlich das Glück, dass du bald an einem Restaurant anhältst. Immerhin sind wir schon an einem halben Dutzend vorbeigefahren. Warum, um alles in der Welt?«

»Einfach weil ich noch keines gesehen habe, auf dessen Parkplatz genug Betrieb ist. Man muss immer nach einem gut besuchten Lokal Ausschau halten – ein Zeichen für Qualität und ein ausgewogenes Preis-Leistungs-Verhältnis.«

»Das ist ja alles gut und schön, aber auf die Art kommen wir nie zu einem Mittagessen. Schau dir mal den Verkehr an!«

Doch kurz vor Algaida fand ich endlich, was ich suchte,

nämlich ein am Straßenrand gelegenes Restaurant, das so beliebt war, dass es sich als nahezu unmöglich erwies, auf seinem überfüllten Parkplatz noch eine Lücke zu finden. »CA'L DIMONI« stand auf dem Schild und »Eingang durch die Bar«. Letztere entpuppte sich als schlichte Kneipe, wo drei unerschütterliche Tresendamen die lärmende Menschenmenge, die sich im Innern drängte, mit Getränken versorgten.

»Bleib du mal gleich an der Tür stehen«, brüllte ich Ellie ins Ohr und setzte mich in Richtung eines Durchgangs in Bewegung, der ins eigentliche Restaurant führte, das, so weit wir sehen konnten, bereits bis auf den letzten Platz besetzt war. »Ich schlage mich an die Bar durch und versuche, einen Tisch zu reservieren.«

Ellie schüttelte den Kopf und schrie: »Nein, nicht nötig. Schau mal, da ist eine –«

Ich tat Ellies Einwände ab und rief ihr über die Schulter zu: »Ja gut, es sieht nicht allzu Erfolg versprechend aus, aber *so* schnell gebe ich auch nicht auf.«

Ellie schloss die Augen und schüttelte weiter resigniert den Kopf.

»Schwarzseherin«, murmelte ich vor mich hin und quetschte mich zwischen zwei winzigen Mallorquinerinnen mit gigantischen Brüsten hindurch. *»Perdón, señoras«*, keuchte ich und hob im Versuch, meinen Umfang zu verringern, die Arme. Allerdings streifte ich dabei versehentlich mit dem Daumen etwas, von dem ich inständig hoffte, dass es nichts Empfindlicheres war als ein Jackenknopf am schwerelos schwebenden Busen der *señora* mir gegenüber.

»Oo-oo-ooh la-la!«, quiekte sie und hob automatisch selbst die Arme, ohne daran zu denken, dass sie einen Einkaufskorb hielt, in dem neben anderen Artikeln ausgerechnet ein langes Baguette steckte.

Ich biss mir auf die Unterlippe, um die Welle von Schmerz

zu unterdrücken, die in Gestalt eines erstickten Jaulens aus meinen geblähten Nüstern drang.

Die Frau mit dem Baguette sah zu der Stelle hinab, wo ihr Brotlaib seinen schnellen Aufwärtsflug beendet hatte, und hob dann langsam den Blick zu mir. *»Lo siento, señor«*, entschuldigte sie sich kokett, während sie sich vergebens bemühte, ein Grinsen zu unterdrücken.

Ihre Begleiterin kicherte. »Es heißt, ein guter Laib geht schnell auf, *señor*«, bemerkte sie und warf einen viel sagenden Blick auf meine verletzten Weichteile. »Aber vielleicht hat der Bäcker in den hier zu viel Hefe getan, was?«

»No problema, señoras«, log ich mit Fistelstimme und zwinkerte, um die Tränen zurückzudrängen. »Ganz ... ganz allein meine Schuld.«

Vorsichtiger setzte ich meinen Weg fort und schaffte es bis auf ein, zwei Meter vor die Bar. *»Una mesa para dos, por favor«*, rief ich durch den Lärm um mich herum mit übertriebenen Lippenbewegungen einer der Bedienungen zu. »Einen Tisch für zwei Personen, bitte.« Dazu hielt ich zwei Finger in die Höhe.

Ohne ihren Rhythmus zu unterbrechen, in dem sie gleichzeitig die Kaffeemaschine bediente, Bier zapfte, Flaschen aufmachte, Beträge in die Kasse tippte, Wechselgeld herausgab, den Tresen wischte und mit ihren Kolleginnen schwatzte, hob die junge Frau einen Finger und wies ans Ende des Tresens, wo eine der für Mallorca typischen schwarz gekleideten Oma-Figuren stand, mich angrinste und ein Heft mit Lotterielosen schwenkte.

Ich gab ihr über das Meer von Köpfen hinweg mimisch zu verstehen, dass ich kein Los kaufen wollte. Ich war zum Essen gekommen! Die *anciana* rang sich ein müdes Lächeln ab und wedelte erneut mit dem Losheft. Dabei gestikulierte sie vage zu Ellie hinüber, die immer noch dort stand, wo ich sie verlassen hatte, nur wenige Schritte neben der Los-Oma.

Jubilierend hob Ellie ein Los in die Höhe und winkte mich mit ungeduldigen Handbewegungen zu sich zurück.

»Ich habe noch keinen Tisch organisiert«, brüllte ich über das Wortgewirr zu ihr hinüber. »Hab noch ein bisschen Geduld, ja?«

Ellie verstand mit Sicherheit kein einziges Wort. Sie winkte mich erneut zu sich her, zog ihre Brauen zu einem fordernden Grollen zusammen, konnte allerdings ihr Vergnügen kaum verbergen, als sie vorgab, das Lotterielos zu verspeisen.

Schließlich begann ich mir zwischen denselben Leibermassen den Weg zurück zu bahnen, mit denen ich schon auf dem Hinweg einigermaßen intim geworden war. »Ähm, *perdón*«, wiederholte ich immer wieder, tippte sachte auf mittlerweile vertraute Schultern und grinste verlegen in verständnislose und genervte mallorquinische Mienen. Was bildet sich dieses *loco* Ausländer-Weichei ein, dachten sie bestimmt, das sich bis kurz vor die Bar durchgedrängelt hatte und jetzt wieder zurückkam, ohne auch nur ein Getränk erstanden zu haben?

»Nette Idee, Ellie!«, schnauzte ich sie an, als ich es endlich zurück bis zur Tür geschafft hatte. »Ich werde misshandelt, zerquetscht und halb kastriert, während ich versuche, uns einen Tisch zum Mittagessen zu besorgen, und dann fällt dir plötzlich ein, dass du lieber ein Lotterielos essen möchtest! Sagenhaft!«

Ellie genehmigte sich ein selbstgefälliges Schmunzeln. »Wenn du mir zugehört hättest, anstatt wie ein Wilder loszustürzen, hättest du dir den ganzen Stress sparen können.«

»Ach ja? Wie das?«

»Die nette alte Dame in Schwarz hat schon versucht, deine Aufmerksamkeit zu erregen, als wir hereingekommen sind.«

»Ja, klar«, brummte ich, »du kannst hierzulande keine Bar betreten, ohne dass jemand versucht, dir ein Ticket für irgendeine Lotterie aufzudrängen. Aber wir sind hierher gekommen, um zu essen, nicht um –«

»Aber die alte Dame verkauft überhaupt nichts.«

»Was sollen dann die Lose?«

»Sie haben ein System. Wenn du einen Tisch willst, gibt sie dir ein Ticket mit einer Nummer. Und wenn aus dem Restaurant deine Nummer aufgerufen wird, lässt sie dich durch. In einem Lokal, wo dermaßen viel Betrieb ist wie hier, können sie nicht zulassen, dass sich jeder wie eine Planierraupe vor zum Tresen wälzt, um einen Tisch zu reservieren, so wie du es versucht hast, oder?« Sie gab ein überlegenes Lachen von sich. »Also, wenn das jeder machen würde, bekäme kein Mensch jemals ein Getränk an der Bar, stimmt's?«

»Stimmt«, murmelte ich und versuchte, meine betretene Miene vor der kichernden alten Ticketverteilerin zu verbergen. »Und genau das habe ich auch für meine Mühe vorzuweisen – nicht einmal ein verdammtes Getränk von der Bar!«

Ellie beugte sich zu mir und sagte hämisch und in überlautem Flüsterton: »Tja, vielleicht hättest du doch nicht an den vielen Lokalen vorbeifahren sollen, in denen dir nicht genug Betrieb war!«

Womöglich hatte sie damit nicht ganz Unrecht, aber das würden wir noch früh genug erfahren.

Wir schnappten uns zwei gerade frei gewordene Plätze am Fenster und sahen uns um. Sofort begann ich mich zu fragen, warum derart viele Leute dieses Lokal bevorzugten. An den Räumlichkeiten konnte es kaum liegen – nackter Fußboden, nackte Tische und Stühle, zwei (knisternde) Deckenventilatoren, Fahrstuhlmusik vom Band, die einen aussichtslosen Kampf gegen den Krach gebrüllter mallorquinischer Gespräche führte, schreiende Kinder und ein an die Wand montierter Fernseher, auf dem ein Nachrichtensprecher über hundert desinteressierte Köpfe hinweg von den jüngsten Ereignissen berichtete. Zwei kreischende Sittiche pickten in einem Käfig direkt über uns apathisch an ihren Krallen herum, während ein Kanarienvogel mit lederner Lunge sich irgendwo auf der anderen Seite des verqualmten Raums die Seele aus dem Leib sang. Ein Tollhaus. Alles in allem besaß dieser Laden den Reiz einer bodenständigen spanischen Kaschemme – und noch ein bisschen mehr.

Schließlich kam ich zu dem Schluss, dass es hier eigentlich ganz herrlich war …

Allerdings nur, wenn man von den kleinen Teufelspuppen absah!

Es war der plötzliche Ausdruck des Unbehagens auf Ellies Miene, der meine Aufmerksamkeit auf die Puppen zog. Sie starrte durch eine Durchreiche hinter der Bar ins Restaurant hinüber, den Blick auf ein Regal fixiert, auf dem eine Horde dieser kleinen Kerlchen stand. Ihre roten Augen glühten aus gehörnten Köpfen, und die in Pfeilen endenden Schwänze wiesen auf Pferdefüße hinab.

»Ca'l Dimoni!«, sagte ich zu ihr und nickte zu einem lebensgroßen Ebenbild des Satans hin, das mitsamt einem rotgelben Dreizack direkt vor dem Fenster stand, an dem wir saßen. »Das heißt auf *mallorquín* wohl ›Haus des Dämons‹.«

Als sie Ellies verblüfftes Gesicht sah, kam die alte Frau mit den Tickets herüber und erklärte, dass Dämonen Bestandteil der insularen Folklore seien und auf heidnische Zeit zurückgingen. Ihr Bild sei schließlich von den Christen übernommen worden, und so spielten schon seit Jahrhunderten als Dämonen verkleidete Männer und Jungen eine wichtige Rolle auf allen möglichen mallorquinischen Fiestas. Doch es seien harmlose Gestalten, versicherte sie Ellie. Sie hätten nichts mit Okkultismus oder irgendetwas ähnlich Unappetitlichem zu tun, sondern sie seien nur Spaßmacher, die die Zuschauer auf Festumzügen mit ihren Schelmenstreichen unterhielten. Ja, das Schlimmste, was diese Möchtegern-Dämonen täten, lachte die Alte, sei, Tontöpfe zu zerschlagen und den Mädchen mithilfe ihrer Dreizacks unter die Röcke zu lugen. Doch selbst das gehörte zur Tradition der Feste, und trotz ihres Gekreisches fänden die Mädchen es herrlich! Die Dämonen stünden auch nicht für Satan, sondern sollten ein harmloses Abbild der schlechten Seiten des menschlichen Charakters darstellen und zugleich Furcht und Vergnügen bereiten. Überdies sei es eine große Ehre, den Chefdämon in seinem Dorf spielen zu dürfen – den so genannten *Dimoni Cucarell*, der oft über mehrere Generationen hinweg von ein und derselben Familie dargeboten wurde.

Ihrem fließenden Vortrag nach zu urteilen, hatte die alte Frau diese Geschichte schon zahlreichen verwunderten Gästen des Ca'l Dimoni erzählt, und gelassen kehrte sie an ihren Platz am Eingang des Lokals zurück.

Doch Ellie sah immer noch nicht allzu glücklich aus. »Ich finde dieses Lokal ein bisschen unheimlich«, murmelte sie. »Ein bisschen gruselig. Es ist, na ja ... mir nicht ganz geheuer eben.«

»Sei doch nicht albern. Das mit dem Dämon ist nur eine Masche – ein Publikumsmagnet.« Ich lachte in mich hinein. »Gruselig, also bitte. So ein Blödsinn.«

In diesem Moment zuckte ein Blitz über den grau werdenden Himmel, die Lichter hinter der Bar flackerten, und in der Ferne ertönte grollender Donner.

Die arme Ellie. Sie hatte wirklich Angst vor Donner und Blitz. Und ihre Vorliebe für Gruselromane und Horrorfilme tat ein Übriges. Ein Donnerschlag, und ihre Fantasie schlug wilde Kapriolen. Wäre sie allein gewesen, ich wette, sie wäre auf der Stelle geflüchtet, doch ein wenig sanfte Überredung von meiner Seite und der unwiderstehliche Duft von Speisen, der in die Bar hereinwehte, ließen die Vernunft die Oberhand behalten. Außerdem dauerte es gar nicht so lang, wie wir gefürchtet hatten, bis unsere Nummer aufgerufen wurde.

Wir hatten Glück, dass wir so schnell einen Tisch bekommen hatten, erklärte uns die *anciana* mit den Tickets, als sie uns an sich vorbei ins Restaurant winkte, und fügte hinzu, dass sonntags nicht viel Nachfrage nach Tischen für zwei Personen bestand. *»Las familias extendidas españoles, eh!«* Sie lachte greisenhaft und wünschte uns guten Appetit, indem sie uns *»Bon profit!«* nachrief, die mallorquinische Version des spanischen *»Buen provecho!«*, was beides wörtlich übersetzt »Guten Profit!« heißt.

Dies mag merkwürdig erscheinen, aber wie kämen wir dazu, solche Merkwürdigkeiten in den Sprachen anderer infrage zu stellen, wenn unsere eigene vormahlzeitliche Höflichkeit sich meist darin erschöpft, uns einer Formulierung aus dem Französischen zu bedienen? Vielleicht eine Auswirkung der zumindest bis in jüngere Zeit allzu verbreiteten, typisch britischen Einstellung, Essen als reine Lebensnotwendigkeit zu betrachten, ganz im Gegensatz zu dem in Ehren gehaltenen mediterranen Ritual, beim ausgedehnten und entspannten Zelebrieren der Freuden aus Küche und Keller nette Gesellschaft und angeregte Gespräche zu genießen.

Und das war genau die Atmosphäre, die in diesem Restaurant herrschte. Einer der vielen weiß beschürzten Kellner brachte uns an unseren Tisch. Jeder Einzelne von ihnen machte mit seiner professionellen Hingabe dem spanischen *camarero* alle Ehre, indem er in dem ganzen nachmittäglichen Tumult sogar noch freimütig lächelte.

Es war immer angenehm, auf Mallorca sonntags zum Mittagessen auszugehen, und ich ahnte bereits, dass uns das Ca'l Dimoni nicht enttäuschen würde. Aussehen und Atmosphäre des geräumigen Speisesaals gefielen mir. Nicht wegen einer aufwendigen Möblierung oder eines prunkvollen Dekors, denn in dieser Hinsicht war rustikal bis schlicht vorherrschend, sondern weil der Raum einfach angenehm altmodischen Mallorquiner Charme ausstrahlte. Zwei stabile Steinsäulen trugen ein schräges Dach aus Rundbalken, die Zwischenräume waren mit Lattenwerk gefüllt, und alles glühte unter der gelbbraunen Patina des Holzrauchs, der von einem riesigen offenen Feuer nach oben zog. Horizontal unter der Decke hingen reihenweise lange, grob behauene Stangen, die sich unter dem Gewicht hausgemachter Würste in seltsamen Formen und verschiedensten Größen bogen. Sämtliche Würste baumelten über flachen, strategisch aufgehängten Holztrögen, die all die würzigen Säfte auffangen sollten, die sonst auf die darunter plaudernden Gäste getropft wären.

Der Speisekarte zufolge waren die Spezialitäten des Hauses *Carnes a la Brasa* – Fleisch vom Grill – oder in diesem Fall eher Fleisch von etwas, das man auch als Viehgatter hätte verwenden können. Es lag über einer gigantischen Kohlenpfanne und wurde von heißer Asche beheizt, die man unter glimmenden Olivenscheiten im Format von Baumstämmen hervorrechte. Diese kulinarische Schmiede nahm eine ganze Ecke des Speisesaals in Anspruch und wurde von zwei kraftstrotzenden Köchen bedient, deren ständige Bewegung man durch Funkenfontänen, die jedes Mal aus der Glut sprühten, wenn sie ein Stück Fleisch wendeten, schemenhaft wahrnehmen konnte.

Unser Kellner stellte die übliche Schale eingelegter Oliven, einen Korb knuspriges, braun gebackenes Brot und ein *platito* mit kleinen, milden Peperoni vor uns hin. Kurz darauf kam er wieder und brachte einen Tonkrug des offenen *vino tinto* und eine Flasche Mineralwasser, auf deren Etikett eine den Durst fördernde Abbildung eines schneebedeckten Mallorquiner Gipfels zu sehen war.

Um uns herum saßen große Mallorquiner Familien, von denen manche offensichtlich vier Generationen umfassten, und warteten auf ihr »richtiges« Essen. Manche teilten sich

Spießchen gedünsteter Schnecken oder würziger *butifarra*-Blutwurst, während andere sich aus Familienschüsseln voller *callos* (mundgerechte Häppchen aus Kutteln) bedienten oder ihre Gabeln in Gemeinschaftsportionen *fritos* aus in Olivenöl gebratener gehackter Lammleber mit Paprika- und Kartoffelwürfeln versenkten.

Ich schenkte mir ein Glas Wein ein und lehnte mich zurück, um die Atmosphäre zu genießen.

»Ich finde aber trotzdem, dass hier irgendetwas seltsam ist«, sagte Ellie und ließ ihren Blick nervös durch den Raum wandern.

Das Dämonenthema war tatsächlich in voller Bandbreite umgesetzt worden. Teufelsmasken zierten die Wände, und auf einem Regal in einer dunklen Ecke neben der Bar stand ein aus schwarzem Holz geschnitzter, ein Meter großer Dämon. Es war wirklich ein sehr lebensechtes Abbild. Seine Pferdefüße lüfteten sich zu einem teuflischen Tanz, die spinnenartigen Hände hielt er erhoben, als spielte er auf einer unsichtbaren Flöte, und hinten aus seinem schmerbäuchigen Leib wuchsen ihm ein Drachenschwanz und gigantische Fledermausflügel heraus. Auf der Stirn trug er Hörner, und sein groteskes, höhnisches Grinsen wurde vom schaurigen Schein einer geschickt platzierten Glühbirne bestrahlt.

Ellie konnte den Blick nicht abwenden.

»Entspann dich«, sagte ich. »Das ist nur Folklore.«

»Und schau dir bloß mal dieses hölzerne Wandbild da drüben an«, stieß sie hervor. »Indirekt beleuchtet und so.«

»Mm-m-m, die alte Mallorquiner Szene vom Schweineschlachten«, bemerkte ich wenig interessiert. »Ganz gut gemacht, was?«

»Es ist grausig! Zwei Männer mit Messern, die gleich ein auf einen Bock gebundenes Schwein umbringen werden. Und schau nur – daneben steht eine Frau mit einem Eimer, um das Blut aufzufangen.« Ellie schüttelte den Kopf und erschauerte. »Das reicht, um einem das Fleischessen ein für alle Mal zu verleiden.«

»Blödsinn! Das stellt nur die *matances* dar. Früher war das gegen Ende des Jahres ein großes Ereignis hier auf den Bauernhöfen. Wenn man der alten Maria Bauzá glaubt, gibt es das auf manchen heute noch. Sämtliche Nachbarn packten mit an, wenn das Familienschwein geschlachtet und die Würste und das alles gemacht wurden. Dann gab es ein großes Essen, gefolgt von gemeinschaftlichem Singen und Tanzen am Abend. Ein Riesenspaß.«

»Aber nicht für das arme Schwein. Schau dir nur seinen Gesichtsausdruck an. Absolut furchtbar.«

»Ach, geben wir's doch zu«, lachte ich. »Du würdest auch ein bisschen furchtbar dreinsehen, wenn du wüsstest, dass man dir gleich die Kehle durchschneidet.« Ich tätschelte Ellie beruhigend die Hand. »Aber es ist doch nur ein Wandschmuck – genau wie die Dämonen. Komm, iss eine Olive.«

Ellie war offenbar zu abgelenkt, um auch nur wahrzunehmen, was ich sagte. »Tod und Teufel«, murmelte sie. »Das Böse hier drin behagt mir nicht.«

»Quatsch!«, schimpfte ich. »Dieses Lokal ist ungefähr so böse wie Disneyland!«

Die sich ballenden Wolken des nahenden Gewitters tauchten plötzlich alles in Halbdunkel, was den makabren Effekt der indirekten Beleuchtung hinter den Dämonenmasken und dem *matances*-Wandbild noch verstärkte. In diesem Dämmerlicht wirkte der tanzende Teufel noch realistischer. Er schien sich bereitzuhalten, um jeden Moment loszulegen und einen wilden, satanischen Springtanz aufzuführen. Alles zusammen ergab ein zweifellos reichlich unpassendes Umfeld für ein Restaurant, aber anstatt ihnen Angst einzujagen, begeisterte die gezielt gruselige Wirkung des Ganzen selbst die Jüngsten aus den Familien um uns herum.

Ich überflog die Speisekarte und sah, dass die angebotenen

Gerichte mit Sicherheit nicht dazu gedacht waren, Vegetarier anzuziehen. Wie in den meisten Mallorquiner Landgasthöfen wurde überwiegend Schwein und in diesem Fall auch Lamm angeboten.

Das Interessante an der einheimischen Rasse der schlaksigen Mallorquiner Schafe ist, dass das Mutterschaf kaum je das bekommt, was sich Schafzüchter in kälteren Klimazonen wünschen: Zwillinge. Ja, die Natur diktiert sogar, dass das gar nicht wünschenswert ist. Es ist schon schwer genug, *ein* hungriges Jungtier aufzuziehen, wenn man den Großteil des Jahres auf ausgetrocknetem Weideland überleben muss. Doch das mallorquinische Mutterschaf hat noch einen Trumpf in seinem mediterranen Fell: Im Gegensatz zu seinen kältegewohnten Cousinen im Norden lammt es zweimal im Jahr statt nur einmal. Man muss eben sehen, wie man seine Schäfchen ins Trockene bringt, und eins plus eins macht auch zwei.

Jedenfalls sorgen ebendiese mageren Futtervorkommen sowie das große Interesse ihrer menschlichen Besitzer an Schafsmilch dafür, dass zahlreiche Mallorquiner Schafe damit rechnen müssen, schon in jungen Jahren ihren Weg auf den Teller anzutreten – häufig schon im Alter von wenigen Wochen. Ein harter Zug des Schafslebens, der aber das zarteste, wohlschmeckendste Lammfleisch hervorbringt, das man sich denken kann. Im Grunde handelt es sich um ein völlig anderes Fleisch als zum Beispiel das der »fetten« Lämmer, die traditionellerweise in Großbritannien aufgezogen werden, und die Mallorquiner geben stolz zu, dass sie süchtig danach sind.

Daher überraschte es mich nicht, als am Nebentisch köstlich magere, saftige *costillas de cordero,* Koteletts vom Junglamm, serviert wurden. Sie waren für die Kinder. Einige der Erwachsenen hatten sich für Lammkeule entschieden – magere Haxen mit zartem, jungem Fleisch am Knochen, umhüllt von einer perfekten Kruste. Andere hatten sich eine weitere Spezialität der spanischen ländlichen Küche ausgesucht, nämlich *lechona asada*, Spanferkel vom Grill, das am besten sein soll, wenn es so zart ist, dass man es mit dem Tellerrand schneiden kann. Alles sah unwiderstehlich aus und roch auch so.

Ellie las meine Gedanken und schüttelte den Kopf. Das Wandbild vom Schweineschlachten hatte mir im wahrsten Sinne des Wortes alles versaut. Es würde ein fleischloses Essen werden – es sei denn, ich wollte auf einen anderen Tisch warten und dort alleine speisen.

Ich fügte mich ins Unabänderliche und bestellte zwei *sopas mallorquinas*.

»Und danach?«, fragte der Kellner, der selbstverständlich davon ausging, dass wir uns an die örtlichen Gepflogenheiten halten und dieses Gericht als Vorspeise essen würden.

»Nein, *gracias*«, schaltete Ellie sich hastig ein. »Die *sopas* reichen uns, *gracias*.«

Das mimische Achselzucken des Kellners ließ mich in keinem Zweifel darüber, dass er seiner Ansicht nach ein Paar bediente, das nicht mehr alle Koteletts im Kühlschrank hatte. *Hombre*, ins Ca'l Dimoni gehen und kein Fleisch bestellen?, schien seine Miene zu sagen. *Ay-y-y, caramba!*

In diesem Moment, als ich die vielen Tische begeisterter Fleischesser betrachtete, konnte ich nicht umhin, seine Befremdung zu teilen. Doch Mallorcas trügerisch einfache ländliche Küche besitzt genau wie die Landschaft die Fähigkeit, einem die erstaunlichsten Überraschungen zu bereiten. Denn obwohl die Beschreibung der *sopas* auf der Speisekarte als »deftiger Kohleintopf« nicht gerade Visionen köstlichster kulinarischer Höhenflüge auslöste, erwies sie sich in der Praxis als etwas ganz anderes.

Wie unser Kellner freundlicherweise erläuterte, als er zwei dampfende *greixoneras* aus Ton vor uns hinstellte, veranlasste das Wort *sopas* den Uneingeweihten häufig zu der Annahme, er habe Suppe bestellt. Doch in Wirklichkeit ist die Bezeichnung eine Abwandlung von *sopes*, dem Wort für das rehbraune Landbrot Mallorcas, das, wie er uns versicherte, als Auskleidung unserer Schüsseln verwendet worden war. Darauf kam eine gut gewürzte Masse aus klein geschnittenem Kohl, Tomaten und Zwiebeln, und dann ließ man das Ganze köcheln, bis alle Flüssigkeit vom Brot aufgesogen worden war und nur noch das feuchte Gemüse oben lag.

Der Kellner formte mit Mittelfinger und Daumen einen Kreis, den er auf mich richtete, als wollte er einen Pfeil werfen. *»Fabuloso!«*

Und er hatte Recht. Dies war wirklich keine Suppe, sondern eine so dicke Masse, dass man sie in Scheiben hätte schneiden können. Dazu kam der wunderbare Geschmack, der von einer gekonnt zubereiteten Brühe herrühren musste, die ihrem herzhaften Aroma nach zu urteilen, aus einer großzügigen Menge Fleisch gekocht worden war. Ich sagte nichts und Ellie bedeutsamerweise auch nicht – bis sie den letzten Bissen ihrer *sopas* aus der Schüssel gelöffelt und verspeist hatte.

»Na also«, verkündete sie triumphierend und tupfte sich den Mund mit der Serviette ab. »Wer sagt denn, dass man ermordete Tiere verzehren muss, um gut zu essen?«

Ich nickte diplomatisch. Es wäre interessant, so überlegte ich, zu sehen, wer seine tugendhaften Vorsätze als Erster brach – Ellie, die plötzliche Vegetarierin, oder Jordi, der unverhoffte Abstinenzler.

Draußen hatte der Himmel eine bleierne Färbung angenommen, und es begann langsam zu regnen, doch zumindest schien sich das drohende Gewitter aufgelöst zu haben, was zu Ellies mittlerweile wieder gelassener Haltung beitrug. Und die anhaltende Zufuhr des gehaltvollen Hausweins hatte die nämliche Wirkung auf mich.

»Weißt du, Ellie«, sagte ich prahlerisch, »fast hättest du

mich auch ins Bockshorn gejagt – mit dem ganzen Tod-und-Teufel-Zeug, das du dahergeredet hast. Ob du es glaubst oder nicht, langsam wurde sogar mir ein bisschen mulmig.« Ich lachte und trank einen Schluck Wein. »Blöde Ammenmärchen. Ich sollte mich schämen.«

»Es ist überhaupt nicht blöd«, widersprach Ellie.

»Ja, ja – all diese an den Haaren herbeigezogenen Hirngespinste, mit denen du dir den Kopf zumüllst. Gib's zu: Autoren von derartigen Büchern verdienen mit leichtgläubigen Leuten wie dir ein Vermögen.« Ich schnaubte verächtlich. »Nichts als Schwachsinn.«

Ein leises Lächeln umspielte Ellies Mundwinkel. Das Glühen der indirekt beleuchteten Teufelsmasken spiegelte sich als schelmisches Funkeln in ihren Augen wider. »So«, hakte sie nach, »du glaubst also nicht an den Fürsten der Finsternis?«

»Oh-h-h, aber sicher, meine Liebe«, tönte ich in einer schlechten Imitation von Vincent Price. »Doch, ungefähr so, wie ich an den Weihnachtsmann glaube.«

Ellie blickte nun an mir vorbei. Ihr Lächeln war auf einmal wie weggewischt. Wie hypnotisiert starrte sie auf jemanden oder *etwas* hinter mir. Außerhalb meines Blickfelds stieß ein Kind einen markerschütternden Schrei aus, und ein grausiges Lachen erklang in dem urplötzlich still gewordenen Speisesaal. Ich merkte, wie sich mir die Nackenhaare aufstellten, als ein greller Blitz vor dem Lokal in die Erde einschlug, noch dazu so nah, dass der anschließende Donnerschlag fast sofort erfolgte. Die Lichter flackerten und gingen aus und tauchten den Raum in fast völlige Dunkelheit.

Dann, aus einer unheimlichen Stille heraus, berührte mich etwas an der Schulter. Etwas Spitzes, etwas Kaltes, etwas … Böses. Eisige Schauer rannen mir über den Rücken und huschten über meine Gänsehaut wie die Pfoten einer nassen Kanalratte. Instinktiv sprang ich auf und wirbelte herum, während mir das Herz bis zum Hals klopfte, um den oder *das*, was mich berührt hatte, zur Rede zu stellen.

»WA-A-A-H!«, brüllte ich und erkannte den Klang meiner entsetzten Stimme selbst kaum wieder.

ER war es! Er stand direkt vor mir. Die gehörnten Umrisse seines riesigen Kopfes zeichneten sich in scharfem Kontrast vor dem Hintergrund der Flammen aus dem Grill ab. Es herrschte Totenstille, abgesehen von seinem heiseren Atem und dem zornigen Zischen und Knistern des Feuers. Ich sah das glühende Funkeln seiner Augen, und sein Blick bohrte sich direkt in meinen.

Hinter mir begann Ellie zu wimmern, als ein zweiter Donnerschlag das Haus erschütterte. In dem abgehackten Blitz danach sah ich kurz, was mich an der Schulter berührt hatte – ein bösartig wirkender Dreizack, den dieser lebendige Dämon in seiner behaarten rechten Hand hielt und mit dem er nun auf meine Brust zielte. Mein Verstand riet mir, rational zu denken, mich nicht von Ellies absurden Fantasien einwickeln zu lassen, doch meine Füße wussten es besser und machten einen reflexartigen Satz zur Seite. Ich stolperte über ein Stuhlbein, torkelte über den Fußboden, und als die Lichter wieder angingen, saß ich plötzlich auf dem Schoß jener großbusigen *señora*, die ich zuvor in der Bar versehentlich in ihren »Knopf« gezwickt hatte.

Der Dämon stimmte als Erster das brüllende Gelächter an, das nun an sämtlichen Tischen ausbrach, und ich konnte sehen, dass sich auch Ellie amüsierte und sich Lachtränen aus den Augen wischte. Das alles trug zur Erheiterung eines Publikums aus kleinen Kindern bei, die sich um uns versammelt hatten, um den Spaß aus nächster Nähe mitzuerleben. Erst da bemerkte ich das Büschel Lotterielose, das von einem Zinken am Dreizack dieses kostümierten Dämons herabbaumelte.

»Oo-oo-ooh la-la!«, hauchte mir die Baguette-Frau verführerisch ins Ohr und klimperte dazu mit den Wimpern, wäh-

rend ich mit hochrotem Gesicht Entschuldigungen murmelte und darum rang, mich aus ihren Armen zu befreien.

»*Lo siento, señora*«, sagte ich mehrmals. »Es tut mir wirklich entsetzlich Leid.«

»*El gusto es mío*«, gurrte sie und versetzte mir einen neckischen Klaps auf den Po, als ich mich endlich losgemacht hatte. Das Vergnügen, so versicherte sie mir, war – schon wieder – ganz auf ihrer Seite gewesen!

VIER

Der Edelmut von Dieben

Als wir endlich gut gesättigt vom Ca'l Dimoni Abschied nahmen, war die Massenrückkehr nach Palma bereits in vollem Gange. Von Essen und Wein heiter gestimmte Autofahrer brachten ihre Familien in einem stetigen und raschen Strom heimwärts, wobei viele in der Manier eines Matadors versuchten, die Fahrkünste der anderen zu übertrumpfen. Wenn man nicht gerade Spaß daran hatte, sein Leben aufs Spiel zu setzen, indem man mit vierrädrigen Metallstieren den Kampf aufnahm, die sich gegenseitig hartnäckig überholten – mit Vorliebe an unübersichtlichen Stellen –, dann sollte man zusehen, dass man sich an Sonntagnachmittagen nach dem Essen so schnell wie möglich von den mallorquinischen Hauptverkehrsstraßen entfernte. Und genau das taten wir voller Erleichterung ein paar hundert Meter nördlich vom Lokal.

Nachdem wir auf eine ruhige, von Natursteinmauern gesäumte Landstraße abgebogen waren, fuhren wir an gepflegten Wiesen vorbei, auf denen kleine Schaf- und Ziegenherden zwischen ordentlich in Reih und Glied stehenden Mandelbäumen grasten. Die Bäume trugen nun allesamt frische Blätter, nachdem sie vor einem Monat oder noch früher ihre »Schneeflocken«-Blütenpracht abgeschüttelt hatten. Das Gewitter hatte sich zu einem entfernten Grollen abgeschwächt, und vor uns reflektierten die steinernen Häuser des verschlafenen Dorfes Santa Eugenia erneut die Frühlingssonne in weichen Honigtönen. Die Straße schwenkte leicht nach Westen, und zu unserer Linken erhob sich nun der »Berg« Marron. Seine sanften Hügel sind von Kiefernwäldern bedeckt, und die tiefer gelegenen Hänge verbergen Höhlen, in denen früher angeblich Piraten ihre Beute vor den gierigen Blicken rivalisierender Freibeuterbanden versteckten.

Doch heute finden sich keine Hinweise mehr auf eine derart düstere Vergangenheit in diesem ausgesprochen lieblichen Beispiel für Mallorcas wandlungsfähige Landschaft, wo es nichts Bedrohlicheres gibt als die Mickymaus-Ohren am Kopf eines stachligen Feigenkaktus, der über eine Gartenmauer hinüberäugt. Die Landschaft verströmt eine Gelassenheit, der man anmerkt, dass sie seit Jahrhunderten unverändert besteht. Zumindest so lange, bis hoch oben ein Düsenflugzeug durch die Luft dröhnt, das auf dem Flughafen von Palma landet oder gerade gestartet ist. Denn mittlerweile befanden wir uns wieder auf der Zentralebene der Insel, wenn auch ein paar Kilometer weiter nördlich von dem Punkt, wo wir sie zuvor verlassen hatten.

Brachliegende Felder, auf denen sich bereits Knospen von Mohnblumen und wilden Ringelblumen zeigten, die im Sommer das ganze Land in den lebhaften Tönen der spanischen Flagge färben würden, gingen schon bald in kilometerweite, gepflegte Weingärten über, die sich den ganzen Weg bis zu der pittoresken alten Bodega-Stadt Santa Maria erstreckten. Im Süden glitzerten die Hochhausfassaden von

Palmas betriebsamen Vororten hell in der Nachmittagssonne – eine wuchernde kubistische Skulptur, die nur wenige Kilometer weit weg lag und doch Welten von dem ländlichen Idyll entfernt war, durch das wir immer noch fuhren.

La Real ist typisch für viele Städte und Dörfer an den Ausfallstraßen, die sich fächerförmig von Palma aus ins Umland erstrecken. Es ist ein recht eintöniges Beispiel für die Stadtrandbesiedlung aus früheren Tagen, die die Hauptstraße nach Valldemossa säumt, jenem historischen Bergort, wo der Komponist Chopin und seine Geliebte, die Schriftstellerin George Sand (alias Madame Aurore Dupin, Baronin Dudevant), einst einen Winter zusammen verbrachten, der schlüpfrige Berühmtheit erlangte. Doch derartige kulturelle oder romantische Angelegenheiten standen heute nicht auf der Tagesordnung. Nur Fußball – ein Thema, das für den männlichen Durchschnittsspanier an einem Sonntagnachmittag weitaus bedeutsamer ist.

Immer näher kamen wir dem Gemisch aus Anfeuerungsrufen und Pfiffen, bis wir den Fußballplatz von La Real hinter Häusern versteckt gefunden hatten. Es war ein »gemütliches« kleines Stadion, von Ytongwänden umschlossen, die nicht hoch genug waren, um die Jungen aus der Nachbarschaft daran zu hindern, sich den freien Eintritt zu erklettern. Die heimische Mannschaft spielte gegen eine Elf von der Nachbarinsel Ibiza, und die Ränge waren dicht mit Fans gefüllt, die ihren jeweiligen Helden oder Gegnern Ermunterungen beziehungsweise Beleidigungen zuriefen. Doch alle waren offensichtlich ganz gutmütig, denn keine der beiden Fangruppen nahm die Sache *allzu* ernst.

»Ich sehe Sandy gar nicht auf dem Platz«, sagte Ellie leicht beunruhigt. »Hoffentlich ist er nicht verletzt! Schau dir nur mal diesen Belag an – kein Gras, sondern überall fester Schiefer oder so was! Mein Gott, da schürft man sich ja sofort die ganze Haut ab, wenn man hinfällt!«

»So sehen hier alle Plätze der Juniorenliga aus«, meinte ich. »Man muss einfach auf den Beinen bleiben, das ist die Lösung.«

Einen Moment später stürzte sich einer der heimischen Mannschaft in Kamikaze-Manier auf den Spieler, der im Besitz des Balls war, rutschte dabei aus und büßte – genau wie Ellie vorhergesagt hatte – einen halben Hektar Haut an seinem linken Bein ein, der auf dem Spielfeld kleben blieb. Zu allem Überfluss verwarnte ihn der Schiedsrichter auch noch für ein Foul, zur großen Freude der Fans aus Ibiza.

»Hijo de puta!«, brüllten sie ihn an. »Hurensohn!«

Die heimische Mannschaft überschüttete ihn mit Lob.

»El chico tiene cojones!«, schrien sie. »Der Typ hat Mumm in den Eiern!« Und natürlich das universelle: *»El árbitro es un pito tonto!«* – »Der Schiedsrichter ist ein blöder Sack!«

Das kleine Stadion sprudelte vor Fußballfreude geradezu über.

Schon bald hatte Charlie uns entdeckt. Das Geld für die Hamburger war längst ausgegeben, und er brauchte »dringend eine Cola«.

Ich griff in die Tasche und gab ihm ein paar Münzen.

Charlie blickte auf das Geld herab. »Danke, Mann«, brummte er und schlug mir dann kräftig auf die Schulter. »Weißt du was?«, sagte er grinsend. »Rück noch mal so viel raus, dann spendier ich dir ein Bud.«

»Treib's nicht zu weit, Charlie! Und überhaupt, wo ist Sandy? Hat er die rote Karte gekriegt oder was?«

»Nö, der ist gar nicht aufgestellt worden. Drei von den Top-Spielern von La Real sind nach einer Verletzungspause wieder aufgetaucht, und dann …« Er wies auf einen kleinen Schuppen mit offener Vorderseite, der verborgen in einer Ecke am Eingang stand. »Sandy sitzt auf der Ersatzbank.«

Ich musste zweimal zu der Stelle schauen, auf die Charlie gezeigt hatte. »Aber – aber das ist doch die Bar!«

»Bar, Ersatzbank, Männerklo.« Charlie zuckte die Achseln. »Was auch immer. Dort ist er jedenfalls.«

»Das muss ich sehen!«

Sandy war umringt von einer Schar Mallorquiner Männer mittleren Alters, die allesamt offensichtlich mehr an einem feuchtfröhlichen Schwätzchen an der Bar interessiert waren als daran, was auf dem Spielfeld vor sich ging. Die zweite Halbzeit hatte schon vor geraumer Zeit begonnen, doch die geröteten, heiteren Gesichter von Sandys Kumpanen ließen darauf schließen, dass sie im Laufe der letzten Stunde die Böden ihrer Gläser intensiver studiert hatten als das Fußballfeld. Wie ich fasziniert feststellte, trug der vergnügte Barmann die dunkelblaue Uniform der *Policía Local* – war also in Spanien ungefähr das, was in Großbritannien dem guten alten Dorfpolizisten entsprochen hätte. Interessant.

Sandy machte uns unter einem Schwall von Gabriels, Tomeus, Paus und Peres mit seinen Kumpeln bekannt, und jede Vorstellung wurde mit kräftigem Händeschütteln, Klapsen auf den Rücken und bei Ellie mit höflichen kleinen Verbeugungen besiegelt. Diese Verbeugungen sind nicht nur ein Kennzeichen südländischer Ritterlichkeit, sondern geben auch Gelegenheit zu der südländischen Sitte, sämtliche Punkte südlich des weiblichen Halses zu taxieren.

»Mucho gusto, señora«, war die übliche Reaktion. *»Mm-m-m, sí, muy encantadora!«* Ellie hatte ihre Zustimmung gefunden.

»Ich – ich hoffe, du trinkst keinen Alkohol, Sandy«, stammelte sie und versuchte ihre Verlegenheit zu kaschieren, während das allgemeine Scherzen auf *mallorquín* um uns herum wieder einsetzte.

»Nur 7-Up«, antwortete Sandy grinsend und hielt seine Flasche in die Höhe. »Ich muss noch fahren, weißt du?«

Einer der Gabriels oder Peres drückte mir mit einem männlichen Klaps auf den Bizeps ein Bier in die Hand und sagte: »*Salud, pesetas y amor!*« – »Gesundheit, Reichtum und Liebe!«

Nachdem Ellie abtaxiert worden war, wurde sie jetzt von denselben Männern entsprechend ignoriert, während sich deren gebrülltes Gespräch wieder Fußball, Politik und anderen Themen zuwandte, die der Aufmerksamkeit von Männern (zumindest im Moment) würdiger waren.

»Etwas zu trinken?«, fragte ich sie, wobei ich wusste, dass dieser Abstecher in die Höhle spanischer Chauvis ganz und gar nicht ihr Fall war.

Sie zuckte zusammen, als die La-Real-Fans in der Nähe in ohrenbetäubendes Gebrüll ausbrachen, um den Schiedsrichter zu beschimpfen, und entschied sich ohne große Begeisterung für einen Kaffee. »Ach, und Ohropax, wenn sie welches haben!«

Weiteres Grölen kam von den Fans der heimischen Mannschaft, was sogar Sandys augenscheinlich desinteressierte Kumpane dazu veranlasste, aufs Feld zu schauen und unter begeisterten Schreien die Hände in die Luft zu werfen. Einer der Gabriels – oder war es ein Pau? – packte mich am Ellbogen und schleppte mich mitten in seine Horde von Freunden. Ellie blieb ihrem weiblichen Schicksal allein überlassen.

»Das ist ganz normal bei diesen Typen«, schrie mir ein strahlender Sandy durch das Gewühl zu. »Das sind die Väter oder die Onkel der Spieler – jedenfalls Verwandte. Du weißt ja, wie es auf dem Dorf ist – irgendwie sind alle miteinander verwandt.«

»Aber warum der plötzliche Run auf die Bar?«

»Gehört alles zu den Regeln. Jedes Mal, wenn die Mannschaft von La Real ein Tor schießt, gönnen sich die alten Herren hier zum Feiern einen *coñac*. Ist bei jedem Spiel so.«

Ich blickte zur Anzeigetafel hinüber. Genau wie ich vermutet hatte. *Cero – Cero*. Keine Tore. Verständnislos sah ich Sandy an. »Nach dem entspannten Zustand zu urteilen, in dem sich die ganzen Väter und Onkel hier befinden, hätte ich aber erwartet, dass ihre Jungs mit mindestens sieben oder acht Toren führen.«

Sandy hob resigniert die Schultern. »Na ja, es war halt irgendwie ein komisches Spiel. Die Tore sind einfach nicht gefallen.«

»Ah-ha. Und?«

»Also haben die Kumpels hier beschlossen, das umzusetzen, was bei ihnen ›das zweite Protokoll‹ heißt. Sie haben angefangen, jedes Mal einen *coñac* zu trinken, wenn es einen Eckball für La Real gibt.«

»Aber hör mal, ich habe auch zugesehen, und wenn mich meine Augen nicht trügen, dann gab es jetzt gerade keinen Eckball. Nur einen Einwurf!«

Sandy setzte ein ironisches Lächeln auf. »Wie gesagt – irgendwie ein komisches Spiel.«

»Hm, wohl ein Tag für das dritte Protokoll, was?«

Sandy bedeutete mir durch ein Nicken, dass ich es jetzt endlich kapiert hatte.

Jemand schubste mich vor zum Tresen, und der lachende Polizist, der dahinter Dienst schob, drückte meine Finger um ein bauchiges Glas und ließ dann gluckernd eine großzügige Menge aus einer Fundador-Flasche hineinströmen. Dann schenkte er sich selbst eine ebensolche zum Feiern geeignete Dosis Brandy ein und stieß mit mir an.

»Salud, amigo!«, prostete er mir freundschaftlich zu.

»Ähm, ja«, erwiderte ich zögerlich. Ich fühlte mich etwas überrumpelt davon, dass mich ein Polizist, den ich nicht kannte, »Freund« nannte – noch dazu ein Polizist, der in Uniform Spirituosen trank und ausschenkte. »Ja, *salud,* ähm … *amigo*!« Ich wandte mich zu Sandy um und zischte ihm leise zu: »Was ist denn das für einer?«

»Ach, der hilft nur an der Bar aus wie die ganzen anderen Väter und Onkel, weiter nichts.«

»Dann ist er also nicht im Dienst? Ach so, na dann ist das ja was ganz anderes.« Ich hob mein Glas dem Polizisten entgegen und schenkte ihm ein warmes Lächeln. »Auf Ihre Gesundheit, *amigo*!«

Doch rasch korrigierte Sandy meine naive Fehlinterpretation der Lage. »Nein, nein, er ist schon noch im Dienst. Aber der Punkt ist, na ja, dass es bei diesen Spielen eigentlich nie irgendeine richtige Arbeit für die Polizei gibt.« Er ließ sich nicht beirren und fügte hinzu: »Du weißt schon, hier gibt's keine solchen Hooligans wie in Großbritannien.«

Wie auf ein Stichwort brach auf einmal in der Zuschauermenge auf der anderen Seite des Platzes ein Tumult aus. Die plötzliche Aufregung verstärkte sich noch dadurch, dass der Schiedsrichter hysterisch in seine Pfeife blies. Es sah ganz danach aus, als hätte derselbe Spieler der heimischen Mannschaft, der schon zuvor verwarnt worden war, gerade ein weiteres Foul begangen, und ein besonders stimmgewaltiger Haufen von Mädchen im Teenageralter, die zu den Fans aus Ibiza zählten, ließ ihn für seine Sünden büßen.

»Animal sucio!«, kreischten sie und warfen ein paar ausgelutschte Orangenschnitze nach ihm. »Dreckiges Vieh! *Fuera! Fuera! Fuera!* Raus! Raus! Raus!«

Daraufhin setzte der galante junge Adressat ihres Hohns zur ultimativen Beleidigungsgeste an: Er ließ die Hose herunter, beugte sich vor und schenkte ihnen freie Sicht auf seinen nackten Hintern. Als auf den Rängen hemmungslose Heiterkeit ausbrach, kam die gelbe Karte des Schiedsrichters erneut zum Einsatz, automatisch gefolgt von einer roten. Der strippende Missetäter von La Real musste zur Strafe seinen unbekleideten Po – und seine *cojones* – einer vorgezogenen Dusche unterziehen.

Die Kommentare, die seine begeisterten weiblichen Quälgeister ihm nun an den Kopf warfen, klangen in meinen Ohren überwiegend wie Ibizenker Mundart. In dem tosenden

Lärm konnte ich gerade so die Wörter für »süß«, »Arsch« und (ich *glaube* zumindest, dass ich das richtig mitbekommen habe) das poetische »so knackig wie die Backen einer gefrorenen Muschel« verstehen! Jedenfalls reagierte der *cojones*-Typ mit der zu erwartenden Phallusgeste, zog die Hose hoch und stolzierte unter einem gemischten Sturm aus Buhrufen, Zischlauten, bewundernden Pfiffen und Jubelschreien in Richtung Duschen davon.

Ohne vorherige Absprache ging die Tresenbrigade fröhlich zum vierten Protokoll über.

»Aber natürlich!«, stimmte ihr uniformierter Schankkellner strahlend zu. *»Y viva el fútbol, eh!«*

* * *

Ellie bemerkte das offene Tor als Erste.

»Du hast es doch abgeschlossen, als wir weggefahren sind, oder?«, fragte sie mich.

»Also, ich hätte schwören können, dass ich es abgeschlossen habe.«

»Du *hast* auch abgeschlossen. Ich habe dir ja dabei zugesehen.«

Eine böse Vorahnung beschlich mich, als wir auf den Hof hinter dem Bauernhaus von Ca's Mayoral fuhren. Und dann sahen wir es. Eine der Doppeltüren zum *almacén,* dem großen Lagerraum, der einen Großteil des Erdgeschosses einnahm, stand einen Spalt weit offen, und das Holz neben dem Schloss war völlig zersplittert. Ellie war schon aus dem Auto gestiegen und marschierte im Eilschritt aufs Haus zu, noch bevor ich die Handbremse gezogen hatte.

»Warte!«, rief ich ihr nach. »Warte, Ellie! Sie könnten noch drin sein!«

Die Jungen, die vom Fußballplatz hinter uns hergefahren waren, kamen gerade rechtzeitig auf den Hof, um ihre Mutter ins Haus stürmen zu sehen. Ohne ein Wort zu wechseln, rasten wir alle drei von Adrenalin getrieben hinter ihr her. Instinktiv griffen wir uns Behelfswaffen von den Haken an der Wand des *almacén* – Sandy den zerbrochenen Stiel des Gartenspatens und Charlie und ich je einen Hammer. Ellie war nirgends mehr zu sehen, doch ich hörte ihre Schritte, wie sie im ersten Stock von Zimmer zu Zimmer über den gefliesten Fußboden lief. Es war sehr gut möglich, dass sich die Einbrecher noch immer im Haus aufhielten, und ich war ernstlich um Ellies Sicherheit besorgt.

Es war das erste Mal, dass wir uns in einer solchen Situation befanden, und merkwürdigerweise agierten wir alle auf die gleiche impulsive oder – wie man erst hinterher weiß – waghalsige Weise. Ich nehme an, die meisten Menschen vermuten, dass sie angesichts einer potenziellen Gefahr wie dieser rational vorgehen würden und sich völlig darüber im Klaren wären, dass die Einbrecher bewaffnet sein könnten und sich womöglich zu Verzweiflungstaten hinreißen lassen würden, um ihr Entkommen zu garantieren. Äußerste Vorsicht wäre geboten: die Polizei anrufen, Hilfe holen, jedenfalls alles andere tun, als Leib und Leben zu riskieren, indem man sich den Eindringlingen entgegenstellte.

Tja, in der Praxis läuft es jedenfalls anders. Rationales Vorgehen spielt dabei keine Rolle. Weder Ellie noch die Jungen noch ich hatten rational gehandelt. Beim Anblick der aufgebrochenen Tür war Ellies erste Reaktion gewesen, sofort zu ergründen, was im Haus passiert war, in *ihrem* Haus, im Zuhause *ihrer* Familie. Und die Jungen und ich wollten sie einfach vor der drohenden Gefahr beschützen, in die sie ihr überstürztes Vorgehen womöglich gebracht hatte.

In den wenigen Sekunden, die ich brauchte, um zu sehen, dass im Wohnraum im Erdgeschoss jeder Schrank und jede Schublade geöffnet und durchwühlt worden war, stiegen Sandy und Charlie bereits die Treppe hinauf und riefen ihrer Mutter zu, wieder herunterzukommen. Ich folgte ihnen auf dem Fuß. Der erste Schock der Erkenntnis, dass wir Opfer eines Einbruchs geworden waren, wurde nun von einer seltsamen Mischung aus Kränkung und Empörung abgelöst. Wer waren diese Leute, die es gewagt hatten, gewaltsam in unser Haus einzudringen, die die Frechheit besessen hatten, unsere Habseligkeiten zu durchwühlen, als hätten sie ein Recht dazu? Rückblickend schaudert mir, wenn ich mir ausmale, was geschehen wäre, wenn einer von uns damals tatsächlich einem der Einbrecher gegenübergestanden hätte. Auch dann hätte rationales Vorgehen keine Rolle gespielt, und das Resultat wäre höchstwahrscheinlich blutig ausgefallen. Und das bei einer normalen, friedlichen Familie, für die Gewalt normalerweise nicht in Frage kam.

Doch – zum Glück, wie mir heute klar ist – wurde kein solches Schreckensszenario Wirklichkeit. Während die Jungen die anderen Räume im ersten Stock durchsuchten, fand ich Ellie in unserem Schlafzimmer am anderen Ende des Flurs. Sie stand da und starrte aufs Bett herab. Auf ihrem Gesicht machte sich fassungsloser Unglaube breit.

»Sie haben alles mitgenommen«, sagte sie mit zitternder Stimme. »Alles außer dem hier.«

Ich sah auf die drei Schmuckstücke hinab, die in fast perverser Ordnung auf der Tagesdecke aufgereiht lagen.

»Billiges Zeug. Nur Modeschmuck«, erklärte Ellie, immer noch wie versteinert. »Aber sie haben jedes einzelne Stück gestohlen, das einen Wert hat.« Sie schüttelte den Kopf und richtete dann den Blick auf mich. Tränen stiegen ihr in die Augen. »Stell dir nur vor«, sagte sie, rang sich ein Lächeln ab und zeigte mir ihre linke Hand, »da gehe ich so selten mit nichts als meinem Ehering aus, und dann musste es ausgerechnet heute sein.« Sie wies auf den Schrank und die beiden Kommoden, die allesamt offen standen und durchwühlt worden waren. »Die wussten, worauf sie aus waren und wo sie suchen mussten. Profis.«

»Es ist im ganzen Haus das Gleiche«, berichtete uns Sandy, der atemlos hereingestolpert kam.

»Ja, sie haben alles durchsucht«, keuchte Charlie. »Sogar die Kiste mit den alten Disney-Videos, die ich als Kind geguckt habe.«

Wir standen alle vier eine Zeit lang schweigend da, bis wir die Tragweite des Ereignisses schließlich begriffen hatten. Der ursprüngliche Adrenalinstoß, der uns zu unserem impulsiven Vorgehen getrieben hatte, verlor langsam seine Wirkung und ließ lediglich die eiskalte Erkenntnis zurück, dass dies kein böser Traum war. Es war wirklich, und es war uns passiert. Das anfängliche Gefühl wütender Rachlust ging nach und nach in ein Gefühl von Verletztheit über, von Entwürdigung, wie uns brutal durch die unumstößliche Tatsache verdeutlicht wurde, dass fremde Hände die Unversehrtheit unseres Zuhauses verletzt und voller Verachtung unsere persönlichen Dinge durchwühlt hatten.

»Man fühlt sich irgendwie seltsam – auf merkwürdige Weise fast schmutzig«, murmelte Ellie.

Ich bezweifle, dass es eine prägnantere Formulierung hätte geben können, um auszudrücken, wie wir uns alle in diesem Moment fühlten.

»Übrigens, ähm, sie sind weg, Dad«, sagte Sandy ruhig. »Charlie und ich haben das ganze Haus abgesucht.«

Mein Gott! In meiner Sorge um Ellies Sicherheit hatte ich einfach ignoriert, dass die Jungen kurzerhand das Risiko eingegangen waren, die Einbrecher auf eigene Faust zu stellen. Mit einer Mischung aus Gewissensbissen und Erleichterung klopfte ich ihnen auf die Schultern und dankte ihnen. Endlich erfasste mein von der Aufregung benebeltes Hirn mit letzter Gewissheit, dass wir von großem Glück sagen konnten. Man hatte ins Haus eingebrochen, es durchwühlt sowie Schmuck und vielleicht noch andere Gegenstände gestohlen, und daran konnten wir jetzt nichts mehr ändern. Doch die

Hauptsache war, dass wir alle unverletzt waren. Der Verlust von Dingen verblasste im Vergleich dazu auf einmal zu etwas Bedeutungslosem – zumindest fürs Erste.

Ellie setzte um der Jungen willen eine tapfere Miene auf und machte Anstalten, den Inhalt einer Schublade zu ordnen, aus der zerwühlte Kleidungsstücke quollen.

Ich packte sie am Arm. »Nicht, Ellie! Nichts anfassen! Du darfst überhaupt nichts anfassen, bis die Polizei da war!«

Ich glaube, erst in diesem Moment wurde Ellie das volle Ausmaß der Geschichte mit ganzer Wucht deutlich. Der Schock, als wir entdeckten, was passiert war, war schon schlimm genug gewesen, doch das wäre nur der Beginn einer Reihe weiterer Vorstöße in unser Privatleben. Die Erkenntnis, dass sie nicht einmal innerhalb ihrer eigenen vier Wände die Freiheit hatte, ihrem instinktiven Drang zu folgen und das Chaos aufzuräumen, war zweifellos eine bittere Pille, die sie schlucken musste.

»Okay, dann, ähm – dann sehe ich mich eben mal in den anderen Zimmern um«, sagte sie und raffte sich irgendwie zu einem zaghaften, traurigen Lächeln auf, als sie an den Jungen vorbeiging. »Einfach nur schauen, wisst ihr, und überlegen, was fehlt.«

»Passt auf, Jungs«, sagte ich, »geht mal eurer Mutter Gesellschaft leisten. Sie braucht ein bisschen moralische Unterstützung. Ich, ähm, ich schlage die Nummer der Guardia Civil nach und melde diese ganze üble Geschichte.«

Da fiel mir ein, wie unzureichend ich die spanische Sprache beherrschte. Na ja, ich kam inzwischen ganz gut zurecht, solange der erforderliche Wortschatz aus dem landwirtschaftlichen Bereich stammte. Aber herrje, ich wusste nicht einmal den Ausdruck für »Einbruch«, geschweige denn die Wörter für »Schmuck«, »Halskette« und so weiter. Und sie erst nachzuschlagen würde einen Verlust wertvoller Zeit bedeuten. In traumatischen Momenten wie diesen ist es gut, wenn man einen Freund hat, den man anrufen kann, und genau das tat ich. Ich rief einen Freund an, der Spanisch *und* Mallorquín wie ein Einheimischer sprach.

»Keine Sorge, Mann«, brummte Jock Burns am anderen Ende gelassen ins Telefon. »Ich verständige sofort die Guardia Civil in Andratx, und dann komm ich *rápidamente* zu dir. Nur die Ruhe. Halt durch, bis ich da bin, klar?«

Nur die Ruhe! Okay, ein guter Rat und nett gemeint, aber leichter gesagt als getan. Ich legte den Hörer auf und merkte zum ersten Mal, wie sehr meine Hände zitterten. Die beruhigende Wirkung des Weins aus dem Ca'l Dimoni und des Fußballer-*coñac*s war wie weggeblasen. Doch ein Beruhigungsdrink war das Letzte, wonach mir momentan der Sinn stand. Einen klaren Kopf behalten, um mit dem fertig zu werden, was uns nun erwartete, war das einzig Wichtige, und das wusste ich nur allzu gut.

Obwohl Jock kaum länger als zwanzig Minuten brauchte, um die etwa dreißig Kilometer nach Ca's Mayoral zu fahren, blieb uns genug Zeit, um den vollen Umfang des Einbruchschadens abzuschätzen. Ellie hatte binnen Sekunden, nachdem sie unser Schlafzimmer betreten hatte, erkannt, dass die Diebe das gefunden hatten, was sie gesucht hatten. Sie hatten ihr Ziel anvisiert wie Lenkraketen – und das, obwohl die stets vorsichtige Ellie sämtliche Wertsachen an verschiedenen ausgefallenen Orten versteckt hatte, wie zum Beispiel in ihren kniehohen Lederstiefeln im Schrank. Ausgefallen sind diese Stellen natürlich nur für normale Leute, aber nicht für professionelle Schmuckdiebe, wie wir jetzt zu unserem Schaden wussten.

Nachdem sie das Gewünschte gefunden hatten, hatten sie sich offenbar die Zeit genommen, sämtliche Stücke einzeln auf dem Bett auszubreiten und die verkäuflichen von den anderen zu trennen. Warum hatten sie nicht einfach alles in eine Tasche gestopft, sich schnell aus dem Staub gemacht und sich später darum gekümmert, ihre Beute zu sortieren? Die kühle Überlegung abgebrühter Krimineller vielleicht? Oder auch nur großspurige Selbstüberschätzung? Wir hofften, dass wir das bald erfahren würden.

Eines stand jedoch bereits fest: Wie Ellie sofort erkannt hatte, war jedes einzelne Schmuckstück, das von Wert war, verschwunden – ihre Ringe, Halsketten, Armreifen, Broschen, alles. Und obwohl es nicht so besonders viele gewesen waren, handelte es sich doch um Stücke, die sie sich im Lauf der Jahre zusammengespart hatte und die von guter Qualität waren. Aber schlimmer als die unerfreulichen finanziellen Einbußen war die beklemmende Vorstellung, dass Gegenstände von unersetzlichem persönlichem Wert fehlten, und das womöglich für immer. Stücke wie Ellies Verlobungsring, ein Medaillon mit einem Bild unseres dritten Sohnes, der mit fünf Jahren gestorben war, und (mein einziger ganz privater Schatz) eine goldene Uhr, die ich von meinem Großvater bekommen hatte, und dazu eine kleine Medaille, die er vor mehr als drei Generationen bei einem Pferdepflügwettbewerb gewonnen hatte, als er noch ein junger Mann war und auf den Orkneys lebte. Das waren die Stücke, von denen wir sehnlichst hofften, sie wiederzubekommen, selbst wenn der Rest nie wieder auftauchte.

»Saubere Arbeit«, lobte Jock, als er mit mir einen kurzen Rundgang durchs Haus machte, während wir auf die Polizei warteten. »Hey, eines muss man ihnen lassen, sie hätten die Bude schlimmer verwüsten können, falls dich das irgendwie tröstet.«

In diesem Moment tröstete mich das freilich nicht, doch ich verstand, was Jock meinte. Obwohl kein Winkel von den Eindringlingen unangetastet geblieben war, hatten sie nichts mutwillig verunstaltet oder zerstört. Und selbst der Inhalt von Schubladen und Schränken war nicht blindwütig durchstöbert worden – zumindest nicht, bevor die Einbrecher ins

Elternschlafzimmer gelangten, wo sie offenbar in wildes Wühlen verfallen waren, als sie sich dem Höhepunkt ihres Beutezugs näherten.

»Sonst noch was geklaut?«, erkundigte sich Jock. »Abgesehen von dem Schmuck, mein ich.«

Ich schüttelte den Kopf. »Soweit wir feststellen konnten, nicht. Der Fernseher ist noch da, der Videorecorder auch, die Stereoanlage, Bilder, Uhren – alles komplett vorhanden. Nein, es sieht ganz danach aus, als seien sie nur hinter genau einem Artikel hergewesen.«

»Hätte schlimmer kommen können, Mann. Hör mal, versteh mich bloß nich falsch – das is ne Katastrophe für euch, ganz klar. Aber du weißt schon, was ich mein. Hätte echt schlimmer kommen können, oder?«

Mir war klar, dass Jock sein Bestes tat, um unsere Qualen zu lindern. Zweifellos war dies ein ungeschickter, ja fast plumper Versuch für jemanden, der sonst so eloquent war, aber er bewies dennoch echte Anteilnahme und zeigte uns einen Charakterzug von sich, den er bislang verborgen hatte.

Ich warf ihm ein beruhigendes Lächeln zu. »Allerdings hätte es schlimmer kommen können, Jock. Also los – gehen wir mal raus und schauen, ob der Polizist, den du verständigt hast, schon im Anmarsch ist.«

Es war fast eine Stunde später und wurde schon dunkel, als der kleine, in den typischen Farben der Guardia Civil lackierte Renault 4 auf den Hof gefahren kam. Wir hatten ein komplettes Team aus Ermittlern und Spurensicherung erwartet, doch es saß nur ein einziger Polizist im Wagen. Noch dazu trug er nicht die eindrucksvolle dunkelgrüne Uniform seiner Zunft, sondern einen ausgeleierten Trainingsanzug und alte weiße Turnschuhe. Außerdem schien er von seinem Einsatz bei uns nicht gerade begeistert zu sein.

Offiziell habe er bereits Dienstschluss war das Erste, was er sagte. Danach schwieg er und warf einen fast beiläufigen

Blick auf die zersplitterte Kante der Tür zum *almacén* und schlenderte ins Haus. Er habe mit seiner Frau und den Kindern Tennis gespielt, erklärte er uns trocken – der erste Sonntag seit über zwei Monaten, den er mit seiner Familie habe verbringen können. Doch da er in diesem Bezirk der zuständige Beamte für Hauseinbrüche war, hatte man ihn abkommandiert, bei uns Ermittlungen anzustellen. *»Mi día libre o no«*, fügte er platt hinzu. »Mein freier Tag hin oder her.«

»Habla inglés?«, fragte ich ihn. Ob er Englisch spreche?

Meine Frage blieb unbeantwortet, doch der Blick, den er mir zuwarf, machte uns eines unmissverständlich klar: Da wir uns hier in Spanien befanden und er ein Beamter der spanischen Guardia Civil war, würde nur *eine* Sprache gesprochen werden, und damit hätten wir uns abzufinden. Im Stillen sagte ich mir, dass das ja auch ganz in Ordnung war. Wenn wir eine spanische Familie gewesen wären, die sich in Großbritannien in einer ähnlich unseligen Lage befunden hätte, wären die Aussichten darauf, dass man uns einen Spanisch sprechenden Bobby geschickt hätte, der sich unserer Notlage annehmen sollte, gelinde gesagt dürftig gewesen.

»Arroganter Sack!«, maulte Jock wie zu meiner Unterstützung, während er gleichzeitig dem Polizisten ein von Charme überquellendes Lächeln schenkte. »Vom spanischen Festland, wie viele von seiner Sorte hier auf der Insel. Höchstwahrscheinlich aus dem tiefsten Süden. Aufgestiegener andalusischer Krämersohn.«

Die Miene des Polizisten blieb undurchdringlich. Wir hatten inzwischen fast zwei Stunden lang herumgestanden und hilflos auf die Polizei gewartet und waren beim Gedanken daran, wie viel Vorsprung unseren Einbrechern gegönnt wurde, in höchstem Maße frustriert, ja schon fast der Verzweiflung nahe. Doch trotz alledem schien es unser Guardia-Civil-Mann nicht besonders eilig zu haben. Gleichmütig forderte er Jock und mich auf, ihn auf einem Inspektionsgang durchs Haus zu begleiten. Die *señora* und unsere beiden *hijos* würden dazu nicht gebraucht … jedenfalls fürs Erste.

»Ist das alles?«, zischte ich Jock zu, da ich kaum glauben konnte, was sich immer mehr zur Tatsache verdichtete. »Ein einziger Polyp! Wo bleiben denn die Fachleute für Fingerabdrücke? Und wer befragt die Nachbarn und zieht im Dorf Erkundigungen ein? *Irgend*jemand muss doch etwas gesehen haben! Bei dem Tempo sind die Täter schon längst von der Insel verschwunden, bevor die Ermittlungen überhaupt einsetzen!«

Pflichtschuldig gab Jock in meinem Namen diese Kritikpunkte auf Spanisch weiter und erhielt als Antwort wiederholtes Achselzucken, das wohl »Friss oder stirb« heißen sollte. Unterdessen schien der Polizist ein bestenfalls oberflächlich zu nennendes Interesse an allem, was ihm an Indizien unter die Augen kam, zu entwickeln, bis wir im Schlafzimmer anlangten, wo, wie man ihm bereits mitgeteilt hatte, die Wertsachen versteckt gewesen waren. Nachdem er sich meiner ungeduldigen Meinung nach übertrieben lang damit aufgehalten hatte, eine minuziöse Untersuchung von Ellies Lederstiefeln vorzunehmen (umspielte da etwa ein leicht perverses Zucken seine Mundwinkel?), sah er schließlich auf, lächelte hölzern und erklärte die Ermittlungen für abgeschlossen.

»Das ist ja wohl ein schlechter Witz!«, fauchte ich Jock an. »Die Einbrecher! Frag ihn, wer zum Teufel die Einbrecher verfolgt hat, während er hier herumgetrödelt hat!«

Er müsse die Versicherungspolice für das Anwesen sehen, war die einzige Antwort des Gesetzeshüters auf Jocks Übersetzung. Dann werde er mit dem *señor* und dessen Familie unten im *almacén* ein paar abschließende Worte wechseln.

Falls ich nach dieser Aussage noch nicht völlig sprachlos war, so war ich spätestens dann endgültig perplex, als er uns vor seinem unwiderruflichen Verschwinden, das kaum fünfzehn Minuten nach seiner Ankunft erfolgte, eine Mitteilung machte.

»Ich freue mich, Ihnen sagen zu können, meine Dame und meine Herren«, verkündete er in tadellosem Englisch, »dass hier zu meiner Zufriedenheit tatsächlich ein Einbruch stattgefunden hat.« Dann wandte er sich mit einem höchst charmanten Lächeln an Jock und sagte: »Nicht schlecht für einen aufgestiegenen andalusischen Krämersohn, Mister Burns. Oder?«

Jetzt hatte es auch Jock die Sprache verschlagen – das erste Mal, dass ich Zeuge dieses Phänomens wurde. Und wehe Jock, falls er je wieder beim Andratxer Revier der Guardia Civil ins Fettnäpfchen trat!

Dann wandte sich der Polizist erneut an mich und sagte: »Wären Sie bitte so freundlich, in einer Stunde mit Ihrer Familie in mein Büro zu kommen? So lange brauche ich nämlich, um mein Protokoll zu schreiben. Dann können wir die ganze Angelegenheit zur allgemeinen Zufriedenheit abschließen.« Als mir der Unterkiefer herunterfiel, schüttelte er erst mir und dann Ellie die Hand und fügte hinzu: »Bitte seien Sie meiner Anteilnahme wegen dieses unglücklichen Vorfalls versichert, *señores*.« Lässig gestikulierte er zu einer Werkbank hinüber, auf der die Jungen und ich unsere zur Selbstverteidigung vorgesehenen Behelfswaffen abgelegt hatten. »Und außerdem«, erklärte er in halbamtlichem Tonfall, »können Sie von Glück sagen, dass Sie Ihren Einbrechern keine physischen Schäden zugefügt haben. Sonst wären nämlich jetzt *Sie* auf dem Weg ins Gefängnis und nicht die Einbrecher.« Dann schlug er die Hacken seiner Turnschuhe zusammen und war mit einer Grußgeste und einem höflichen *»Hasta luego«* verschwunden.

»Ja, leck mich doch am Arsch!«, platzte Jock heraus. »Äh, entschuldige bitte die heimatlichen Klänge, Ellie-Schätzchen, aber dieser Guardia-Heini ist ja wohl die Krönung! Hier hat *tatsächlich* ein Einbruch stattgefunden, sagt er! Und die Banditen seien auf dem Weg ins Gefängnis? Also, ich glaub, mein Schwein pfeift! Wie du schon gesagt hast, Pedro, kein Mensch versucht auch nur rauszukriegen, wo zum Teufel die Kerle sind, Herrgott noch mal!«

»Ganz zu schweigen davon, *wer* sie sind«, ergänzte Sandy.

»Hey, vielleicht stecken die Bullen mit den Einbrechern unter einer Decke!«, spekulierte Charlie unverzüglich. Die Möglichkeit faszinierte ihn offenbar.

Ich war versucht zu sagen, dass mir derselbe Verdacht auch bereits in den Sinn gekommen war, doch dann fiel mir auf, dass Ellie schon eine ganze Weile auffallend still war. »Alles in Ordnung?«, fragte ich sie. Auf der Stelle wurde mir klar, wie dumm diese Frage war. Natürlich war nicht alles in Ordnung. Für keinen von uns. Selbst der sonst so redselige Jock wusste nichts mehr zu sagen, während sich eine kleine Wolke der Trübsal über unseren Köpfen sammelte. Wir blieben einfach alle eine Weile dort stehen, starrten auf das zersplitterte Holz der Tür zum *almacén* und hingen unseren Gedanken nach.

* * *

Das Revier der Guardia Civil ist in einem gesichtslosen Häuserblock in einer Seitenstraße von Andratx untergebracht. Wir wurden in einen schäbigen kleinen Raum geführt, der mit einem Holztisch und mehreren Stapeln von Stühlen mit spindeldürren Beinen spartanisch möbliert war. Eine nackte Glühbirne baumelte von der Decke und warf ein trübes Licht auf kahle Wände, die im Lauf der Jahre von Zigaretten- und Zigarrenrauch braun geworden waren. Man konnte sich mühelos ausmalen, wie sich ein armer, eingeschüchterter Verdächtiger an diesem Tisch Stunde um Stunde unter den Händen einer Prozession erbarmungsloser Vernehmungsbeamter wand. Der Raum strahlte eine Atmosphäre von bösen Vorahnungen und Verzweiflung aus.

Nach endlosen Minuten, in denen keiner von uns ein Wort sprach, kam ein gelangweilt dreinblickender Wachtmeister herein und teilte uns desinteressiert mit, dass wir warten müssten, bis das Protokoll über den Einbruch getippt und von seinem Vorgesetzten durchgelesen worden sei. Die *señores*, brummte er, sollten es sich in der Zwischenzeit gemütlich machen.

»Gemütlich?«, schnaubte Jock, nachdem der *cabo* gegangen war. »Gemütlich! Ganz schön viel verlangt, oder?«

Darauf erhielt er keine Antwort, und so legte sich erneut Schweigen über unsere kleine Gruppe.

Ohne fragen zu müssen, konnte ich Ellie und den Jungen von den Gesichtern ablesen, dass sie überall sonst lieber gewesen wären als in diesem trostlosen Raum. Überall sonst, aber am liebsten, so mutmaßte ich, wieder »zu Hause« in Schottland, umgeben von Freunden, Verwandten und vertrauten Dingen. Ich wusste genau, wie sie sich fühlten. Freilich, wir hatten schon einige Rückschläge verkraftet, seit wir unser neues Leben auf der Insel begonnen hatten, aber bis jetzt hatte nichts davon so etwas wie Heimweh ausgelöst. Obwohl der Einbruch und die nachfolgenden Ereignisse für uns nicht anders waren, als sie es für eine mallorquinische Familie gewesen wären, machte sich in uns zwangsläufig das Gefühl breit, nicht dazuzugehören. Wir waren leichtgläubige Träumer, die sich schließlich in einem Albtraum wiederfanden … allerdings im Land von jemand anderem.

Und, wie Ellie zugab, als sie schließlich das deprimierende Schweigen brach, lag es nicht nur an dem Gefühl von Kränkung und Demütigung, das uns im ersten Moment niedergeschmettert hatte, sondern auch an der darauf folgenden ernüchternden Erkenntnis, dass man uns dabei beobachtet hatte, wie wir das Haus verließen, dass unsere Bewegungen von uns unbekannten Personen überwacht worden waren, die auf ihre Gelegenheit gewartet hatten, in einem der seltenen Momente zuzuschlagen, wenn keiner von uns auf dem Hof war.

Nun begannen sich unappetitliche Verdächtigungen in unsere Gedanken einzuschleichen. Könnte einer unserer Nachbarn beteiligt gewesen sein? Nein, es war ausgeschlossen, dass die alte Maria oder Pep oder Jaume sich zu so etwas herabgelassen hätten. Sie hatten sich alle schier überschlagen, um uns ihre Freundlichkeit zu beweisen und uns zu helfen, uns in ihrer Mitte einzuleben. Nicht einmal die listigen Ferrers hatten derartige Unterstellungen verdient, auch wenn sie sich in anderer Hinsicht habgierig zeigten.

Wer also dann? Wer wusste, dass kürzlich eine ausländische Familie (und in den Augen mancher Leute sind alle Ausländer reich) nach Ca's Mayoral gezogen war? Wer wusste genug über uns und das Haus, um einen so akkurat geplanten Einbruch durchzuführen? Die Antwort auf diese Fragen lautete »jeder«. Jeder aus dem Dorf am anderen Ende des Feldwegs zum Beispiel – vielleicht einer der regelmäßigen *paseo*-Gänger – oder einer der Handwerker, die bei uns im Haus etwas repariert hatten, oder der Holzlieferant, der Briefträger, der Fahrer des Bäckerwagens – jeder von über hundert Einheimischen. Oder hätten es auch Leute aus einer ganz anderen Gegend gewesen sein können? Gut organisierte Großstadtkriminelle, die von ihren abgelegenen Beuteorten erfuhren, indem sie in Kneipen auf dem Land Gespräche belauschten? Man konnte es nicht wissen. Das Einzige, was wir wussten, war, dass die Chance darauf, es je herauszufinden, immer geringer wurde, je länger wir in diesem kleinen Raum saßen, ohne dass erkennbare Ermittlungen eingeleitet wurden.

Eine halbe Stunde später kam der tadellos uniformierte *comandante* des Reviers mit ein paar Blättern hereinstolziert.

Ohne jede Förmlichkeit zog er sich einen Stuhl an den Tisch heran und teilte uns mit, dass dies das Protokoll des ermittelnden Beamten sei, auf Spanisch und in drei Ausfertigungen – ein Exemplar für die eigenen Unterlagen der Guardia Civil, eines für unsere Versicherungsgesellschaft und eines für uns selbst. Wir würden alle drei Exemplare unterschreiben müssen. Doch zuerst sei er verpflichtet, uns die Erkenntnisse aus dem Protokoll vorzulesen. Währenddessen sollten wir Zeichnungen sämtlicher gestohlener Gegenstände anfertigen.

»Wie in Gottes Namen zeichnet man eine Flachpanzerkette so, dass sie anders aussieht als eine Rundpanzerkette?«, fragte mich Ellie mit ungläubigem Blick. »Oder einen Brillantring, dass er anders aussieht als tausend andere Brillantringe? Also ehrlich, das ist doch lächerlich!«

Der *comandante* warf ihr einen strengen Blick zu. »Was lächerlich ist, *señora*«, konterte er auf Englisch, »ist, dass Sie derart wertvollen Schmuck besitzen, es aber nicht der Mühe wert befunden haben, zur Vorsicht jedes einzelne Stück zu fotografieren, um es in einem Fall wie diesem hinterher identifizieren zu können.« Er wandte sich an Jock. »Also, Sir, soweit ich weiß, werden Sie dolmetschen, während ich dieses Protokoll verlese.« Bevor ich meinem Drang nachgeben konnte, ihn zu fragen, warum er es uns nicht selbst auf Englisch vorlas, erklärte er uns, dass er verpflichtet sei, den Inhalt des Protokolls in der Landessprache zu verlesen, und es an uns lag, dafür zu sorgen, dass wir es in allen Einzelheiten verstanden hatten, bevor wir es unterschrieben.

Derart vorgewarnt, gaben wir nickend unser Einverständnis, und Ellie begann Kreise zu zeichnen, von denen manche ineinander griffen und andere nicht. Wenigstens wusste sie, wie man es anstellte, dass eine Kette anders aussah als ein Ring!

Die in dem Protokoll erwähnten kleinen Details kurierten uns gründlich von der etwaigen Annahme, der Beamte im Trainingsanzug, der es verfasst hatte, sei bei seiner Erkundung des Hauses so oberflächlich vorgegangen, wie es den Anschein gehabt hatte. Er hatte rein gar nichts übersehen, sondern sogar eine ausführliche Beschreibung der Sicherheitsvorkehrungen geliefert, die wir getroffen – oder vielmehr *nicht* getroffen – hatten.

Zum Ersten war das kleine Yale-artige Schloss an der Tür des *almacén* vollkommen unzulänglich, was durch den minimalen Schaden erwiesen war, den die Einbrecher der Tür zugefügt hatten. Es war offensichtlich, dass sie das Anwesen ohne besondere Schwierigkeiten hatten betreten können. Es folgte eine Liste unserer weiteren Versäumnisse in puncto Sicherheit. Sie schloss mit einer besonders scharfen Kritik an Ellie, weil sie Wertsachen an einem derart »einfallslosen« Ort versteckt hatte wie einer Stiefelspitze – einem Platz, wo selbst der dilettantischste Dieb als Erstes nachsehen würde!

Und wir konnten nichts dagegen einwenden. Jetzt, wo man uns darauf hingewiesen hatte, mussten wir zugeben, dass wir zumindest ein bisschen naiv gewesen waren. Es war die alte Geschichte: Bis es einem selbst passiert, denkt man einfach nicht an so etwas. Jetzt saßen wir da und merkten, wie sich auch noch ein schlechtes Gewissen unter das bereits vorhandene Gefühl mischte, etwas verloren zu haben und zu Opfern geworden zu sein.

»Aber warum hat man nicht sofort die Suche nach den Einbrechern eingeleitet, sobald der Einbruch gemeldet wurde?«, fragte ich den *comandante,* als er endlich mit dem Verlesen des Protokolls fertig war.

»Weil wir keine Ahnung hatten, nach was für gestohlenen Gegenständen wir Ausschau halten sollten, Sir.« Er warf einen Blick auf Ellies tapferen, aber schreiend unzulänglichen Versuch, ebenjene Gegenstände zu zeichnen, lächelte entwaffnend und fügte hinzu: »Jedenfalls bis jetzt.«

Daraufhin konnte es sich nicht einmal Ellie verkneifen, sein Lächeln zu erwidern. Sie war sich der völligen Nutzlosigkeit ihrer künstlerischen Bemühungen nur allzu bewusst, aber andererseits *hätten* wir natürlich Fotos zur Verfügung haben müssen. Schon wieder das schlechte Gewissen.

Aber warum, so erkundigte ich mich leicht pikiert, hatte der ermittelnde Beamte, nachdem er das Haus inspiziert hatte, die flapsige Bemerkung gemacht, dass zu seiner Zufriedenheit tatsächlich ein Einbruch stattgefunden habe? »Das war ja wohl unnötig, oder?«

Der *comandante* hielt ein Exemplar des Protokolls in die Höhe. »Das hier ist für Ihre Versicherungsgesellschaft, Sir. Und die wird die Erkenntnisse meines Mitarbeiters mit Sicherheit nicht flapsig finden.«

Der Groschen fiel wie ein Bleigewicht. »Sie – Sie meinen, er hatte allen Ernstes den Verdacht, wir hätten den Einbruch fingiert, um –«

»Um Ihre Versicherung zu betrügen? Genau. Aus Erfahrung muss das in solchen Fällen unser erster Gedanke sein. Betrug an Hausratversicherungen, Sir, ist sogar eine sehr weit verbreitete Praxis.«

Zum zweiten Mal innerhalb weniger Stunden war ich platt. Während die wirklichen Übeltäter sich in aller Ruhe aus dem Staub machen konnten, waren wir die Hauptverdächtigen, denen man unterstellte, ihren Einbruch selbst inszeniert zu haben!

»Tja, wir sind eben in Spanien, Mann«, meinte Jock, als wir endlich das Polizeirevier verlassen hatten, »und so läuft der Hase hier. Ach, und vergiss nicht, wie der *comandante* gesagt hat, es sind die Zugereisten, *extranjeros* wie du und ich, die die schlimmsten Ganoven bei solchen Versicherungsbetrügereien sind.« Er warf mir sein verschwörerisches Zwinkern zu. »War selber schon ab und zu in Versuchung, es mal zu probieren – um ein bisschen leicht verdientes *dinero* in die Pfoten zu kriegen. Du weißt schon, was ich mein!«

Aneinander gedrängt standen wir im matten Schein einer einsamen Straßenlaterne vor dem Polizeirevier. Wir waren erschöpft, wie vor den Kopf gestoßen und nicht in Stimmung für Jocks gut gemeinte Versuche, unser schweres Stimmungstief zu vertreiben. Ellie wirkte besonders deprimiert.

»Wenn du ganz ehrlich bist«, fragte sie Jock, »glaubst du dann, dass überhaupt irgendeine Aussicht darauf besteht, dass die Polizei unsere Sachen wieder beschafft?«

»Auf Mallorca ist alles möglich, Schätzchen«, sagte er achselzuckend. »Auf Mallorca ist alles möglich.«

Aber tief in unserem Innern wussten wir, glaube ich, dass wir die gestohlenen Sachen nie wieder sehen würden. Selbst der *comandante* der Guardia Civil hatte uns auf die Wahrscheinlichkeit aufmerksam gemacht, dass der Schmuck wie bei den meisten Verbrechen dieser Art, noch bevor der Einbruch überhaupt bemerkt wurde, versetzt, eingeschmolzen oder gar von der Insel geschafft worden sein könnte. Im ersten Moment war uns diese Einstellung defätistisch erschienen, doch bei genauerem Nachdenken sprach der gute Mann nichts als die Wahrheit. Abertausende von Menschen kommen Tag für Tag auf dem Luft- oder Seeweg nach Mallorca, und ebenso viele verlassen es wieder, und so standen die Aussichten darauf, geschickte Diebe zu fassen, ungefähr so wie bei der Suche nach der berühmten Nadel im Heuhaufen, falls man sie nicht auf frischer Tat ertappte. Doch seine Beamten würden ihr Bestes tun, hatte er uns versichert, und wir würden in regelmäßigen Abständen aufgefordert werden, im Polizeirevier von Palma zur Ansicht bereitliegende sichergestellte Wertsachen zu inspizieren.

Allerdings drängte sich uns der Eindruck auf, dass womöglich eindeutigere Versuche zur Aufklärung unseres Falles unternommen worden wären, wenn wir nicht versichert gewesen wären. Aber da wir Versicherungsschutz besaßen, schien sich die Taktik der Polizei stillschweigend darauf zu beschränken, dass der Einbruch eher eine Angelegenheit war, die zwischen uns und unserer Versicherung geregelt werden musste, und keine, die das ohnehin »bereits überforderte Mitarbeiterkontingent« der Polizei noch weiter belasten durfte.

Wir hatten auf die harte Tour einiges dazugelernt. Zuerst einmal darf man es Einbrechern nicht leicht machen, indem man mangelhafte Schlösser an den Türen hat. Und dann muss man einen Safe einbauen. Das war nämlich die Anweisung der Versicherungsgesellschaft, als sie, nachdem sie erheblichen Widerstand geleistet hatte, endlich eine Entschädigungszahlung ausspuckte. Danach wollte sie wegen unseres »schlechten Risikos« Schmuck nur noch dann decken, wenn er in einem verschlossenen Safe untergebracht war. Doch sowie er zum Tragen herausgenommen wurde, verlor unsere Versicherungspolice ihre Gültigkeit. Zweifellos ein fragwürdiger Zustand, aber damit mussten wir eben von nun an leben.

Natürlich sprach sich der Einbruch in unserer unmittelbaren Umgebung herum wie ein Lauffeuer. Alle unsere nächsten Nachbarn statteten uns einen Besuch ab, um ihr von Herzen kommendes Mitgefühl zu demonstrieren … und um mit eigenen Augen die Einbruchspuren an der aufgebrochenen Tür zu betrachten, wo sie angesichts des zersplitterten Holzes entrüstet mit der Zunge schnalzten. Als ehrliche Landbewohner schien ihnen fast peinlich zu sein, dass etwas in ihren Augen so Schreckliches überhaupt hatte passieren können, noch dazu Menschen, die freiwillig von so weit her gekommen waren, um sich in ihrem Tal niederzulassen.

»*Basuras!*«, nannte der alte Pep die Einbrecher. »Gesindel!« Und bestimmt waren sie auch noch Festlandspanier! Daran hegte er nicht den geringsten Zweifel. Drogensüchtiges Gesindel, das durch Erdrosseln hingerichtet würde, wenn er im Land das Sagen hätte! Man ging heutzutage viel zu lasch mit diesen Kriminellen um, das war das Problem mit den modernen Regierungen. *»Basuras!«* Ja, zu seiner Zeit musste man nicht mal daran denken, eine Tür abzuschließen. Aber heute? »*Coño,* hört mir bloß auf!«

»Sie brauchen einen Hund«, war der simple Rat der alten Maria.

Und ausnahmsweise war ich einmal ihrer Meinung. Dafür würde ich so bald wie möglich sorgen, versicherte ich ihr. Und das war mein Ernst.

Ein oder zwei Tage später genossen Ellie und ich nach einem Besuch im Supermarkt gerade ein preisgünstiges *menú del día* in der Bar El Piano in Peguera. Als sie unsere tragische Geschichte über den Einbruch hörte, warf Señora Esperanza entsetzt die Arme in die Höhe und überschüttete uns mit Entschuldigungen im Namen der gesamten spanischen Nation. Wie hatte dies nur so sympathischen und großzügigen *señores* passieren können?, fragte sie sich, während ihre Stimme zu einem schrillen Diskant anschwoll. Sie habe uns das heutige Essen ohnehin gratis geben wollen, erklärte sie (mit einem diskreten Hinweis auf die Kiste Valencia-Orangen, die ich ihr geschenkt hatte); doch im Licht dieser schlimmen Neuigkeiten sei ein wesentlich stärkerer Trost vonnöten.

»Tío!«, rief sie einem Kellner zu, der an der Bar Kaffee servierte. *»Champán para señor Pedro!«*

Also, ein billiges Mittagsmenü mit einer Flasche teurem spanischem *cava* herunterzuspülen kam mir ein klein wenig übertrieben vor, doch ich begriff, dass Señora Esperanza auf ihre Art versuchte, eine böse Tat wieder gutzumachen, für die sie sich in ihrer Eigenschaft als Spanierin irgendwie entfernt verantwortlich fühlte. Und so wurde unter dem Beifall der essenden Arbeiter an den umliegenden Tischen die Flasche entkorkt und das tröstliche Getränk geschlürft.

»*Un asunto triste*«, bemerkte kurz darauf der Kellner, als er die letzten Schlucke des Schaumweins in unsere Gläser goss. »Eine traurige Geschichte.« Er sei selbst einmal Opfer eines Einbruchs geworden, vertraute er uns mit ernster Miene an – und zwar in seiner Heimatstadt Murcia auf dem Festland. Daher wisse er, wie schrecklich ein solches Erlebnis sei. »*Sí, es un asunto muy triste, señores.*«

»Ach, na ja, so schlimm ist es in unserem Fall gar nicht«, versicherte ich ihm überschwänglich, da mich die nachmittägliche Zufuhr von Schampus erwartungsgemäß milde gestimmt hatte. »Okay, dass unsere Sachen gestohlen wurden, war schon irgendwie ein Jammer, aber wie mein Freund Jock Burns meinte, hätte es auch schlimmer kommen können.«

Sowohl Ellie als auch der Kellner sahen mich fragend an. Die erstaunlich gleichmütige Haltung, die ich plötzlich eingenommen hatte, verblüffte sie zweifellos.

»Schlimmer, *señor*?«, fragte der Kellner.

»Ja. Ich meine, die Diebe hätten wesentlich mehr Schaden anrichten können. Sie haben nur die Tür ein klein wenig lädiert, weiter nichts.«

Der Kellner sah immer noch verdutzt drein.

Ich beugte mich zu ihm vor, legte meine Hand auf seinen Arm und wisperte ihm ganz im Vertrauen zu: »Wissen Sie, in Großbritannien, dort, wo ich herkomme, ruinieren einem Einbrecher oft das ganze Haus, kippen Farbe an die Wände und, na ja, erleichtern sich auf dem Teppichboden und dergleichen. Das habe ich damit gemeint – dass in diesem Fall keine mutwilligen Schäden verursacht wurden. Verstehen Sie?«

Die Miene des Kellners heiterte sich auf. Allerdings begriff er jetzt, was ich meinte. »Aha«, sagte er lächelnd, und sein

Brustkorb weitete sich stolz, »das, *señor*, liegt eben daran, dass wir Spanier ein edles Volk sind!«

Ich nickte weise, und Ellie verschluckte sich an den Resten ihres moussierenden Getränks.

Fünf

Zum Tangotanzen gehören zwei

Es ist erstaunlich, wie schnell man über ein unerfreuliches Erlebnis wie einen Einbruch hinwegkommt. Man vergisst es zwar nicht, aber man reißt sich zusammen und geht wieder zur Tagesordnung über. Man muss einfach. Es hat keinen Sinn, den Kopf hängen zu lassen und in Selbstmitleid zu zerfließen. Wir hatten das Glück, Unterstützung von den einheimischen Handwerkern zu bekommen, die uns sofort und voller Eifer zu Hilfe geeilt waren. Vielleicht waren sie mitunter auch anfällig für das *mañana*-Syndrom, wenn es ihnen gerade passte, aber als Reaktion auf die Bitte, uns in dieser Notsituation beizustehen, hätten sie nicht mehr auf Zack sein können.

Juan Juan, der Zimmermann, war als Erster erschienen – gleich am Morgen nach dem Einbruch war er in seinem kleinen Lieferwagen angerückt und hatte den Schaden an der Tür des *almacén* behoben. Dann kam Pablo Mir, der Schmied, um für abnehmbare Metallstäbe an den Innenseiten der Türen und abschließbare Sicherheitstore aus Stahl an deren Außenseiten Maß zu nehmen. Er brachte sogar einen tragbaren Schweißbrenner mit, um damit an dem Doppeltor oben am Weg eine Reihe Eggenzinken anzubringen, die ein Einsteigen verhindern sollten. All diese Maßnahmen mögen ihm reichlich übertrieben erschienen sein (uns kamen sie jedenfalls so vor), doch diese Fort-Knox-artigen Sicherheitsvorkehrungen waren uns von der Versicherungsgesellschaft diktiert worden, und man hatte uns gewarnt, dass es unser eigenes Risiko wäre, wenn wir auf sie verzichteten. Keine entsprechenden Sicherheitsmaßnahmen – keine Schadensdeckung durch die Versicherung. So einfach war das.

Ich fuhr ein paar Tage später morgens zu Pablos Andratxer Werkstatt, um die Dinger abzuholen. Pablo war nirgends zu sehen, und die Schmiedearbeiten wurden von seiner Frau erledigt. Sie war Ende dreißig, hübsch, zierlich und das krasse Gegenteil eines vierschrötigen Hünen, den man beim Hantieren mit schweren Werkzeugen zur Metallverarbeitung erwartet. Sie stand über den Amboss gebeugt da und versetzte den Befestigungen für unsere Türstäbe die letzten Hammerschläge. Sie trug einen übergroßen Overall, und der Schweiß tropfte von der Spitze ihrer rußverschmierten Nase.

»Ah, Señor Peter«, begrüßte sie mich strahlend und warf einen rot glühenden Träger in eine Wanne mit kaltem Wasser, wo er zischend und sprudelnd versank. »Gerade rechtzeitig! Ihre Sachen sind alle fertig!«

Ich warf einen Blick auf die schweren schmiedeeisernen Sicherheitstore, die an der Wand lehnten, und sagte: »Ach, das eilt nicht, *señora*. Ich kann später noch mal kommen, wenn Pablo da ist, damit er mir hilft, das ganze Zeug raus zum Auto zu tragen.«

Sie lachte. »Ha! Wenn Pablo hier wäre, würde er sowieso erwarten, dass *ich* ihm tragen helfe, also kann ich auch gleich Ihnen helfen. Ist gehupft wie gesprungen, *sí*?«

»Na ja … wenn Sie wirklich meinen. Aber seien Sie vorsichtig. Nicht, dass Sie sich einen Muskel zerren oder so.«

Sie lachte erneut, und ich sollte schon bald erfahren, warum. Ich war nämlich derjenige, der ächzte, schnaubte und japste, als ich mich mit dem einen Ende der sperrigen Tore abplagte, während sie auf der anderen Seite fröhlich vor sich hin pfiff und die wuchtigen Teile trug, als wären sie eine Tüte Lebensmittel.

»Der Schein trügt oft«, keuchte ich, als endlich alles im Auto lag.

»Ich bin Tragen gewohnt, *señor*«, sagte sie schmunzelnd. »Als Frau eines Schmieds geht es gar nicht anders.«

Und da hatte ich gedacht, ich hätte Ellie im Lauf der Jahre überbeansprucht, indem ich von ihr erwartete, dass sie zur Erntezeit tonnenweise Getreide schaufelte, im tiefsten schottischen Winter mit der Hand hektarweise Rüben aus frostharten Feldern klaubte und sogar mit temperamentvollen Bullenkälbern rang, die sich nicht von ihren Hoden trennen wollten. Jetzt war mir bedeutend wohler!

»Was bin ich Ihnen schuldig, Señora Mir?«, erkundigte ich mich außer Atem und rieb mir den schmerzenden Rücken, während ich mit der anderen Hand im Handschuhfach nach dem Scheckheft kramte.

Diese Frage löste ein weiteres Lachen aus, das diesmal mit einem Hauch Ironie gewürzt war. »Nein, nein, da müssen Sie schon Pedro fragen«, erwiderte sie. »Sich in der Schmiede abrackern ist eine Sache für eine Frau, aber sich um die finanzielle Seite des Geschäfts kümmern eine ganz andere.«

Ich erlaubte mir ein ironisches Grinsen über diese sarkastische Bemerkung, da Ellie erst vor einer Woche – allerdings mit umgekehrten Vorzeichen – in eine ähnliche Situation geraten war, als sich ein Elektriker geweigert hatte, einen von ihr ausgestellten Scheck anzunehmen. Der würde schon aus der Feder des *señor* kommen müssen, hatte er ungehalten erklärt und Ellie angesehen, als wäre sie gerade dem Irrenhaus entflohen. Manche Dinge ändern sich in Spanien eben nur langsam. Doch leider hatte der verbohrte Kerl keine Ahnung, dass Schecks ausstellen geradezu eine der Hauptbegabungen dieser emanzipierten Ausländerin war – auch auf Spanisch, obwohl die Sprache wirklich zu *sprechen* nicht annähernd so hoch bei ihr im Kurs stand.

»Und wann kommt Pablo wieder?«, fragte ich seine Frau.

Sie sah auf die Uhr. »Es ist schon fast elf Uhr, also können Sie auf dem Heimweg an seinem Büro vorbeifahren. Er müsste jetzt dort sein.«

»Büro?«

»Ja, besser bekannt als die Bar Nuevo – an der Plaza de España. Kennen Sie sie?«

Wie gesagt, manche Dinge ändern sich in Spanien nur langsam.

Jetzt, wo wir die Sicherheitstore hatten, fand sich Toni Ensenyat, der örtliche Bauhandwerker, gern bereit, sie uns unverzüglich einzubauen. Toni hielt sich oft bei der alten Mühle unten am Weg auf, die er im Auftrag von Francisca und Tomàs Ferrer zu einer Wochenend-*casita* umbaute – einem Häuschen, das immer größere Ausmaße annahm, wie uns nicht verborgen geblieben war. Die Folgen dieser speziellen Angelegenheit und ihre Auswirkungen auf uns sollten uns im Lauf der Zeit nur allzu klar werden. Doch fürs Erste waren wir einfach nur dankbar dafür, dass Toni die Arbeit für die Ferrers liegen ließ, um uns zu helfen.

Er war ein ruhiger, netter Mann und überdies ein hervorragender Handwerker, der stolz auf seine Arbeit war und nichts davon hielt, überhöhte Preise zu verlangen. Eben keiner von der Sorte, die man in dieser von Pfuschern überlaufenen Branche überall viel zu oft trifft. Auf Mallorca gibt es eine ganze Menge solcher Beutelschneider – die meisten zwielichtige Ausländer, die sich darauf spezialisiert haben andere Nicht-Einheimische, die es sich nicht zutrauen, mit den mallorquinischen Handwerkern in der Landessprache zu verhandeln, um einen Haufen Geld zu prellen.

In den Tagen nach dem Einbruch hatte sich irgendwie eine frohere, zufriedenere Atmosphäre als zuvor über Ca's Mayoral gelegt. Zwar waren wir dort auch schon vor dem traumatischen Ereignis sehr glücklich gewesen, doch das deprimierende Gefühl, nicht dazuzugehören, das uns auf dem Revier der Guardia Civil überfallen hatte, war unaufhaltsam von einer neuen Zielstrebigkeit überlagert worden, einer größeren Entschlossenheit als je zuvor, das, was wir uns mit dem Kauf des Hofs vorgenommen hatten, zum Erfolg zu führen. Jegliche selbstmitleidigen Gedanken ans Aufgeben, die sich an diesem Tiefpunkt in unsere Überlegungen geschlichen haben mochten, waren ganz schnell von der selbstlos geleisteten Hilfe verjagt worden, die wir nicht nur von unserem alten Freund Jock bekamen, sondern ebenso von unseren nächsten Nachbarn im Tal und mittlerweile auch von den einheimischen Handwerkern, die uns bis dahin kaum gekannt hatten. Unser aufkeimendes Zugehörigkeitsgefühl war nicht nur wiederhergestellt, sondern massiv verstärkt worden. Unerfreuliches passiert überall – auch auf idyllischen Inseln im Mittelmeer. So ist das Leben, und wir hatten gelernt, dass nicht einmal die rosafarbenste Brille diese Tatsache vertuschen kann.

Ellie hatte sich gleich darangemacht, die Innenseite der reparierten *almacén*-Tür zu lackieren.

»Möchten Sie eine Tasse Tee, Toni?«, fragte sie munter und zog schwungvoll das Sicherheitstor vor der Haustür auf, das er gerade einzementiert hatte.

Señor Ensenyat, der mit dem Rücken zur Tür eben seine Werkzeuge einsammelte, sprang einen halben Meter in die Luft, als das schwere Tor neben ihm auf die Erde krachte.

»No, gracias, señora«, sagte er und lächelte Ellie nachsichtig

an. Sie stand da, hielt sich die Hand vor den offenen Mund und starrte mit weit aufgerissenen Augen auf die nun wieder freigelegten Befestigungslöcher, die Toni mühsam in den Stein der Türöffnung geschlagen hatte. »Ich habe mir meinen eigenen Kaffee mitgebracht.«

Wir werden es diesem wahren Gentleman ewig zugute halten, dass er, statt Ellie auf seine platt gequetschte Thermosflasche aufmerksam zu machen und ihr vielleicht zu sagen, was sie ihn mal konnte, einfach das Tor aufhob und sich ohne zu zögern daranmachte, es wieder zu befestigen. Und nie sollte unsere kleinliche und diktatorische Versicherungsgesellschaft davon erfahren, dass sie mit ihren überzogenen Sicherheitsanforderungen (und ein klein wenig ungeplanter Hilfe von Ellie) beinahe wegen eines tödlichen Unglücksfalls belangt worden wäre!

* * *

»*Edward und Elizabeth laden zum Mittagessen ein*«, stand auf der Gold umrandeten Karte.

Die Smythes waren ein paar Wochen nach unserer Ankunft auf der Insel in Ca's Mayoral vorbeigekommen, nachdem sie – wie sie sagten – von einem hiesigen Immobilienmakler erfahren hatten, dass sich kürzlich eine britische Familie in der Gegend angesiedelt habe und ihnen vermutlich über das Für und Wider eines solchen Vorhabens Auskunft geben könne. Denn auch sie wollten auf Mallorca ein »kleines Häuschen« auf dem Land kaufen, nachdem sie beide ihre Posten beim britischen Außenministerium aufgegeben und in den Ruhestand gegangen waren. Trotz ihres fortgeschrittenen Alters hatten sie erst kurz zuvor geheiratet (beide zum ersten Mal) und Edwards »kleines Häuschen« in den Cotswolds an einen reichen arabischen Geschäftsmann verkauft. Daher hatten sie genug Geld, um in ein bescheidenes Anwesen auf der Insel zu investieren.

»Zu viele verdammte Ausländer in England heutzutage«, war Edwards unverhohlene Ansicht. »Saumäßig schwaches Bild, finden Sie nicht?«

Was konnten wir ihnen in unserer Unerfahrenheit über das Leben auf Mallorca schon sagen, außer einem recht banalen »Wenn es Ihnen gefällt, ziehen Sie ruhig hierher«? Und offenbar hatten sie genau das getan, auch wenn wir erst durch die postalische Einladung zum Mittagessen davon erfuhren.

Wenig überraschend beschlossen die Jungen, sich entschuldigen zu lassen, und so fuhren Ellie und ich allein über die Berge zu der verschlafenen, im Landesinneren gelegenen Stadt Calviá. Calviá ist ein unauffälliger Ort, dessen sagenhafter Reichtum lediglich in dem palastartigen neuen Rathaus erkennbar wird, da bei den dort untergebrachten Kommunalbehörden die Steuern und Abgaben aus einem der lukrativsten touristisch genutzten Küstenstreifen ganz Spaniens eingehen.

Sicher, kleiner, aber auf seine Art ebenso glanzvoll war »Chez Smythe«, ein verschwenderisch restauriertes, traditionelles Mallorquiner Bauernhaus, das verborgen an einem schmalen Weg am Stadtrand lag. Von einem Grundstück von etwa viertausend Quadratmetern umgeben, thronte das frisch verputzte weiße Haus über einer Allee aus hoch gewachsenen Palmen, die zu einem prachtvollen, beheizten Swimmingpool führte. Die Palmen, so sollten wir später erfahren, waren extra mit dem Schiff aus Alicante herbeigeschafft worden, und den Swimmingpool hatte eine Londoner Firma gebaut. »Eulen nach Athen« wäre ein passender Kommentar zu dieser Extravaganz gewesen, da auf Mallorca nicht gerade Mangel an Firmen herrschte, die Swimmingpools bauten. Aber schließlich war Edward ein Mann, der nichts »diesen Ausländerfuzzis« anvertraute, wenn es auch anders ging.

An den ferngesteuerten, zweieinhalb Meter hohen Toren empfingen uns zwei zähnefletschende Rottweiler.

»Damit ist die Verabredung zum Mittagessen gestorben«, sagte ich zu Ellie. »Ich gehe nicht da rein und lasse mich auf die Speisekarte für diese beiden Menschenfresser setzen!«

»So leicht kommst du nicht davon«, erwiderte Ellie, die ganz genau wusste, dass ich auf diesen Höflichkeitsbesuch etwa ebenso scharf war, wie es die Jungen offen eingestanden hatten. »Das kann ja interessant werden!«

In diesem Moment kam ein winziger Filipino in einer weißen Hose, einem weißen, bis zum Hals zugeknöpften Spenzer, weißen Schuhen und Handschuhen die Einfahrt heruntergetrabt und schrie den Hunden in einem Idiom etwas zu, das wir für seine Muttersprache Tagalog hielten. Die knurrenden Scheusale schlichen widerwillig davon, hinterließen bei uns aber keinen Zweifel daran, dass wir nicht willkommen waren. Der philippinische Diener lächelte, plapperte etwas Unverständliches vor sich hin und verneigte sich immer wieder, während er uns durch die Tore winkte und zum Haus geleitete. In einem Kleid aus fließendem pinkfarbenen Chiffon stand Elizabeth majestätisch neben einem üppig gedeckten Tisch, den man auf die schattige Seite der offenen Veranda platziert hatte.

»Ich fürchte, ich bin für diesen Anlass ein bisschen zu leger gekleidet«, tuschelte ich Ellie zu und blickte auf mein Freizeithemd und die sportliche Hose herab. »Vielleicht hätte ich mir einen Smoking ausleihen sollen.«

»Ah, Peter und Ellie!«, tönte Elizabeth überschwänglich. »Einfach traumhaft, dass Sie kommen konnten!«

»Freut uns auch«, sagte Ellie, und ich hätte schwören können, dass sie einen Knicks andeutete.

»Edward ist nur auf einen Sprung ins Dorf gefahren, um Zigarren zu besorgen«, erklärte uns Elizabeth, während sie nach einer kleinen Glasglocke griff und damit läutete. »Dauert nicht lang. Etwas zu trinken?«

»Ja … na ja, also gern«, antwortete ich. »Ellie trinkt normalerweise nichts, aber ich würde zu einem Bier nicht nein sagen, wenn Sie –«

Elizabeth äußerte einen sorgfältig artikulierten Befehl – in einer Sprache, die ich wiederum für Tagalog hielt – zu einer geduckten kleinen Filipina, die ebenfalls von Kopf bis Fuß in Weiß gekleidet war und auf den Klang der Glasglocke hin aus dem Haus gekommen war. Ihr Landsmann folgte ihr auf dem Fuß, immer noch lächelnd und sich verbeugend.

Elizabeth wiederholte den Befehl und kläffte dann hinterher: »*Schnell!*«

Ich erkannte das deutsche Wort und wusste, was es hieß. Offensichtlich wusste das auch das weiß uniformierte Paar, das eilig wieder im Inneren des Hauses verschwand.

»Anthony und Cleopatra nennen wir die beiden«, erklärte uns Elizabeth mit einem gezierten Lächeln. »Sprechen natürlich kein Wort Englisch. Aber Filipinos sind die einzigen Dienstboten, die man heutzutage noch zu vernünftigen Löhnen einstellen kann, finden Sie nicht?«

»Unbedingt«, erwiderte ich bestimmt, da ich mir nicht die Blöße geben wollte, in einer so zentralen Lebensfrage ahnungslos zu sein.

Anthony und Cleopatra erschienen wieder. Cleopatra balancierte ein Silbertablett mit edlen Champagnerkelchen, und Anthony brachte einen silbernen Eiskübel mit einer Magnumflasche Bollinger. »In puncto Schampus sage ich immer, es geht doch nichts über den echten«, sagte Elizabeth. »Dieses spanische *Ça-va*-Zeug, oder wie das heißt, kann man ja nicht trinken.«

»Aus meinem Bier wird wohl nichts«, flüsterte ich Ellie zu, während Elizabeth eifrig ihre Bediensteten darin unterwies, wie man den Champagner korrekt einschenkte.

Auf dem Weg war eine Autohupe zu hören, und automatisch raste Anthony ins Haus, um den Knopf zum Öffnen der Tore zu drücken. Ein riesiger Bentley, ein Oldtimer-Coupé, rollte mit heruntergelassenem Verdeck heran. Am Steuer saß Edward mit etwas im Mund, das starke Ähnlichkeit mit einer tabakfarbenen Exocet-Rakete besaß.

»Feine Sache, dass Sie beide gekommen sind«, rief er beim Aussteigen. Er schlenderte auf Ellie zu und riss sie ungestüm in seine Arme. »Absolut sagenhaft, Sie wiederzusehen, meine Liebe!«

Mir fiel auf, dass er denselben marineblauen Blazer mit dem Regimentsabzeichen auf der Tasche trug wie an dem Tag, als sie uns in Ca's Mayoral aufgesucht hatten. Und das, obwohl es ein sehr warmer Samstagnachmittag im April war, wo alles andere als Hemdsärmel jedem einfach unangenehm hätte sein *müssen*. Doch Edward war aus härterem Holz geschnitzt, und um das zu beweisen, trug er auch noch ein Halstuch.

Er fauchte dem unaufhörlich lächelnden Anthony einen militärisch klingenden Befehl zu und warf ihm die Autoschlüssel hinüber. »Er spricht natürlich kein Wort Englisch«, vertraute er mir grinsend an und ergriff meine Hand zu einem kräftigen Schütteln. »Genau wie die Jungs an der Tankstelle unten an der Straße. Also, jetzt bin ich schon seit fast drei Monaten Kunde bei ihnen, und sie verstehen den einfachen Satz ›Voll tanken‹ immer noch nicht. Verdammt schwaches Bild, finden Sie nicht?«

Und der Eindruck, es mit alten Kolonisten zu tun zu haben, blieb aufrechterhalten, als unsere Gastgeber uns auf einem gemächlichen Spaziergang durch ihren prächtigen Garten führten, für den sie, wie Edward ausführlich erläuterte, sogar einheimische Mittelmeerpflanzen und -sträucher von spezialisierten Züchtern aus England hatten importieren lassen.

»Es geht doch nichts über die guten Gärtner aus Merry Old England«, war Edwards Meinung. »Einen ganzen Zacken zuverlässiger als irgendeiner von diesen spanischen Komikern, die sich hier an der Sache versuchen, das kann ich Ihnen sagen! Die Palmen musste ich natürlich in Spanien kaufen«, fügte er fast entschuldigend hinzu. »Aber ich bin kein Risiko eingegangen – ich habe zwei Experten aus Kew Gardens einfliegen lassen, die das Einpflanzen überwacht haben.«

Plötzlich musste ich an einen Seelenverwandten von Edward denken, hinter dem ich einmal auf der spanischen Insel Menorca in einem Lebensmittelladen gestanden hatte. Er versuchte in gebrülltem Englisch etwas zu kaufen, das er als Mayonnaise bezeichnete, und wurde immer wütender, als ihm das geduldige Mädchen hinter dem Ladentisch unverdrossen genau das anbot: ein Glas Mayonnaise, eine Sauce, die in Mahón, der Hauptstadt Menorcas, erfunden und nach der sie benannt war – ebenjener Stadt, in der wir uns befanden. »Verdammt noch mal, Sie dumme Kuh«, stieß er schließlich hervor, und seine Augen leuchteten auf, als er ein Glas Heinz Salad Cream auf einem Regal hinter der Theke entdeckte, »*das* will ich haben – ein Glas echte *englische* Mayonnaise!«

Indien war Edwards erster Posten in Übersee gewesen, als er nach der Army ins Innenministerium wechselte, erzählte er uns zwischen mehreren Reihen duftender Rosmarinhecken und verschiedenen Schlucken gut gekühlten Champagners. »Bei Mountbattens Leuten, wissen Sie. Erstklassiger Mann, dieser Mountbatten. Aus deutscher Familie, wissen Sie. Genau das Richtige für die Maharadschas. Konnte mit diesen Tandoori-Typen umgehen wie kein Zweiter. Verflucht feiner Kerl.« Edward war schließlich in Frankreich gelandet. »Privatsekretär für einen verflixt wichtigen Briten, dessen Name ungenannt bleiben soll.« Er tippte sich an die Seite der Nase. »Außenministerium – Gesetz zum Schutz von Staatsgeheimnissen und so weiter.« Doch seine Jahre in Frankreich hatten auch längere Aufenthalte in Deutschland umfasst, einem Land, das seinem so wichtigen Schützling am Herzen lag und an dem auch Edward bald einen Narren fressen sollte. Die kleine Einzelheit, dass er in Deutschland auch

Elizabeth kennen gelernt hatte, wurde wie ein beiläufiger Nebengedanke angehängt. »Verdammt feiner Kerl, der Deutsche an sich«, meinte Edward.

»Sie *sprechen Deutsch,* nehme ich an?«, fragte uns Elizabeth.

»*Ein Bier bitte* ist so etwa alles, was ich kann«, gestand ich, »aber Ellie spricht es ganz gut. Sie ist sogar dort geboren.«

»Ah, hervorragend! Dann werden Sie sich ja ganz famos mit unseren anderen Gästen verstehen. Irgendwie wusste ich das einfach. Wie *wunderbar*!«

Dann bestand Elizabeth darauf, dass wir uns das Innere des Hauses ansähen. Wie schon beim Grundstück sah man sofort, dass keine Kosten gescheut worden waren, um es von einem schlichten alten Bauernhaus zu einem Anwesen umzugestalten, das sich nun auf den Hochglanzseiten von *Schöner Wohnen* bestens gemacht hätte. Unsere Gastgeber waren ganz offensichtlich stolz auf das, was sie geschaffen hatten, noch dazu in so kurzer Zeit. Dagegen wirkten die Umgestaltungen und »Verschönerungen«, die wir bislang in Ca's Mayoral zuwege gebracht hatten, absolut bescheiden. Zugleich hatte der erzielte Effekt im Inneren von »Chez Smythe«, das zweifellos Edwards und Elizabeths Geschmack entsprechend gestaltet worden war, etwas leicht Bizarres an sich.

Dahin waren die traditionellen Charakteristika, die mit großer Wahrscheinlichkeit vorhanden gewesen waren, als sie das Haus gekauft hatten – echt mallorquinische Eigenheiten wie ein offener Kamin mit Sitzbank in der Küche, frei liegende Holzbalken und schlicht weiß verputzte Wände. Stattdessen waren die Decken mit Rigips verkleidet worden und prunkten nun mit verschnörkelten Kranzleisten und Rosetten, von denen vergoldete Kronleuchter hingen. Die Kamineinfassung war aus Mahagoni und in einem georgianischen Stil gehalten, der eher zum Salon einer britischen Villa aus dieser Epoche gepasst hätte. Nicht einmal die rauen alten Wände waren den anglisierenden Bemühungen der Handwerker entkommen, die, wie uns Edward versicherte, extra von »zu Hause« eingeflogen worden waren. Glatt verputzt, waren die Wände nun mit geprägten Samttapeten bedeckt, die sicherlich perfekt zu Kamin und Decken passten, aber in einem Haus, das bis vor kurzem noch ein typisch mallorquinisches Bauernhaus gewesen war, völlig fehl am Platz waren.

Auch die Möblierung spiegelte den Hintergrund der Smythes wider – eine seltsame Mischung aus Cotswolds-Chintz und Offiziersmessen-Leder. Der frühere *almacén* war zu einem förmlichen Esszimmer umgewandelt und mit viktorianischen Möbeln eingerichtet worden, die direkt aus einem Herrenclub in Mayfair hätten stammen können. Und überall standen Gegenstände, die an die Dienstzeiten in fernen Ländern erinnerten. Es gab Souvenirs aus Indien in Form geschnitzter Elfenbeinstatuetten, französische Spitze und Gemälde mit Pariser Motiven, mexikanische Töpferwaren und sogar einen riesigen Bierkrug aus Deutschland, der mit fröhlichen Fräuleins dekoriert war.

Man vergaß ohne weiteres, dass man sich in Mallorca auf dem Land befand. Doch dies war nun das neue Zuhause der Smythes, und obwohl uns die Art, wie sie es umgebaut hatten, etwas befremdete, hatten sie doch eine Atmosphäre geschaffen, in der sie sich wohl fühlten – und in der sie sich zu Hause fühlten. Sie hielten lediglich an den mittlerweile ausgestorbenen Gebräuchen der Kolonialzeit fest, an die sie sich im Laufe ihres Berufslebens gewöhnt hatten. Dabei taten sie niemandem weh. Das einzig potenzielle Opfer ihrer protzigen Art war ihr eigenes Image in den Augen der bodenständigeren einheimischen Bevölkerung. Doch das war eine Situation, die sie sicher, wenn auch unbewusst, schon viele Male zuvor herbeigeführt hatten und die sie jetzt wohl nicht im Geringsten berührte. Das hier war ihr kleines Stück Empire, in dem die Sonne nach wie vor nicht untergegangen war – und es auch nicht tun würde!

Auch wenn diese Einstellung noch so überholt war, wirkten Edward und Elizabeth wie ernsthafte Menschen, ein sympathisches älteres Ehepaar, das sich an den Privilegien erfreute, die es sich leisten konnte, und sich Gästen gegenüber offenbar gern großzügig zeigte.

Helmut und Hilde kamen in einem glänzenden neuen BMW. Wir waren ihnen noch nicht begegnet, hatten aber von ihnen gehört. Ihr Sohn war in Charlies Klasse, und unter den anderen Eltern kursierten Gerüchte, dass Helmut, der einen extravaganten Lebensstil pflegte, ohne einer erkennbaren Beschäftigung nachzugehen, im günstigsten Fall mit Waffen, im schlimmsten Fall mit Drogen handelte. Sie sprachen beide ein bisschen Englisch. Das wussten wir. Doch bei diesem Anlass beschlossen sie, sich überwiegend auf Deutsch zu unterhalten – genau wie unsere Gastgeber von nun an. Es war ja im Grunde nichts dagegen einzuwenden, sagte ich mir. Auf Mallorca geht es schließlich kosmopolitisch zu, also muss man versuchen, so gut es geht, mit der Sprache zurechtzukommen, mit der man eben gerade konfrontiert wird.

Ich versuchte Helmut auf halbem Weg entgegenzukommen, indem ich ihm auf Spanisch eine Frage stellte, wurde aber mit einem Blick bedacht, der zu sagen schien: »Wo um *Himmels* willen glauben Sie, dass Sie sind – in Spanien?« Von Edward erntete ich die gleiche Reaktion.

Als Hauptgang gäbe es heute Rebhuhn, erklärte uns Elizabeth, als wir am Tisch auf der Veranda Platz nahmen. Die Vögel waren *natürlich* auf bayerische Art zubereitet: mit Speck umwickelt und auf einem Bett von Sauerkraut sowie mit Semmelknödeln serviert. Die Kombination war ausgesprochen delikat.

Edward freute sich, als ich das Essen lobte. »Früher hab ich die kleinen Scheißer immer im Schwarzwald mit dem Herzog geschossen, wissen Sie. Hoppla! Jetzt hätte ich mich fast verplappert.« Er stieß ein nervöses kleines Lachen aus und fuhr dann fort, nachdem er seine Contenance rasch wieder gefunden hatte. »Aber diese kleinen Kerlchen musste ich von Fortnum & Mason's schicken lassen. Hier kriegt man sie nicht so leicht. Die Einheimischen haben alles ratzekahl abgeknallt außer Schmetterlingen, und *denen* würde ich auch keine hohen Überlebenschancen mehr einräumen. Geben wir's doch zu – man weiß nie, was man in diesem Reiszeugs zu sich nimmt. Wie nennen sie das noch? ›Payola‹ oder so, stimmt's?«

Und so schritt das Essen fort, während sich der Nachmittag dahinzog. Helmut und Edward lachten immer wieder schallend über deutsche Witze, von denen Edward mir seinen untadeligen Manieren entsprechend jeden einzelnen ins Englische übersetzte. Ich wiederum lachte höflich über jede Pointe, auch wenn ich offen gestanden den Eindruck hatte, dass der Humor beim Übersetzen ein bisschen auf der Strecke geblieben war. Aber andererseits lag es ja vielleicht auch an mir … oder daran, wie Edward die Witze erzählte. Jedenfalls fand ich das Ganze etwas zäh.

Schließlich ergab sich eine willkommene Abwechslung in Form einer drallen braunen Henne, die plötzlich auf der Veranda erschien und auf Edwards Schulter hochflatterte.

»Ah, da bist du ja, meine Liebe!«, freute er sich und kitzelte den Vogel mit der Fingerspitze am Kehllappen. »Sie heißt Mrs. Wallsy«, informierte er mich, offenbar ohne zu merken, dass er sich wahrscheinlich schon wieder verplappert hatte. »Rhode Island Red, wissen Sie. Eine waschechte Amerikanerin. Früher hatte sie sogar mal nen Spielgefährten.« Er wurde einen kurzen Moment lang nachdenklich. »Hm, den haben sich die Hunde eines Tages zum Mittagessen einverleibt. Echt verdammt schade.«

Als Nächstes riss Edward ein Stück Brotrinde ab und legte es der Schoßhenne in den Schnabel. Daraufhin gackerte sie dankbar, spritzte ihm (ohne dass er es merkte) einen bunt gescheckten Schiss auf den Blazerärmel, flatterte auf festen Boden zurück und trippelte geziert davon. Mission ausgeführt.

»Sa-a-a-agenhaft«, freute sich Edward und sah der Henne nach. »Verflucht viel intelligenter, als wir ihnen zugestehen.« Dann bedeutete er dem beflissen in der Nähe wartenden Anthony, dass er Wein nachschenken solle, und nahm seinen Vortrag teutonischer Scherze wieder auf.

Unterdessen plauderte Ellie recht flüssig auf Deutsch mit Hilde und Elizabeth. Dabei fiel mir auf, dass unsere Gastgeberin mit der Zeit immer verstimmter und ungehaltener wegen Cleopatras Servierleistung wurde. Zu Elizabeths mehrfach geäußertem Ärger begriff Cleo simple Erfordernisse der Etikette einfach nicht, zum Beispiel, wie »absolut unabdingbar« es war, dem Gast das Essen von der linken Seite vorzulegen.

»Heutzutage bekommt man einfach kein qualifiziertes Personal mehr, stimmt's?«, hörte ich sie erregt zu Ellie sagen. »Sie würden nicht glauben, wie viele Stunden ich damit zugebracht habe, ihr zu zeigen, wie die Gedecke angeordnet werden müssen, und jetzt muss ich immer noch hinter ihr herkontrollieren und das Besteck richtig hinlegen!«

Doch die Sache spitzte sich erst richtig zu, als die unglückliche kleine Filipina – die meiner Vermutung nach bei ihren zahlreichen Stippvisiten in der Küche immer wieder Liebfraumilch gepichelt hatte – stolperte und den gesamten Inhalt eines großen Tellers Apfelstrudel mit Sahne auf den kostspielig verhüllten Schoß ihrer Herrin leerte. Elizabeth verließ den Ort des Geschehens in einem wütenden Chiffonwirbel.

»Keine Sorge, Herrschaften«, sagte Edward mit beruhigendem Schmunzeln und signalisierte Anthony mit einem Fingerschnippen, dass die Herrschaften einer Dienstleistung bedurften. »Das alte Mädchen macht sich schnell wieder sauber. Ist doch kein Beinbruch, oder?«

Die Hühnerscheiße an seinem Blazer war mittlerweile zu einer länglichen Kruste getrocknet, deren Form seltsamerweise stark den Umrissen von Merry Old England ähnelte. Sicher würde der alte Junge sich zu gegebener Zeit auch sauber machen, doch im Moment stand Wichtigeres an. Anthony wurde auf Englisch angewiesen, Kaffee, Schnaps – am liebsten *Steinhäger* – und Zigarren zu bringen. »Ach, und ähm, schau auch mal, was die Memsahibs wollen, ja? Bestimmt After Eight und dergleichen.« Er scheuchte den völlig verwirrten Anthony davon. »Mach schon. Sei ein guter Junge.«

Helmut, der mindestens noch eine Stufe angeheiterter war als unser zunehmend beschwipster Gastgeber, ließ lautstark einen fahren. Edward brach in schallendes Gelächter aus und zitierte etwas, das ich als ein altes deutsches Sprichwort über das eben Geschehene verstand. Die Fassaden begannen zu bröckeln, und ich dankte meinem Trink-Schutzengel, dass die widerliche Süße des Liebfraumilch-Weins mich dazu veranlasst hatte, im Laufe des Nachmittags wesentlich weniger davon zu trinken als meine beiden Tischgenossen. Ich beschloss, es beim Schnaps genauso zu halten.

Elizabeth kehrte rasch zurück. Sie hatte ihr beschmutztes Kleid durch ein nicht minder elegantes ersetzt und ihre majestätische Haltung wieder eingenommen. Ich folgte Edwards ritterlichem Vorbild, indem ich aufstand, als sie sich dem Tisch näherte. Helmut saß wie angewachsen da, hickste und rang um einen klaren Blick.

»Nur keine Umstände, alter Junge«, sagte Edward zu mir. »Ich gehe nur mal kurz den Spargel abgießen. Sie wissen ja, wo die Latrinen sind, wenn Sie mal müssen, oder?« Ohne eine Antwort abzuwarten, schwankte er aufs Haus zu.

Ich beschloss, einen zweiten Gesprächsversuch mit Helmut zu unternehmen, diesmal auf Englisch. »Leben Sie schon lang auf Mallorca?«

Er fixierte mich mit halb geschlossenen Augen und zuckte mit den Achseln, als wollte er sagen »Ist doch egal«. »Ich komme … ich gehe.«

»Aha, Geschäfte, was?« Meine Neugier gewann die Oberhand. »Was, ähm – in welcher Branche sind Sie denn, Helmut?«

Er machte eine wegwerfende Geste zur Seite. »Ich kaufe, ich verkaufe. Ich importiere, ich exportiere. Ja, ich komme, ich gehe.«

Diese spezielle Art der Fragestellung war offenbar schnell und abrupt an ihre Grenzen gestoßen. Ich würde es anders versuchen müssen.

»Und, ähm, kennen Sie Edward und Elizabeth schon lang?«

»Nein.«

Er begann mit den Fingern auf den Tisch zu trommeln und summte dazu leise etwas, das ein Strauss-Walzer hätte sein können, während er die plaudernden Damen abtaxierte.

Ich gab meine nutzlosen Versuche auf, ein Gespräch anzufangen, und überdachte stattdessen die Situation. Helmut und seine Frau waren als Freunde der Smythes eigentlich unpassend. Abgesehen von der Verbindung zu Deutschland schienen sie im Grunde gar nichts gemeinsam zu haben. Edward und Elizabeth standen unzweifelhaft am oberen Ende der sozialen Leiter der Mittelschicht, während Helmut und Hilde … na ja, sagen wir mal einer deutlich niedrigeren Schicht angehörten – trotz (oder gerade wegen) des zur Schau getragenen Reichtums.

Tja, es muss auch solche geben, und trotz ihrer unerschütterlichen Haltung waren die Smythes wahrscheinlich nur einsam und versuchten, sich in einem neuen Land einen neuen Freundeskreis aufzubauen. Irgendwo muss man schließlich anfangen, und dass sie jemals auch nur erwägen würden, sich in die ortsansässige mallorquinische Gemeinschaft zu integrieren, war von vornherein ausgeschlossen.

»Ihre Frau«, brummte Helmut und riss mich aus meinen Gedanken, »Sie spricht gut Deutsch, oder?«

»Ja, sie schlägt sich ziemlich gut.« Das war der Durchbruch. Jetzt konnte ich das Gespräch in Gang bringen, indem ich ihm von Ellies deutschem Hintergrund erzählte. »Sie wurde sogar dort geboren, und zwar in –«

»Eine sehr attraktive Frau«, fiel Helmut mir ins Wort und musterte Ellie aus glasigen Augen. »Sie tanzt gerne, oder?«

Worauf zum Teufel wollte er hinaus? »Ähm, na ja, das kann ich wirklich nicht –«

»Also, ich tanze gern!«, verkündete Helmut. »Und meine Hilde tanzt auch gern!« Er begann auf den Tisch zu klopfen und die Walzermelodie zu grölen, während er sein Weinglas im Takt schwenkte, als säße er in einem Bierkeller.

»Das hier geht ziemlich rapide den Bach runter«, flüsterte ich Ellie zu, während Elizabeth das Damengespräch mit Hilde fortführte, die inzwischen auch schon kräftig getankt hatte. »Ich sehe üble Exzesse kommen.«

In diesem Moment hörten wir die Tango-Musik. Die Akkordeonklänge von »Jealousy« kamen aus dem Haus.

»Ah!«, freute sich Elizabeth, die meine verwirrte Miene bemerkt hatte. »Das ist nur Edward, der seiner Leidenschaft für lateinamerikanische Tanzmusik nachgibt. Gebt ihm gutes Essen, guten Wein und vor allem« – sie hielt inne, um Ellie verschwörerisch zuzuzwinkern – »charmante, neue weibliche Gesellschaft, und schon kommt der Südamerikaner in ihm zum Vorschein.«

Ellie erstarrte.

Nun kam Edward wieder heraus, eine rote Rose zwischen die Zähne geklemmt und eine weibliche Schneiderpuppe an die Brust gedrückt. Die Puppe trug seinen Blazer. Er kam im Tangoschritt auf uns zu, mit verführerisch gebeugten Knien, während er den linken Arm und einen leeren Blazerärmel steif vor sich herschob.

»Gleich haben wir das Vergnügen, meine Liebe«, teilte er der gequält dreinsehenden Ellie mit und unterbrach seinen Tangoschritt kurz neben ihrem Stuhl, um seinen Rumpf über seine leblose Tanzpartnerin zu beugen und schließlich schwankend mit ihr die palmenbestandene Allee hinabzugleiten.

»Er hat mal ein paar Monate in unserer Botschaft in Buenos Aires gearbeitet«, erklärte Elizabeth leichthin und zündete sich in einer halbmeterlangen Zigarettenspitze aus Bambus eine Zigarette an. »Hat Tango tanzen gelernt wie ein Gaucho.«

Falls das Ellie noch nicht den Rest gab, dann war es garantiert Helmuts lüsterner Annäherungsversuch.

»Möchtest du mit mir tanzen, *mein Liebling*?«

Ellie sprang auf und sah hektisch auf ihre Uhr. »Ach du liebe Zeit. Schon so spät?«, stieß sie hervor. »Das hätte ich fast vergessen, Elizabeth. Wir müssen in einer halben Stunde einen Freund vom Flughafen abholen. Tut mir Leid. Es war ein Super-Mittagessen, aber jetzt müssen wir wirklich los. Wir machen bald mal eine Einladung bei uns. Freuen uns schon.«

Sie schob mich erbarmungslos auf unser Auto zu. »Lass uns ganz schnell von hier verschwinden!«, verlangte sie mit schriller und unverkennbar panischer Stimme. »Ich will nicht erleben müssen, wie dieser geile alte Sack und sein Kumpan ihre Ricky-Martin-Nummer an mir ausprobieren!«

In diesem Moment wechselte die aus dem Haus plärrende Musik zu dem passend betitelten »Blue Tango« über, und ein lautes Platschen, begleitet von einem erstickten Schrei, drang aus dem Swimmingpool-Bereich durch die Palmen.

»Vielleicht kühlt ihm das seine Glut«, murmelte Ellie und knallte die Autotür hinter sich zu.

Ich drehte den Zündschlüssel um. »Und wenn nicht«, ergänzte ich, »dann erspart es ihm wenigstens die Reinigungskosten für den Blazer.«

Das war das letzte Mal, dass wir Edward und Elizabeth sahen. Nette Leute, wenn auch ein bisschen exzentrisch, und klassische Beispiele für das überaus britische Stereotyp, sich in der eigenen kleinen Ecke einer fremden Umgebung trotzig an einen »überlegenen« Lebensstil zu klammern.

»Mögen sie noch lange in ihrem Reich herrschen«, sagte Ellie. »Aber mir ist eine Scheibe Brot, mit Tomate eingerieben, und ein nüchternes Schwätzchen vor der *casita* der alten Maria immer noch zehnmal lieber.«

Dazu gab ich meinen Segen.

SECHS

Eine Frage des Mitgefühls

»Hab was gefunden!«, rief Sandy. »Hier, bei den Kleinanzeigen im *Majorca Daily Bulletin*!«

Charlie sprang vom Frühstückstisch auf und blickte seinem Bruder über die Schulter. »Yeah! Wie wär's, Dad?«

Ich trank betont langsam einen Schluck Kaffee. »Sag mir lieber erst mal, was in der Anzeige steht.«

Doch Ellie hatte sich bereits vom Herd abgewandt und spähte nun ebenfalls neugierig über Sandys Schulter in die aufgeschlagene Zeitung. »Boxerwelpen!«, rief sie und konnte dabei ihre Begeisterung nicht verhehlen.

»Eine Tierhandlung in Palma«, ergänzte Sandy, und auch seine Augen glänzten vor Vorfreude.

»Mit gutem Stammbaum! Gescheckt! Und mit sämtlichen Impfungen!«, jubilierte Ellie.

»Aber nur noch zwei übrig«, mahnte Sandy mit einem kurzen besorgten Blick in meine Richtung. »Und die Zeitung ist von gestern. Könnte schon zu spät sein.«

»Aber da steht doch eine Telefonnummer dabei!«, warf Charlie hastig ein. »Ich ruf gleich mal dort an, okay?«

Ich hob abwehrend die Hand. »Ein bisschen Geduld, ja? Das ist die erste Anzeige für Boxer, die wir gesehen haben, aber es werden sicher bald noch viel mehr Welpen angeboten, selbst wenn die hier weg sein sollten. Also, wenn man einen brauchbaren Hund finden will, muss man ein bisschen mehr tun, als völlig überstürzt den erstbesten zu kaufen, wisst ihr. Außerdem können Tierhandlungen ganz schön fragwürdig sein. Es ist besser, man geht direkt zum Züchter.« Mit grimmiger Miene schüttelte ich den Kopf. »Ich finde, wir sollten warten.«

Es folgte eisiges Schweigen, in dem mich drei Augenpaare anfunkelten, wild entschlossen, mich dazu zu bringen, meine Meinung zu ändern – und wehe, ich tat es nicht.

Noch immer fiel es mir wesentlich schwerer, am Telefon spanisch zu sprechen, als eine Unterhaltung von Angesicht zu Angesicht zu führen. Das hängt vermutlich damit zusammen, dass man nicht sehen kann, mit wem man spricht, und nicht zur Unterstützung die Lippen des anderen lesen kann, ganz gleich, wie unbewusst man es auch tut. Doch in diesem Fall gelang es mir ohne allzu große Mühe, der Frau in der Tierhandlung mein Anliegen zu vermitteln, und ihre Antwort war auch leicht zu verstehen.

»Was haben sie gesagt?«, riefen drei Stimmen gleichzeitig, sowie ich aufgelegt hatte.

»Es ist nur noch ein Welpe übrig«, antwortete ich. »Ein Weibchen. Und die Frau hat versprochen, es für uns zu reservieren, bis wir es gesehen und uns dafür oder dagegen entschieden haben.«

»Optimal!«, verkündete Charlie. »Wir fahren alle hin! Die Schule kann den einen Tag gut auf mich verzichten, und –«

»Das kannst du gleich wieder vergessen, Charlie. Deine Mutter und ich müssen heute Morgen ohnehin nach Palma.

Beim Anwalt Papiere unterzeichnen. Wir setzen dich auf dem Hinweg an der Schule ab. Und Sandy –«

»Ich weiß, ich weiß«, seufzte er. »Ich habe versprochen, heute mit dem Traktor zum alten Pep rüberzufahren und ein Stück Land für ihn umzupflügen. Keine Sorge, bin schon unterwegs.« Er schlich lustlos auf die Tür zu, drehte sich dann um und sagte in feierlichem Ton: »Ich hoffe echt, ihr kriegt den Hund. Ich habe irgendwie das Gefühl, dass es ein guter ist.«

Wir hatten schon früher Boxer gehabt, und wie bei den meisten Fans dieser Rasse waren sie in unseren Augen Menschen ähnlicher als Hunden, vor allem wenn man das Glück hatte, einen zu ergattern, der überdurchschnittlich schlau war und dazu noch ein treues Wesen besaß. Eine Mischung von Vorzügen, die weder bei Hunden *noch* bei Menschen allzu häufig ist, aber wir hatten es meistens gut getroffen (zumindest bei Hunden!) und konnten nur darauf hoffen, dass uns das Glück erneut hold war.

»Hör mal«, sagte ich zu Ellie, nachdem wir Charlie an der Schule abgesetzt hatten, »mein ganzes Gerede von wegen ›Augen auf beim Hundekauf‹ war übrigens vollkommen ernst gemeint – vor allem bei einem Hund aus der Tierhandlung. Also sei so gut und werd nicht gleich sentimental und rührselig, wenn wir dort sind. Ich kenne dich. Vergiss nicht: Alle Welpen sind niedlich – auch kleine Köter mit einem miesen Stammbaum, die sich später zu vierbeinigen Albträumen auswachsen.« Ich holte kurz Atem, während ich uns im hektischen Stadtverkehr von Palma um eine besonders scharfe Linkskurve manövrierte. »Und denk auch daran«, fuhr ich fort, »dass wir hier nicht in Schottland sind und keine Ahnung von Mallorquiner Stammbäumen und dergleichen haben. Auch nicht von Preisen. Wir müssen unbedingt aufpassen. Wir könnten ohne weiteres übers Ohr gehauen werden, wenn wir nicht *ganz* vorsichtig sind. Außerdem ist es der letzte Welpe, der noch übrig ist. Wahrscheinlich der mickrigste aus dem Wurf.«

Ellie wahrte ihr geübtes diplomatisches Schweigen – wie ich aus den Augenwinkeln bemerkte, begleitet von einem entschlossenen kleinen Lächeln. Offenbar verschwendete ich meine Zeit. Wie üblich.

Die Tierhandlung lag auf der anderen Seite von Palma, in der Nähe der Plaça Pere Garau, und verströmte den üblichen Geruch eines Zoogeschäfts: eine unverkennbare Mixtur aus Sägemehl, Desinfektionsmittel und Mäuseköteln. Doch der Laden war makellos sauber, und die Besitzerin erwies sich als eine sehr sympathische Frau von sanftem Wesen.

»Schwanzlutschende Schwulensau!«, kreischte eine heisere Stimme hinter mir. Ich wirbelte herum und stand vor einem großen, bunten Papagei. Er trippelte auf einer frei hängenden Stange hin und her, wackelte ungeduldig mit dem Kopf und fixierte mich unverwandt mit einem seiner glänzenden Augen. Es war Feindschaft auf den ersten Blick, und ich sah mit großer Erleichterung, dass er an einem Bein eine Kette trug, die ihn an seinen Platz fesselte. Sein Schnabel hätte böse Schäden anrichten können.

Er habe einem Matrosen von dem amerikanischen Flugzeugträger gehört, der kürzlich vor Palma geankert hatte, erklärte uns die Ladenbesitzerin. Ein neuer Kapitän hatte das Kommando auf dem Schiff übernommen, festgestellt, dass einer aus seiner Mannschaft ein Haustier an Bord hatte, und ihm befohlen, es unverzüglich abzuschaffen. Deshalb stand der Vogel nun zu einem so günstigen Preis zum Verkauf. Er könne auch hervorragend sprechen, erläuterte sie eifrig – allerdings verstehe sie kein Wort von dem, was er sage, da sie kein Englisch könne. Aber vielleicht würde er sich ja als unterhaltsamer Gefährte für den *señor* eignen, meinte sie und warf mir einen hoffnungsvollen Blick zu.

Ich lehnte höflich, aber bestimmt ab.

»Verfickter Schweinepriester!«, krächzte der Papagei.

Ende der Unterhaltung.

Ellie kniete bereits neben einem kleinen Hundekäfig in der Ecke und gurrte in Babysprache hinein, während sie den Zeigefinger durch das Gitter steckte, um das eifrig leckende kleine Bündel darin am Kinn zu kraulen.

»Ah, die *señora* mag meine kleine *chiquilina*«, freute sich die Ladenbesitzerin, die hier sofort die besseren Verkaufschancen roch. Sie öffnete den Käfig und hob das zappelnde Hündchen heraus. »*Sí*, und meine kleine *chiquilina* mag die *señora* auch!«, sagte sie und reichte Ellie taktisch geschickt das Tierchen.

»Mm-m-m, bist du eine Süße«, gurrte Ellie, während die Zunge des Welpen ihr übers ganze Gesicht leckte und der kleine, kupierte Schwanz in ganzer Länge wedelte, wie es nur der Schwanz eines Boxers kann. »Ja, du bist ein süßes Mädchen, was?«

Genau die Reaktion, die ich befürchtet hatte. Liebe auf den ersten Blick. Allerdings musste ich mir selbst eingestehen, dass es in der Tat ein gut aussehendes Hündchen war, das ganz und gar nicht kleinwüchsig war, wie ich befürchtet hatte. Es war sogar ein ausgesprochen wohl proportioniertes kleines Tier. Über und über dunkel gescheckt, besaß es große braune Augen, die aus einem hübschen Gesichtchen blickten und ohne irgendwelcher Worte zu bedürfen »Nimm mich mit« flehten. Ich wollte gerade die Inhaberin fragen, warum ein so schöner Welpe als letzter des Wurfes unverkauft geblieben war, als ich den Grund dafür selbst sah: ein hässlicher Schorf oben auf dem Kopf. Ich wies Ellie darauf hin.

»Ah, *sí*«, sagte die Besitzerin, die meinen besorgten Blick gleich bemerkt hatte. »Eine kleine Schramme – eine harmlose Verletzung, die sie beim Spielen mit ihren Geschwistern abgekriegt hat. Nichts Schwerwiegendes, *señor*. Das ist bald abgeheilt.«

Vielleicht hatte sie Recht, doch ich wollte kein Risiko eingehen. Es hätte genauso gut eine Hautkrankheit sein können. Die ersten Anzeichen einer Scherpilzflechte womöglich. Ich war diesem Problem oft genug bei Rindern begegnet, und auch wenn es heilbar war, blieb es doch eine hoch ansteckende und unästhetische Krankheit, die man sich auf keinen Fall ins Haus holen wollte. Ich erklärte dies der Ladenbesitzerin, so gut ich konnte, und sie akzeptierte meine Einwände netterweise, ohne weiter auf einen Verkauf zu drängen. Andere Leute hatten diesem Welpen gegenüber bereits die gleichen Einwände vorgebracht, gestand sie, während sie Ellie das winzige Hündchen abnahm und es wieder in den Käfig steckte. »*No problema, señores.*«

Der Ausdruck tiefster Verzweiflung auf dem Gesicht der kleinen Kreatur reichte aus, um das härteste aller Herzen zu brechen. Dahin war die schiere Freude, von freundlichen Händen festgehalten zu werden, dahin waren die flüchtigen Momente der Hoffnung darauf, endlich aus ihrem einsamen Gefängnis befreit zu werden. Sie setzte sich einfach auf ihre Unterlage aus zerkleinertem Zeitungspapier und blickte zitternd und jämmerlich zu uns auf. Ein mattes, piepsiges Wimmern war ihr letztes Flehen um ein liebevolles Zuhause.

»Das arme kleine Ding«, flüsterte Ellie und bückte sich erneut hinab, um die samtschwarze Schnauze des Hündchens zu streicheln. »Wir könnten es zu einem Tierarzt bringen und untersuchen lassen«, schlug sie vor und sah mich mit einem verschwommenen Blick an.

Ich fühlte mich ohnehin schon mies, und diese Szene von fast dickensschem Pathos tat ein Übriges. »Das wäre nur grausam«, entgegnete ich in dem matten Versuch, Ellies Kummer zu lindern. »Wenn die Entscheidung des Tierarztes gegen es ausfällt, müssten wir es wieder hierher zurückbringen.«

»Aber sie ist so unglücklich«, wandte Ellie ein. »Schau sie dir nur an – das arme kleine Ding und noch dazu ein so schönes Hündchen.« Sie umfasste das verlorene kleine, kokosnussartige Gesichtchen.

Die Ladenbesitzerin sah mich an, hob eine Schulter und verzog die Miene zu diesem typisch spanischen Ausdruck der Ratlosigkeit.

»Der Züchter dieses Welpen«, begann ich, auf einmal voll neuer Hoffnung, » – Sie wissen nicht vielleicht, ob er in absehbarer Zeit mit einem neuen Wurf rechnet?«

»Der Züchter bin ich selbst, *señor*«, gab sie lächelnd zurück, »und *sí,* in drei Wochen gibt es einen neuen Wurf Boxer. Eine andere Mutter, aber derselbe Vater.«

»Also die gleiche Abstammung?«

»Sí, sí – exactamente!« Und stolz fügte sie hinzu, dass alle ihre Hunde von den Boxern mit den besten Stammbäumen ganz Spaniens abstammten. *»Muchos campeones! Pedigrís excelentes!«*

»Na also, Ellie!«, rief ich begeistert. »So machen wir es, ja? Wir kommen in drei Wochen wieder, und dann kannst du dir aus dem Wurf einen Welpen aussuchen! Was hältst du davon?«

Ellie hörte nicht auf, das Hündchen durch den Maschendraht des Käfigs zu streicheln. Sie sagte nichts, doch es war offenkundig, dass *das* hier der Welpe war, den sie wollte.

»Pass auf – ich sag dir was«, fuhr ich fort. Ich fühlte mich zwar immer noch schlecht, war aber nach wie vor überzeugt, die richtige Entscheidung getroffen zu haben. »Ich kaufe dir einen Kanarienvogel, der dir in der Zwischenzeit Gesellschaft leistet. So ein Kanarienvogel, ähm, weißt du, verbreitet im ganzen Haus heitere Stimmung mit seinem Gezwitscher und so. Sind tolle kleine Sänger, diese Kanarienvögel!«

Falls ich mich selbst überzeugt haben sollte, so ganz gewiss nicht Ellie. Sie schaute immer noch zu dem Hündchen zurück und tauschte hingebungsvolle Blicke mit ihm aus, als wir schließlich auf die Tür des Ladens zusteuerten – ich mit einem Kanarienvogel im Käfig und Ellie mit schwerem Herzen in der Brust.

»Verpiss dich, Arschloch!«, krächzte der Papagei, als ich an seiner Stange vorbeiging.

»Touché!«, murmelte ich mit gebeugtem Kopf und entsprechend gedemütigt.

Selbst der Kanarienvogel schwieg auf der langen Fahrt zurück nach Andratx, und nicht einmal das Angebot eines *menú del día* in einem unserer Lieblingslokale reichte aus, um Ellies trübsinnige Stimmung zu heben. Irgendetwas musste ich mir einfallen lassen, um sie aufzuheitern.

»Wir nennen ihn Mario Lanzarote!«, rief ich schließlich aus. »Mario Lanza, weil er auch Sänger ist, ja? Und das ›rote‹ hintendran, weil er ein Kanarienvogel ist! Klar?« Ich rang mir ein Lachen ab. »Lanzarote – du weißt schon, eine der Kanarischen Inseln!«

Ellie konnte dem Witz rein gar nichts abgewinnen. »Lass uns lieber zusehen, dass wir ihn nach Hause und aus dem Auto rausschaffen«, murmelte sie. »Du weißt ja, wie Kanarienvögel sind. Du willst doch sicher nicht, dass ihn die ekligen Abgase umbringen.«

Erneut senkte sich Schweigen herab.

»Hör mal, Ellie«, sagte ich nach einer Weile. »Du weißt, dass es ein Fehler gewesen wäre, den Welpen mit dem Schorf auf dem Kopf zu kaufen.« Ich versuchte, Mitgefühl zu beweisen und gleichzeitig ihr Urteilsvermögen anzusprechen. »Ehrlich, was hätte es denn für einen Sinn, einen Hund zu kaufen und ihn stante pede zum Tierarzt bringen zu müssen? Wir wären ja Trottel. Komm, sei fair – sogar die Frau aus dem Laden schien so zu denken.«

Ellie rang sich ein Seufzen ab. »Ja, du hast Recht, vollkommen Recht. Wir brauchen nur noch drei Wochen zu warten, weiter nichts.«

»*So* gefällst du mir schon besser! Genau, dann kriegst du

ein schönes Hündchen.« Ich tätschelte ihr das Knie. »Ein schönes Hündchen ohne Schorf auf dem Kopf, ja? Das beste vom ganzen Wurf, jawohl! Du wirst schon sehen – es ist das Warten wert.«

»Ja«, gab Ellie mit traurigem Lächeln zu, »und das niedliche kleine Hündchen dort wird *auch* ein gutes Zuhause finden ... irgendwann.«

Wir kamen wieder vor der Tierhandlung an, als die Besitzerin gerade zur nachmittäglichen *siesta* schließen wollte.

»Ah, *señores*!«, rief sie schmunzelnd. »Ich habe Sie schon erwartet. Und meine kleine *chiquilina* auch, *sí*?« Sie ging auf den Ladentisch zu, wo das Hündchen schon geduldig in einer kleinen Reisekiste aus Plastik wartete. Es wurde auf der Stelle munter, als es Ellie sah, stellte sich auf seine wackeligen Beinchen und wedelte hektisch mit dem Schwanz.

»Sag der Dame, dass wir die Kiste nicht brauchen«, bat Ellie, holte ihr geliebtes Hündchen heraus und herzte es. »Nur ein schönes, gemütliches Körbchen, ein kleines Halsband und Welpenfutter.«

»Ja«, gestand ich auf der zweiten Heimfahrt an diesem Tag, während ich auf das zusammengerollte, selig schlafende Tierchen auf Ellies Schoß herabblickte, »sie ist wirklich ein *bonny wee thing*, ein süßes kleines Ding.«

»Dann nennen wir sie doch so«, schlug Ellie vor.

»Ding?«

»Nein, du Dussel! Bonny! Wir nennen sie Bonny!«

In den folgenden paar Nächten wurde sie allerdings mit einigen anderen Namen bedacht, als ihre gejaulten Bemühungen, uns dazu zu bringen, sie oben bei den Menschen schlafen zu lassen, uns wach hielten. Doch sie gewöhnte sich an die Regelung wie alle Hunde, und es dauerte nicht lange, bis die warme Ecke am Küchenkamin, wohin wir ihr Körbchen gestellt hatten, zu ihrem ganz persönlichen und heiß geliebten Zufluchtsort wurde. Und ihre Liebesgeschichte mit Ellie, die unter dem feindseligen Blick eines unflätigen Papageis so ergreifend begonnen hatte, übertrug sich unverzüglich auf die ganze Familie. Bonny war etwas Besonderes. Das wussten wir. Aber, weitaus wichtiger, sie wusste es auch. Und wie alle kleinen Damen, die mit dieser speziellen Gabe gesegnet sind, lernte sie schon bald, das Herz eines jeden zu stehlen, der ihr begegnete – mit einigen bemerkenswerten Ausnahmen!

Nur um ganz sicher zu gehen, waren Ellie und ich am Morgen, nachdem wir Bonny gekauft hatten, mit ihr zu Gabriel Puigserver gefahren, dem Tierarzt am Ort, um den kleinen »Schönheitsfehler« an ihrem Kopf begutachten zu lassen. Und genau wie die Dame aus der Tierhandlung gesagt hatte, war es tatsächlich nur die Folge einer Verletzung beim Spielen, die – wie uns Gabriel versicherte – ohne jede ärztliche Behandlung in ein paar Tagen verschwinden würde.

»Da haben Sie ein schönes Tier erwischt«, sagte der Tierarzt, nachdem er sie gründlich untersucht hatte. »Eine gesunde kleine *chica* und hübsch dazu.« Er trat einen Schritt zurück, um einen taxierenden Blick auf Bonny zu werfen, die stolz auf seiner Liege stand und die geballte Aufmerksamkeit eindeutig genoss. »Einwandfreier Körperbau«, urteilte er. »Guter Stammbaum. *Sí*, da haben Sie einen guten Griff getan.«

»Ich wusste es von Anfang an«, sagte Ellie schmunzelnd und sammelte ihre kleine *chiquilina* auf. »Na komm, jetzt bring ich dich nach Hause, dann kriegst du eine Untertasse mit schöner warmer Milch, weil du beim Doktor so brav warst.«

Gabriel, der behauptete, kein Englisch zu sprechen, hatte zumindest *ein* Wort von dem verstanden, was Ellie gesagt hatte. Er hielt ihr warnend einen Finger vors Gesicht und riet ihr dringend davon ab, einem Welpen in diesem Alter Milch zu geben. Von Milch bekäme Bonny nur Magenverstimmung und würde wahrscheinlich krank – Durchfall sei die sichere Folge. Gekochter Reis mit zerkleinerten Resten von gegartem

Huhn und Gemüse sei alles, was Bonny im Moment brauche – und natürlich jederzeit Wasser. Aber Milch? Er drohte uns erneut mit dem Finger. »*Nunca!*« Niemals!

Tja, das war mir neu, aber man lernt ja nie aus, vor allem nicht als frisch gebackener Zugezogener in einem Land mit anderen Gebräuchen als den eigenen – und zweifelsohne mit den triftigsten Gründen dafür, sie zu praktizieren. Und schon bald sollte ich eine weitere Lektion bekommen …

***

»*Weh-ep!*«, kam ein Gruß vom Gatter.

»*Weh-ep!*«, rief ich zurück. Ich weiß nicht, was dieser Gruß bedeutet. Wahrscheinlich nichts Spezielles. Mit Sicherheit steht er nicht im Wörterbuch, aber auf jeden Fall begrüßen sich Mallorquiner vom Land auf diese Weise, und ich hatte es mir auch rasch angewöhnt.

Ich stand im Hof von Ca's Mayoral und nagelte ein winziges Vogelhäuschen aus Holz zusammen. Ellie hoffte, dass Blaumeisen darin nisten würden. Sie hatte einen oder zwei der farbenfrohen Vögel im Kiefernhain neben dem Haus herumflattern sehen und glaubte, dass die Zeit günstig dafür sei, sie zum Bleiben zu bewegen, nachdem Francisca Ferrers Bande räudiger Katzen endlich aufgehört hatte, die unmittelbare Umgebung ihres früheren Zuhauses zu kontrollieren. Ich war soeben damit fertig geworden, einen Vogeltisch zu bauen, und dieser lag nun neben mir auf der Erde.

»Es sind nicht genug Vögel in der Nähe«, hatte Ellie beklagt. »Mario Lanzarote braucht Gesellschaft – der arme kleine Kerl, wie er da ganz allein in seinem Käfig auf dem Balkon sitzt.«

Eigentlich hatte ich ihm seinerzeit in der Tierhandlung sogar eine Gefährtin kaufen wollen, doch die Ladeninhaberin hatte mir erklärt, dass man einen Kanarienvogel allein halten müsse, wenn man wolle, dass er singt. Was man in einem neuen Land nicht alles lernt! Doch die Tatsache, dass Mario seit seiner Ankunft keinen Ton von sich gegeben hatte, ließ mich darüber nachgrübeln, ob nicht mehr dazu gehörte, einen Kanarienvogel zum Singen zu bringen, als ihn nur einfach allein zu halten.

»Weh-ep!«, wiederholte der alte Pep und kam in seinem gemächlichen John-Wayne-Schritt über den Hof geschlendert.

Es war ein wunderbar warmer Aprilmorgen. Die Sonnenstrahlen hatten bereits die höchsten Grate der östlichen Berge erreicht, die Luft im Tal war feucht und vom verdunstenden Niederschlag der Nacht durchtränkt. Selbst in meinem dünnen T-Shirt war mir schon nach den ersten Handgriffen mit der Säge der Schweiß ausgebrochen. Doch der alte Pep – trotz seines fortgeschrittenen Alters »Señor Cool« persönlich – trug wie immer seine alte Bomberjacke aus Leder und hatte ein rotes Halstuch verwegen um den dürren Hals geknotet und die unverzichtbare schwarze Baskenmütze in die Stirn gezogen, um seine schwarzen Knopfaugen zu schützen, denen nichts entging. Die gewohnte selbst gedrehte Zigarette ragte ihm aus dem Mundwinkel, und seine Lippen verzogen sich zu einem angedeuteten schiefen Grinsen. Es war offensichtlich, dass er wissen wollte, was ich da trieb. Er stellte sich neben mich, sah ein Weilchen lang aufmerksam zu, blieb dabei allerdings auffällig still. Das Rasseln seines aus der Tiefe kommenden Atems und das begleitende Knistern seines glühenden *cigarrillo* verschmolzen mit dem rhythmischen Schaben meiner Säge.

»Qué pasa?«, stieß er schließlich hervor. »Was soll das werden?«

Ich spürte, dass mir eine verbale Abreibung bevorstand. »Für Vögel«, sagte ich, blickte auf und warf ihm ein verlegenes Lächeln zu. »Die sind, ähm … für Vögel.«

Eine Kaskade von Tabakfunken ergoss sich über mich, als Pep in schnarrendes Lachen ausbrach, das zwar eher eine Abfolge durch Rauch verursachter Würge-, Husten- und

Keuchlaute war als ein gewöhnliches Lachen, aber immerhin ein Lachen.

»Coño!«, prustete er und wischte sich eine Träne aus dem Augenwinkel, während er nach Luft schnappte. »Mit diesen Dingern fangen Sie nie einen Vogel! *Cuarenta putas!*«

»Vierzig Huren!« war die Bedeutung von Peps letztem Ausruf, ein seltsamer Fluch, den er sich für besondere Anlässe vorbehielt.

Ein schneller Themenwechsel war einen Versuch wert, dachte ich. »Hat, ähm, Sandy Ihren Acker neulich gut umgepflügt?«

Pep bohrte einen verhornten Zeigefinger in das kleine Loch, das ich vorne in den Blaumeisen-Nistkasten gebohrt hatte. *»Sí«*, schnaubte er, offenbar mehr an dem Loch als an meiner Frage interessiert. *»Sí, sí … gracias.«*

Doch zumindest hatte er zu lachen aufgehört, und sein Hohn schien einer gewissen Verwirrung gewichen zu sein. Das war ein Schritt in die richtige Richtung. Ich sah zu, wie Pep meine beiden hölzernen Kreationen einer genauen Musterung unterzog.

»Der Traktor«, hakte ich erneut in Sachen Themenwechsel nach, »– also, Sie waren doch ganz zufrieden damit, dass Sandy Ihren Acker mit, na ja … mit dem Traktor bearbeitet hat, oder?«

Pep wandte den Blick nicht von dem Blaumeisenhaus ab. *»Sí«*, krächzte er.

Unser mürrischer alter Nachbar hatte stets mit Nachdruck erklärt, dass er sich die Luft auf seinem Hof nie von einem Traktor verpesten, geschweige denn sein Land von ihm bearbeiten lassen würde. Daher war es mir seltsam vorgekommen, dass er Sandy kürzlich gebeten hatte, mit unserem kleinen Barbieri-Diesel zu ihm herüberzukommen und ihm zu helfen. Doch schließlich sollte ich eine Erklärung dafür erhalten – auch wenn sich Pep dafür Zeit gelassen hatte.

»Mi caballo«, murmelte er, sein Maultier als Pferd bezeichnend, wie er es – aus Imagegründen vermutlich – immer tat. *»Mi caballo estaba cojo.«* Sein Maultier habe gelahmt, erklärte er lässig.

Irgendwie klang Peps Erklärung in meinen Ohren nicht besonders überzeugend, doch offensichtlich würde ich mich mit ihr zufrieden geben müssen. Nachdem er mein Werk ausgiebig begutachtet hatte, sah er mir unverwandt in die Augen und erklärte mir, dass meine seltsamen Vorrichtungen vielleicht doch Potenzial besaßen. Allerdings wiesen beide den grundlegenden Fehler auf, dass sie keinen Mechanismus dafür hatten, um tatsächlich als wirkungsvolle Falle zu funktionieren.

»Ah, ja, schon – aber das liegt daran, dass es eigentlich keine –«

Pep brachte mich mit frostigem Blick zum Schweigen. *»Mire!«*, befahl er und wies mich an, zuerst den Vogeltisch zu betrachten. Die Theorie sei ganz brauchbar, räumte er widerwillig ein, doch hatte ich es versäumt, eine schnell entfernbare Stütze einzubauen – die selbstverständlich mit einem Stück Schnur aus der Ferne bedient werden konnte –, mit deren Hilfe man das Dach herunterfallen lassen und den Vogel oder die Vögel fangen konnte, die sich auf die Platte hatten locken lassen. Ein lobenswerter Versuch, aber viel zu kompliziert, lautete sein abschließendes Urteil. Ich solle alles auseinander nehmen und noch mal von vorn anfangen. Oder, was noch besser wäre, das ganze Ding auf den Müll werfen und mich für das viel einfachere und wirkungsvollere mallorquinische Äquivalent entscheiden: eine flache Steinplatte, mithilfe eines Stocks aufgestellt und wiederum mit einem Stück Schnur daran. Das gleiche Prinzip wie mein schottischer Entwurf, aber ohne jegliche Kosten, schneller aufzubauen, idiotensicher, erprobt und bewährt. *»Hombre,* einfach besser! *Comprende?«*

Ich öffnete den Mund, um noch einen Versuch zu unternehmen, ihm zu erklären, was diese beiden Gegenstände wirklich darstellten, doch Pep kam mir zuvor.

»Das hier, *amigo*, ist ein klein wenig interessanter«, sagte er mit überlegenem Nicken und nahm den Blaumeisenkasten in die Hände wie ein Antiquitätenexperte im Fernsehen. Er könne sehen, dass der Kasten speziell dazu gedacht sei, kleinere Vögel anzulocken, bestätigte er, indem er erneut den Finger in das Loch steckte. Rotkehlchen und so was. Das Loch sei natürlich ein bisschen zu klein, aber das sei ein Mangel, den man ja ganz leicht beheben könne. Allerdings stünden wir immer noch vor der grundlegenden Frage, wie ein Vogel, der in den Kasten schlüpfte, gefangen gehalten würde. Eine Klappe mit einem Scharnier über dem Eingangsloch wäre die einfachste Lösung – wiederum mit einem Stück Schnur aus der Ferne bedient.

Ich versuchte ein weiteres Mal, zu Wort zu kommen, doch Pep hob den Finger und hieß mich schweigen. Ein selbstzufriedenes Schmunzeln, das auf seinen bevorstehenden *coup de grâce* hinwies, zerknitterte sein zerfurchtes Gesicht. Wie, so wolle er höflichst anfragen, solle denn der Vogel überhaupt in die Falle gelockt werden? Sogar das klügste Rotkehlchen täte sich beim Darüberfliegen schwer, durch das massive Holzdach, das ich auf den Kasten genagelt hatte, eine Made oder einen Wurm zu erkennen. *»Correcto, amigo?«*

Mit resigniertem Achselzucken gönnte ich Pep den Moment des Triumphes. Ich konnte ihn die Sache genauso gut ganz durchziehen lassen. Offenbar war er noch lange nicht fertig, und – positiv betrachtet – lernte ich ja vielleicht sogar etwas Nützliches dabei. Ich sah ihn erwartungsvoll an.

»En todo caso«, fuhr er fort, »auf jeden Fall ist doch Folgendes die Frage: Sogar wenn Sie Glück haben und ein Rotkehlchen in dieser Falle fangen, wie wollen Sie denn *mehr* als eines fangen, hä?«

Diesmal zuckte ich mit den Achseln, um ihm zu bedeuten, dass ich nicht die geringste Ahnung hatte.

Ein Rotkehlchen zu fangen nutze niemandem etwas, erklärte er bestimmt. Man brauche mindestens ein Dutzend, um einen vernünftigen Auflauf zu machen – vielleicht sogar mehr, wenn es ein Eintopf werden sollte. Nicht dass er selbst je Rotkehlchen äße, wohlgemerkt. »*Coño,* viel zu viele spitze kleine Knochen, die einem zwischen den Zähnen stecken bleiben, was?« Die geringfügige Nebensache, dass Pep auch einen Brontosaurus humerus zwischen den meisten der weit auseinander stehenden Zahnruinen in seinem Mund hätte unterbringen können, blieb geflissentlich und vielleicht bezeichnenderweise unerwähnt.

»Aber wollen Sie etwas wissen, *vecino mío*?«, fuhr er fort und begeisterte sich immer mehr für sein Thema. Ein Hauch Vertraulichkeit mischte sich jetzt in seinen Vortrag. »Wenn Sie ein Rotkehlchen gefangen haben, haben Sie den Schlüssel dazu, ein Dutzend zu fangen.« Da das Rotkehlchen sein Territorium nach Leibeskräften verteidige und von aggressivem Charakter sei, so erläuterte er, griffe es jedes andere Rotkehlchen an, das in seinen Bereich einzudringen versuche. Häufig erfolge dann ein Kampf auf Leben und Tod. »Sie mögen ja sangesfreudige und betörende Piepmätze sein, Don Pedro, aber dahinter sind sie bösartige, mörderische kleine *bastardos*!« Also – und das war die Crux daran – musste man genau diesen territorialen Zug des Rotkehlchens ausnutzen, um es zu überlisten.

Bis jetzt hatte ich noch nie ein Rotkehlchen überlisten müssen, doch je mehr sich der alte Pep in das Thema hineinsteigerte, desto mehr faszinierte es mich. Ich verschränkte die Arme, schlug die Beine übereinander und lauschte.

Pep erklärte, dass man nur zwei Dinge brauche, um das entscheidende erste Rotkehlchen zu fangen: eine Tomate und etwas klebrigen Vogelleim. Die Tomate klebte man in dem

Wäldchen, wo das anvisierte Rotkehlchen lebte, oder wo auch immer an einer freien Stelle am Boden auf den Leim. Wenn das Rotkehlchen im Flug die rote Tomate sah, würde es, impulsiv und dumm wie es war, diese für ein anderes Rotkehlchen halten und herabstoßen, um anzugreifen. Dann bliebe es am Vogelleim kleben, und »*Oiga!*«, schon hatte man sein erstes Rotkehlchen. Anschließend ginge es nur noch darum, auf das Territorium des nächsten Rotkehlchens überzuwechseln, das erste Rotkehlchen in einem Klecks Vogelleim am Boden festzukleben und hinter einem günstig gelegenen Busch zu warten, bis das zweite Rotkehlchen wenige Minuten später zuschlug. Dieser einfache Vorgang würde dann den ganzen Wald hindurch wiederholt, bis man genug Vögel für seine kulinarischen Bedürfnisse zusammenhatte.

Auf einmal war meine Faszination zu Ekel geworden. Doch bei genauerem Nachdenken fragte ich mich, mit welchem Recht ich eigentlich diese Technik der Vogeljagd kritisierte. Schließlich war dies grundsätzlich auch nichts anderes, als eine Holzente in einem Feuchtgebiet auszusetzen und sich versteckt zu halten, bis ein Schwarm echter Tiere herangeflogen kam, um sich neben dem Lockvogel niederzulassen, und sie dann abzuknallen. Beide Methoden gingen darauf zurück, dass der Mensch Nahrung braucht, doch zumindest Letzteres wurde heutzutage als Sport praktiziert. Aber während ich das Glück habe, mich wie die meisten Menschen unserer Zeit an keinem von beiden beteiligen zu müssen, habe ich oft genug Ente gegessen, ohne mir etwas dabei zu denken. Und wenn man der Sache auf den Grund geht, dann ist in den Augen eines wirklich Hungrigen – abgesehen von der Größe – der einzig echte Unterschied zwischen einer Ente und einem Rotkehlchen der des Images. Anders ausgedrückt ist es eben das Pech der Ente, dass sie nicht auf Weihnachtskarten abgebildet wird!

Ob Pep derselben Philosophie anhing, weiß ich nicht, aber

er reagierte völlig entsetzt, als ich endlich dazu kam, ihm zu erklären, dass der wahre Zweck meiner zwei kleinen hölzernen Bauten tatsächlich der war, Vögel anzulocken – aber nicht um sie zu essen, sondern nur um sich an ihrem Anblick zu erfreuen. In der nun folgenden Tirade lernte ich ein paar neue Flüche auf *mallorquín*.

Was im Namen aller Huren der Hölle hatte ich mir da ausgedacht? War mein Kopf voller Schweinemist? War mir denn nicht klar, dass es das wichtigste Anliegen eines Obstbauern war, Vögel von den Plantagen im Tal *fern* zu halten? *Madre de Dios!* Und was glaubte ich wohl, warum sich so viele Männer die Mühe machten, Millionen von Drosseln, die während der Vogelzugzeit über die Pässe der mallorquinischen Hügelketten flogen, in Netzen zu fangen? Weil es ihnen Spaß machte, in der Dämmerung stundenlang bis zu ihren *cojones* im Heidekraut zu hocken?

»Ich dachte immer, das machten sie, weil in den Metzgereien große Nachfrage nach Drosseln besteht«, erwiderte ich matt.

Pep wäre fast explodiert. Sie zum Essen zu verkaufen sei lediglich ein Nebeneffekt der ganzen Übung, fauchte er. Der Hauptgrund dafür, dass man die Drosseln in Fallen lockte, war, dass sie sonst die Olivenhaine dezimieren und so die Lebensgrundlage unzähliger Familien ruinieren würden. *Hombre,* wenn ich mit diesem *loco* Plan weitermachte, mehr dieser fliegenden Hurensöhne ins Tal zu locken, so warnte er, würde ich *rápidamente* gelyncht!

Deutliche Worte, und ich hatte schon wieder etwas gelernt.

Genau in diesem Moment und aus Gründen, die nur ihm selbst bekannt sind, begann unser launischer Mario Lanzarote endlich zu singen.

Mit gerunzelter Stirn sah Pep zum Balkon hinauf, wo Marios Käfig hing. »Und«, knurrte er und stieß mich dabei vor die Brust, »diesen Kanarienvogel sollten Sie freilassen.«

»Wirklich?«, sagte ich verblüfft. »Warum das denn?«

»Weil es meiner Meinung nach, *amigo*«, erklärte er, »der Gipfel an Grausamkeit ist, einen Vogel im Käfig zu halten.«

***

Es war wirklich erstaunlich, wie schnell sich die Bäume von Pepe Suaus umfassenden chirurgischen Eingriffen ein paar Wochen zuvor erholten. In der Zwischenzeit hatte es einige heftige Regengüsse gegeben, und so hatten wir die Bäume bis jetzt noch nicht bewässern müssen, doch wir hatten begonnen, sie zu »füttern« (das spanische Wort für »düngen« war in unseren immer größer werdenden Wortschatz eingegangen). Unter Pepes Ägide hatten wir sämtliche Flecken oder Insekten, die an Rinde oder Laub auftauchten, besprüht. Wir lernten nach und nach einiges über uns zuvor unbekannte Tinkturen wie »Bordeaux-Mischung« und »Weißes Öl«, welche Baumleiden sie heilen sollten und wo und wann man sie anwandte.

Für Menschen wie uns, die an die Abläufe der Natur etwa 2500 kühlere Kilometer weiter nördlich gewohnt waren, war das vergleichbar hohe Tempo des Frühlingswachstums in diesem mediterranen Klima eine Offenbarung. Sogar eine Reihe von Gewächsen, die ich für eine Art großer Disteln gehalten und in meiner Unkenntnis »exotischer« Pflanzen bis zum Boden heruntergeschnitten hatte, waren rasch wieder gewachsen und zu etwas gediehen, was mir die alte Maria taktvoll als Artischocken ans Herz gelegt hatte. Wie mir die Menschen im Tal oft genug gesagt hatten, waren die besten Freunde des mallorquinischen Landwirts *»el bon sol y agua«* – die gute Sonne und das Wasser. Die Sonne war fast immer für alle da (manchmal wurde es fast zu viel!), doch beim Wasser sah es anders aus. Und wenn man aus einem Land kommt, wo Wasser im Überfluss und selbstverständlich verfügbar ist, begreift man nicht einmal ansatzweise, wie wertvoll es ist, bis die eigene Existenz davon abhängt, ob es fehlt oder vorhanden ist. Das mussten auch wir erst lernen.

In unserem ersten Winter auf Ca's Mayoral bezogen wir das Wasser für den Hausgebrauch aus dem *aljibe,* einem großen Wassertank unter der westlichen Terrasse des Hauses. Regenwasser wurde vom Dach direkt hineingeleitet, und gelegentlich hatten wir Wasser aus dem Brunnen auf dem abgelegensten Feld nachgefüllt. Wasser war kein Problem. Ja, es stand sogar in so üppigen Mengen zur Verfügung, dass wir Freunden, die zu Besuch kamen und ihr Wasser sonst kaufen mussten, angeboten hatten, ihre Fünf-Liter-Plastikkanister aus unserer sprudelnden Quelle aufzufüllen. Jedenfalls bis zu dem Tag, als mich Tomàs Ferrer dabei beobachtete, wie ich den *aljibe* mit aus dem Brunnen gezapftem Wasser auffüllte.

»Das können Sie doch nicht machen!«, stieß er hervor.

Da dämmerte mir, dass Samstag war. Die rechtliche Vereinbarung, die wir getroffen hatten, als wir den Ferrers den Hof abkauften, besagte, dass wir an Wochentagen das alleinige Nutzungsrecht am Brunnenwasser hätten, sie dagegen an den Wochenenden. Das, so wurde uns versichert, sei eine gebräuchliche Abmachung, wenn ein Hof verkauft wurde und der Verkäufer ein Stück Land behielt, wie es die Ferrers ja getan hatten, um ein Feld zu haben, auf dem sie zum Spaß arbeiten konnten, wenn sie an den Wochenenden von ihrer Wohnung in Palma herüberkamen. Selbst nach einem langen und erfolgreichen Berufsleben als lokaler Regierungsbeamter hatte Tomàs Ferrer seine bäuerlichen Wurzeln nicht vergessen und liebte es geradezu, jedes Wochenende diese zwei Tage auf seine kleine *finca* zurückzukommen.

»Tut mir Leid«, sagte ich und drehte hastig das Wasser ab. »Ich habe ehrlich vergessen, dass Samstag ist.« Tomàs nahm diesen Vorfall offenkundig sehr ernst – viel zu ernst, wie ich fand, und so versuchte ich die Sache herunterzuspielen.

»Wenn es an der Zeit ist, Ihr Land zu bewässern, ähm, na ja, dann pumpe ich Ihnen eben etwas von meinem Werktagswasser rüber, um es wieder gutzumachen, okay?«

Tomàs war nicht erfreut. »Wie lang pumpen Sie denn schon Brunnenwasser in den *aljibe*?«

»Na ja, quasi den ganzen Winter über – mehr oder weniger. Aber heute ist das erste Mal, dass ich es am Wochenende gemacht habe – ehrlich.« Ich hörte mich an wie ein Schuljunge, den man beim Äpfelklauen erwischt hat. Das war mir klar, und ich wusste, wie dumm das war, doch das lag an der Wirkung, die der dominante Tomàs Ferrer auf andere Leute hatte.

»Es ist nicht der Wochentag, der von Belang ist, *señor,* sondern die Tatsache, dass Sie es überhaupt tun.« Wasser aus einem offenen Brunnen wie dem auf Ca's Mayoral zu trinken, so fuhr er fort, sei gleichbedeutend mit Selbstmord. Dass wir noch nicht durch Vergiftung umgekommen waren, sei geradezu ein Wunder, und wir könnten von Glück sagen, dass es im Winter genug geregnet hatte, um das verschmutzte Wasser aus dem Brunnen zu verdünnen. »Riechen Sie nur mal!«

Er drehte den Schlauch auf und goss mir etwas Wasser in die gewölbten Hände. Und tatsächlich roch es etwas ungesund.

»Ratten«, sagte Tomàs, »Mäuse, tote Vögel, verfaulte Blätter – alles Mögliche könnte auf dem Grund dieses Brunnens liegen.«

Jetzt kam ich mir nicht nur dumm vor, sondern mir war auch noch schlecht.

»Sie haben zwei Alternativen«, fuhr er fort, »entweder Sie bauen ein teures Filtersystem ein, obwohl im Sommer gar nicht genug Wasser da sein wird, um die Bäume zu bewässern *und* das Haus zu versorgen, oder Sie tun das, was wir immer getan haben: Sie kaufen Ihr Trinkwasser vom Tankwagen.«

Auf einmal war die einfache Sache mit dem Wasser gar nicht mehr so einfach.

Tomàs führte mich zu einem Fallrohr, das von der Dachrinne in den *aljibe* reichte. »Sie müssen dieses Rohr von jetzt an bis zum Beginn der Herbststürme zumachen. Sämtlicher Sommerregen nimmt nichts als Staub und andere Schmutzpartikel von den Dachziegeln auf. Die Firma in Andratx, die das Wasser anliefert, heißt Pujol-Serra. Ich würde Ihnen empfehlen, sich sofort mit ihr in Verbindung zu setzen.«

Mit diesen Worten ging er und überließ es mir, mich mit einer kleinen Komplikation unseres Lebens auseinander zu setzen, die ich mir nicht hätte träumen lassen.

»Ach, *otra cosa*«, sagte er, während er stehen blieb und sich an der Ecke der Terrasse umwandte. »Noch etwas – diese flaumigen Nester in den Kiefern neben dem Haus: Das sind *procesionarios* – Raupen des Prozessionsspinners. Sie fressen die Bäume kahl. Ich würde Ihnen empfehlen, die Nester zu entfernen und sofort zu verbrennen.«

Damit ging er endgültig davon und überließ es mir, mich mit einem weiteren unerwarteten kleinen Problem auseinander zu setzen.

Die Raupe des Kiefernprozessionsspinners ist ein interessantes und verschlagenes Wesen. Sie lebt in großer Anzahl in Kokons, die aussehen wie Büschel weißer Zuckerwatte – ganz harmlos erscheinende, flauschige Bäusche, in denen die kleinen Kerlchen tagsüber schlafen und aus denen sie nachts in langen Reihen eine nach der anderen herausmarschieren, um ihren unersättlichen Appetit auf Kiefernnadeln zu stillen. Wenn die Zeit reif ist, steigen sie wiederum eine nach der anderen von den Bäumen herunter und entschwinden auf der Suche nach einem geeigneten Fleckchen Erde, in das sie sich eingraben können, um ein paar Monate später als Falter wieder herauszukommen. Seit sie in den Fünfzigerjahren versehentlich vom Festland eingeschleppt wurden, sind die *procesionarios* auf Mallorca zur Plage geworden und stehen bei den Ursachen für die Zerstörung der Kiefernwälder, die den Hügeln und Bergen der Insel ihre einzigartige Schönheit verleihen, gleich nach Waldbränden an zweiter Stelle. Wir mussten etwas tun, um der Bedrohung zu begegnen.

»Wie kriegen wir sie nur von da oben runter?«, fragte ich Sandy, während ich zu den vereinzelten Nestern hinaufstarrte, die von den oberen Ästen der hohen Kiefern hingen.

»Da gibt's nur eins«, antwortete er. »Einer von uns wird hochsteigen und sie abschneiden müssen.«

»Stimmt. Ich halte die Leiter.«

Doch die Leiter reichte nicht mal halb bis zum untersten Kokon, also musste sich Sandy auf waghalsiges Klettern verlegen, um zu ihnen vorzudringen. Er hatte eine kleine Baumsäge mitgenommen, um die Zweige mit den Nestern abzusägen, damit sie zu Boden fielen, wo sie schließlich verbrannt würden. Doch wie so oft entsprach die Theorie nicht ganz der Praxis.

»Es hat keinen Sinn«, rief er herunter. »Die Zweige sind viel zu dick für diese kleine Säge. Ich muss weiter raufsteigen und die Nester mit der Hand wegziehen.«

Das gefiel mir nicht. Und offenbar gefiel es dem alten Pep noch viel weniger. Gerade als Sandy nach dem ersten Nest greifen wollte, kam er mit der Schrotflinte in der Hand vom Weg herübergerannt.

»Nicht anfassen, Junge!«, brüllte er. »*Cuidado!* Weg da!«

Sandy duckte sich hinter den Hauptstamm des Baumes, während Pep anlegte und erst einen Kokon von den Zweigen fegte, dann den nächsten und nur nach jedem zweiten Schuss innehielt, um das Gewehr nachzuladen. Die Nester lagen auf dem Boden und spien ihren matschigen Inhalt von zerfetzten Raupen aus. Ich konnte keinerlei Anzeichen erhaltenen Lebens erkennen, doch Pep ging kein Risiko ein. Er schoss auf jedes herabgefallene Nest, bis alles in Fetzen dalag.

»Warum im Namen sämtlicher Holzgötzen der Christenheit haben Sie Ihren Jungen das tun lassen?«, fauchte er mich an. »Wissen Sie nicht, wie gefährlich diese *procesionarios* sind?«

»Gefährlich? Raupen? Kommen Sie, Pep – Sie machen wohl Witze?«

»Hätte ich eine ganze Schachtel Patronen verballert, wenn ich Witze machen würde?« Pep war wirklich außer sich. »*Hombre,* Sie können von Glück sagen, dass ich gemerkt habe, was hier los ist, sonst müssten Sie jetzt mit Ihrem Gewissen leben!«

»Das verstehe ich nicht. Ich habe nur getan, was mir Tomàs Ferrer geraten –«

»Ferrer! Das hätte ich mir denken können! Hat er Ihnen denn nicht gesagt, was passiert, wenn man eine *procesionario* berührt?«

»Nein – also, nein, hat er nicht.«

»Typisch! *Mire!*« Pep bückte sich und hob mithilfe eines Zweigs die Überreste einer Raupe auf. »Sehen Sie diese feinen Haare auf ihrem Rücken? Wenn Sie die berühren, bekommen Sie einen ganz schlimmen und schmerzhaften Hautausschlag. *Coño,* für Leute, die auf das Gift der *procesionarios* besonders empfindlich reagieren, kann es sogar tödlich sein!«

»Nett von Señor Ferrer, dir diese kleine Einzelheit zu verschweigen«, murmelte Sandy.

»Ferrer? Dem kann man nicht über den Weg trauen!« Pep fühlte sich inzwischen wieder mächtig überlegen. »Aber das ist nicht das Einzige, was er Ihnen hätte sagen sollen. Schlimmer als der Hautausschlag ist nämlich, dass Ihr Sohn, wenn er die *procesionarios* berührt und sich anschließend die Augen gerieben hätte, mit fast hundertprozentiger Sicherheit blind geworden wäre, *hombre*!«

Ich sah Pep an, dass das sein voller Ernst war. Mir war bereits in aller Deutlichkeit klar geworden, dass er nicht viel von Tomàs Ferrer hielt, und in diesem Moment hätte man mir nicht verdenken können, wenn ich mich seiner Meinung angeschlossen hätte. Nicht dass ich auch nur eine Sekunde lang vermutete, Tomàs habe es absichtlich unterlassen, mich vor der Gefahr zu warnen, die von den *procesionarios* ausging, doch sein Versäumnis hätte sich unter Umständen katastrophal auswirken können. Wenn das Problem mit den Prozessionsspinnern auf Mallorca allerdings so verbreitet war, wie unser alter Nachbar nun ausgeführt hatte, dann hatte Ferrer womöglich angenommen, dass ich über diese Tierchen im Bilde war. Das sagte ich auch Pep, der dies mit einem verächtlichen Schnauben quittierte. Worte waren überflüssig, um auszudrücken, wie er über diese Hypothese dachte.

»Was sollen wir denn jetzt mit den ganzen toten Raupen anfangen, Pep?«, wollte Sandy wissen.

»Sie allesamt sauber zusammenrechen, Benzin darüber schütten und verbrennen.«

»Sie werden also nicht einfach von Vögeln gefressen?«, fragte ich. Meine naive Frage veranlasste Pep zu weiterem Schnauben.

So giftig seien die Haare der *procesionarios*, sagte er, dass kein Vogel sie anrühren würde. »Außer«, fügte er nach kurzer Überlegung hinzu, »Kohlmeisen.«

Ich erwartete schon halb einen von Peps verschrobenen Witzen, aber nein, er war nach wie vor vollkommen ernst. Nicht viele Menschen hätten das Phänomen mit eigenen Augen gesehen, vertraute er uns an, doch er sei einer der wenigen Glücklichen – direkt hier unter den Kiefern, als der alte Paco noch den Hof bewirtschaftete.

»Kohlmeisen sind also immun gegen das Gift, oder?«, hakte ich nach und wartete immer noch auf eine Pointe.

Pep schüttelte heftig den Kopf. »Nein, nein – nicht immun, *amigo*. Nur schlau! Die Kohlmeise ist nämlich imstande, die Raupen umzustülpen, bevor sie sie verschluckt. Also«, erklärte er, während er die Schultern hochzog, »keine stechenden Haare, *no problema.*«

Weder Sandy noch ich konnten uns ein leises Kichern verkneifen, doch Pep, der wegen unserer offenkundigen Zweifel an seiner Behauptung schwer beleidigt war, überschüttete uns mit einer Reihe Schimpfwörter auf *mallorquín,* schulterte seine Flinte und stolzierte aufgebracht davon. Und so wenig glaubhaft Peps Geschichte von den Kohlmeisen auch im ersten Moment gewesen sein mochte, wurde mir doch später von einer hoch geachteten Kapazität in Sachen balearischer Fauna versichert, dass sie tatsächlich stimmte. Mit vielen zerknirschten Entschuldigungen haben wir Pep mittlerweile wieder milder gestimmt. Schließlich waren es ja seine Besorgnis und sein schnelles Eingreifen gewesen, die Sandy vor etwas bewahrt hatten, was sich zu einer äußerst unangenehmen Erfahrung hätte auswachsen können.

Mein weggeworfener Nistkasten wurde schließlich vom Müllhaufen geholt und in der Hoffnung, dass sich ein Kohlmeisen-Pärchen darin niederlassen und eine Familie neuer *procesionario*-Vertilger gründen möge, an eine der Kiefern genagelt. Doch leider kam es nie dazu – die schlauen kleinen Kerlchen vermuteten wahrscheinlich, dass der Kasten in Wirklichkeit eine von Peps Vogelfallen war.

SIEBEN

Ein Problem für Pepe

Der Tag, an dem Ellie und ich Pepe Suaus Einladung folgen sollten, um uns seinen Hof anzusehen, erwies sich als traumhaft. Der strahlende Sonnenschein des Spätfrühlings gab einen Vorgeschmack auf die heißen Sommertage, die noch kommen sollten. Als wir in die Einfahrt bogen, stieg bereits ein mittäglicher Hitzedunst vom Talboden auf und ließ die schroffen Grate der umstehenden Berge fast wie schimmernde Fata Morganas tanzen. Keine kalten Nebel schoben sich mehr durch die hohen Felsspalten und Pässe, keine Schatten vorüberziehender Wolken krochen dunkel über die bewaldeten Abhänge. Die Jahreszeit wandelte sich ein weiteres Mal.

Von Ca's Mayoral aus gesehen auf der anderen Seite von Andratx gelegen, nimmt das Anwesen Es Pou nur wenige Kilometer von der Stadt entfernt eine exponierte und privilegierte Position oberhalb eines breiten Tales ein. Das stattliche Haus war mir schon mehrmals aufgefallen, wenn ich hier vorbeigekommen war, und ich hatte es sehr bewundert, auch wenn ich dabei keinen Augenblick lang vermutet hätte, dass es Pepe gehörte. Doch genau hierher führte uns seine Wegbeschreibung, und je näher wir kamen, desto imposanter wirkte der Hof.

Das Haus hatte wirklich den mallorquinischen Titel *senyoríu* verdient, da es eher ein kleineres Herrenhaus als ein Bauernhaus war. Erneut fragte ich mich verwundert, warum Pepe, wenn er ein so großes Anwesen wie das hier besaß, freiwillig so schwer arbeitete und ständig in seinem mickrigen alten Seat herumfuhr, um seinen Baumzauber auf den kleineren *fincas* anderer Leute auszuüben.

Ein prototypisches mallorquinisches *senyoríu* ist für gewöhnlich zurückhaltend gestaltet, und zumindest die Fassade von Es Pou entsprach in meinen Augen dieser Beschreibung. Das Haus war solide, rechteckig und weiß verputzt und hatte ein sanft ansteigendes Dach aus ockerfarbenen Ziegeln. Fenster mit grünen Läden und gemalten Umrandungen reihten sich in regelmäßigen Abständen aneinander. In der Bemalung wiederholte sich das weiche Hellbraun der Natursteinmauern um die bestellten *bancales,* die sich in mehreren Terrassen übereinander immer steiler den dahinter liegenden Berghang hinaufzogen. Das Anwesen strömte ein Flair heiterer Würde aus. Felder auf beiden Seiten der langen Zufahrt glänzten mit ordentlichen Reihen von – wie erwartet perfekt gepflegten – Mandelbäumen, und das graubeigefarbene Erdreich dazwischen verschwand schon fast unter den bewachsenen grünen Furchen von Wintergetreide.

Wir sahen, dass uns Pepe, in seiner vertrauten Arbeitskluft, vor dem Haus erwartete. Er hatte sein bescheidenes kleines Lächeln aufgesetzt und bedeutete mir, durch einen Bogen zu fahren, der auf eine mit Kopfsteinen gepflasterte *clastra* führte, den geräumigen Innenhof, der für diese großen, alten mallorquinischen Anwesen so charakteristisch ist. Und wenn wir von der Außenseite des Hauses von Es Pou schon insgeheim beeindruckt gewesen waren, so waren wir restlos fasziniert von dem, was wir nun zu sehen bekamen.

Eine ausladende Palme beschattete einen alten Brunnen, der einen Ehrenplatz in einem von zweistöckigen Wirtschaftsgebäuden umschlossenen viereckigen Hof einnahm. Diese Gebäude waren nicht wie die Außenfassade des Hauses weiß verputzt, sondern trugen die Patina des Alters auf dem Beige ihrer warm getönten Steinmauern, was dem Ganzen eine behagliche Note verlieh. In der einen Ecke führte eine offene Treppe zu einem Heuboden im ersten Stock, während an der angrenzenden Wand zwischen einer Reihe bogenüberwölbter Wagenschuppen alte landwirtschaftliche Geräte (die, ihrem Aussehen nach zu urteilen, noch benutzt wurden) hervorlugten. Es war, als reiste man in vergangene Zeiten. Wir hatten schon ähnliche Anwesen gesehen, als wir als Touristen die Insel erkundet hatten: *clastras* wie dieses hier, die zu rustikal-schicken Freiluft-Restaurants umgewandelt worden waren – alte Gehöfte, in denen ein traditionell mallorquinisches Ambiente als Touristenattraktion »nachgebildet« worden war. Ein oder zwei dieser Lokale gingen sogar so weit, kostümierte Volkstanzgruppen und Musiker auftreten sowie Spitzenklöpplerinnen und Kunsthandwerker, die andere Techniken aus der »guten alten Zeit« beherrschten, ihr Können zeigen zu lassen. Manche hatten eine ganze Menagerie von Nutztieren zu bieten, darunter der obligatorische verschlafene Esel zum Streicheln für die Kinder. Solche Lokale können ganz interessant und unterhaltsam sein – ja, sogar durchaus einen Besuch wert.

Aber der Innenhof von Es Pou war echt. Das hier war eindeutig noch ein funktionierender Bauernhof. Doch war alles – meiner Vermutung nach aus rein praktischen Gründen – so sorgfältig erhalten worden, dass das Anwesen noch genauso aussah, wie es wohl vor hundert Jahren ausgesehen hatte.

Etwa ein Dutzend Hennen pickten zwischen den Pflastersteinen nach Körnern und Insekten. Ihr zufriedenes Gackern und Glucksen war das einzige Geräusch, das man in der fast ehrfürchtigen Stille des Innenhofs vernehmen konnte, wenn man von dem leisen Rauschen absah, das der Wind in den herabhängenden Palmwedeln auslöste. Pepes alter Hund, der bei unserer Ankunft mäßig interessiert von seinem Schlafplatz aufgesehen hatte, rollte sich herum und setzte sein Nickerchen vor dem warmen Hintergrund einer sonnengebleichten Scheunentür fort. Die Atmosphäre atmete zeitlose Ruhe, ein Umfeld von Geborgenheit verströmte ein Gefühl von Sicherheit und Abgeschiedenheit, zweifellos von den umgebenden Mauern der *clastra* bewirkt – in der Tat ein Kloster, wenn auch eines der weltlichen Art.

Pepe hieß uns mit höflichem Handschlag und dem verbreiteten Gruß »*Qué tal? Benvinguts!*« willkommen. Als wir erwähnten, wie wunderbar wir den Innenhof und dessen hervorragenden Zustand fanden, gestand er, dass er sich privilegiert fühle, Landwirt auf einem so schönen, alten Gut sein zu dürfen, und es lediglich als seine Pflicht und Schuldigkeit ansehe, die Tradition weiterzutragen, indem er den Hof auf angemessen respektvolle Weise in Schuss hielt.

Es war wirklich erfrischend, zu hören, wie sich jemand in Pepes glücklicher Lage so dankbar gegenüber seinem Erbe äußerte. Ich überlegte, wie oft ich solche Gedanken von ähnlich begünstigten Landwirten in Großbritannien gehört hatte. Weit musste ich nicht zählen.

Auf dem Weg über die *clastra* zum Haus blieb Pepe neben dem Brunnen stehen und erklärte uns, dass dies die sauberste und verlässlichste Wasserquelle im Umkreis einiger Kilometer und der Namensgeber des Hofes war: Wie wir vielleicht wüssten, sei »*pou*« das mallorquinische Wort für »Brunnen«. Ein großes *senyoríu* wie dieses um einen Brunnen herum anzulegen, fuhr er fort, sei auf Mallorca von jeher üblich gewesen; ja, es sei sogar absolute Notwendigkeit, vor allem auf den vielen *possessiós*, den riesigen Anwesen, die in einigen der höchsten und abgeschiedensten Täler des Tramuntana-Gebirges liegen. Im Gegensatz zu Es Pou, das nur wenige Minuten von der Stadt trennten, befänden sich einige der *possessiós* in den Hochebenen so weitab von den allgemeinen Verkehrswegen, dass einige von ihnen noch heute nicht mit einem Kraftfahrzeug erreicht werden könnten.

»Und es leben immer noch Menschen auf diesen Höfen und bewirtschaften sie?«, fragte ich.

»Pues, sí!«, antwortete Pepe leidenschaftlich. »Sie züchten Schafe und Ziegen und bauen Oliven an, wie sie es schon immer getan haben.« Er dachte einen Moment nach und fügte dann mit sehnsüchtigem Blick hinzu: »Aber nicht mehr so viele wie früher. Früher konnte man mit einem Jahresertrag Olivenöl von einer guten *possessió* ein Vermögen verdienen, sogar ich habe das noch erlebt. Aber die Zeiten sind vorbei. Und die Zeiten, als die Güter mit dem Nutzholz und der Holzkohle aus den Eichenwäldern Gewinn gemacht haben, sind auch für immer dahin. Von den jungen Leuten wollen nur noch die wenigsten diesen Weg einschlagen, also gibt es die Familien von Landarbeitern nicht mehr, die man braucht, um so weitläufige und schwierige Ländereien Gewinn bringend zu bearbeiten. Aber wer kann ihnen das schon zum Vorwurf machen?« Er zuckte resigniert die Achseln. »Es war noch nie eine leichte Art, sich sein Geld zu verdienen, sondern ein Leben, in das man hineingeboren wurde. Und dann die Gefahren, wenn man sich an so abgeschiedenen Orten aufhält! Ja, einige der abgelegensten Berg-*senyoríus* haben sogar Zinnen auf den *clastra*-Mauern, um die Banditen abzuschrecken, die solche einsamen Höfe immer wieder ausgeplündert haben.« Er schüttelte den Kopf. »Nein, nein, *señores* – keine leichte Art, sich sein Geld zu verdienen.«

Doch auch wenn er noch so sehr betonte, dass er die heutige Situation akzeptierte, mutmaßte ich, dass Pepe diesen lang vergangenen Zeiten nachhing, als das Leben zumindest für die Besitzer solcher riesiger Güter nicht ohne materielle Vorteile war. Die Abgelegenheit wäre schließlich nur dann ein Nachteil, wenn man es sich nicht leisten konnte, ihr zu entfliehen, um die Früchte seiner Mühen oder vielmehr derer seiner Arbeiter zu genießen, sooft einem der Sinn danach stand. Und ich zweifelte nicht daran, dass die großen alten *dueños* der mallorquinischen *possessiós,* eben wie wohlhabende Gutsbesitzer überall, genau dies getan hatten. Doch unser arbeitsamer und bescheidener Freund Pepe schien irgendwie nicht in das Schema eines Sohnes dieser begünstigten Kreise zu passen.

Mit der Erklärung, dass er uns zuerst den Hauptflügel zeigen wolle, führte er uns durch den Bogengang zurück zur rechts von der Toröffnung gelegenen Vordertür des Hauses, von wo aus man einen ungehinderten Blick auf die westlichen Ausläufer von Andratx und weiter bis zu den aufragenden Höhenzügen der Costé de Na Mora hatte. Passend zur Fassade des Hauses waren auch Eingang und Empfangshalle eindrucksvoll gestaltet, ohne jedoch im Geringsten protzig zu wirken. Und als uns Pepe vom Salon zum Speisesaal geleitete, von der Bibliothek zum Billardzimmer und vom Arbeitszimmer zur guten Stube, war der Gesamteindruck einer von Bescheidenheit, was Größenverhältnisse wie auch Einrichtung betraf. Zudem gingen die meisten Räume offenbar direkt ineinander über, da es im Grunde keine Flure gab.

Düstere Porträts von Generationen früherer Hausherrn blickten von altersdunklen Ölbildern herab. Dazwischen hingen an den strahlend weißen Wänden aufwendig gerahmte Bilder mit streng religiöser Thematik sowie verblichene Gobelins mit Jagdszenen aus vergangenen Zeiten. Die Möbel waren zwar antik und im typisch spanischen Stil gehalten, aber dennoch schlicht und funktional, nicht überladen. Es gab klobige Tische und Anrichten mit schmiedeeisernen Beschlägen, Esszimmerstühle mit aufrechten Lehnen und Sitzen aus steifem Leder und ebenso unbequem aussehende Sofas, die gepolsterten Kirchenbänken ähnelten. Sogar ein kleiner Flügel im Salon schien aufgrund seines ausgeprägten Mangels an Verzierungen ausgewählt worden zu sein.

Auch die Decken spiegelten dieses Flair von Einfachheit wider, indem sie anstatt mit aufwendigen Stuckaturen zu protzen, wie man sie in einem so stattlichen Haus hätte erwarten können, offene Balken aufwiesen, nicht anders als im einfachsten mallorquinischen Häuschen. Auch die Schlafzimmer im Obergeschoss, von denen wiederum viele ineinander übergingen, zeigten wenig Extravaganz. Die Möblierung war zwar von offenbar guter Qualität, aber dennoch mönchisch nüchtern. Nur das Elternschlafzimmer gab mit einem Himmelbett einem Hauch von Luxus nach, obwohl auch dieses Möbel den Eindruck machte, als sei es nicht unbedingt daunenweich.

Wie der Innenhof strahlte also auch das Innere des Hauses das Flair vergangener Zeiten aus, das Fluidum einer einfacheren, frugaleren Epoche, lange vor dem Aufkommen der heute als selbstverständlich erachteten Annehmlichkeiten. Aber während es zweifellos ein prächtiges Haus war, war es eben auch nur das – ein Haus, das eher einer sorgfältig konservierten, aber ziemlich leblosen Erinnerung an eine Vergangenheit entsprach als einem gemütlichen, bewohnten »Zuhause«.

Pepe führte uns zurück in die *clastra,* die steinerne Treppe hinauf, von der ich vermutet hatte, dass sie zu einer Art Speicherraum führte – vielleicht für Heu oder auch für Mandeln. Und es war auch ein Speicherraum, ein sehr großer sogar, aber leer und nicht zum Lagern von Feldfrüchten gedacht, wie er uns gleich erklärte.

Als er ein Junge war, so erzählte er, wohnten die Menschen, die auf dem Hof arbeiteten – damals elf Familien – in diesen einfachen Unterkünften über dem Innenhof. Dies war ihr Zuhause, das – auch wenn es wenig Wohnkomfort bot – das einzige Zuhause war, das die meisten von ihnen zeit ihres Lebens kennen gelernt hatten. Und trotz der spartanischen Bedingungen waren die Familien mit ihrem Los zufrieden gewesen – natürlich immer vorausgesetzt, dass der *dueño* des Hofes ein guter und fairer Arbeitgeber war. Wir blieben ein paar Minuten mit Pepe dort stehen, während er seinen Erinnerungen an eine Lebensweise nachhing, die unwiederbringlich verschwunden war, und an eine Zeit, in der dieses nun so stille Gut von morgens bis abends prallvoll mit Leben gewesen sein musste.

»Kommen Sie«, sagte er schließlich. »Ich möchte Ihnen einen ganz besonderen Ort zeigen.«

Er führte uns wieder über den Innenhof und ein paar Stufen hinauf zu einer Tür mit einem Torbogen, der, wie mir erst jetzt auffiel, unter einem kleinen, offenen Glockenturm lag. Pepe schob die schwere Eichentür auf, nahm die Mütze ab und winkte uns hinein. Es war eine winzige Kapelle von extremer Schlichtheit und doch vielleicht der spirituell bewegendste Ort religiöser Anbetung, den ich je betreten hatte. Pepe beugte den Kopf vor einer kleinen, geschnitzten Statue der Jungfrau Maria, die aus einer Nische über dem Altar gütig auf ihn herabsah. Wir hielten uns im Hintergrund und überließen ihn seiner stillen Andacht.

In seinen Augen standen Tränen, als er schließlich wieder aufsah. »Jeden Morgen«, sagte er, »wurde die Glocke geläutet, und sämtliche Familien auf dem Hof, alle, vom kleinsten Baby bis zum ältesten Großvater, versammelten sich hier mit dem *dueño* zum Gebet, bevor die Männer hinaus aufs Feld zogen und ihr Tagwerk begannen. Und abends das Gleiche. Die Glocke hieß die Landarbeiter zu Hause willkommen und rief sie mit ihren Familien hierher, wo sie sich für die unversehrte Rückkehr vom Feld bedankten.« Er lächelte und seufzte. »Die einfachen Freuden eines einfachen Lebens. Ich kann Ihnen gar nicht sagen, *señores,* wie ich die Zeiten vermisse, als dieses Anwesen und vergleichbare andere mehr waren als nur Bauernhöfe oder Landgüter. Es waren Gemeinschaften, wo man geboren wurde, heiratete, eine Familie gründete, sein ganzes Leben verbrachte und schließlich starb, in einer Umgebung, wo alles und jeder vom anderen abhing. *Sí* – die Zeiten waren manchmal schwer, aber meistens doch glücklich.«

Stolz zeigte uns Pepe einige der Nebengebäude, die außerhalb des Innenhofes lagen und in denen Nutztiere untergebracht waren, darunter ein paar Ställe voller besonders gut genährter und gesund aussehender Schweine sowie einen größeren Stall, der in den unerträglich heißen Sommertagen als Unterschlupf für seine Schafherde diente. Er lächelte erneut nachdenklich und erzählte von einem alten Hirten auf Es Pou, der, als Pepe noch ein kleiner Junge war, stets der alten Tradition gefolgt war, während der heißesten Stunden des Tages zu schlafen, wenn auch die Schafe schliefen, und dann die ganze Nacht mit ihnen auf der Weide blieb und seinen Schützlingen etwas auf den *xiramías* (einem kleinen mallorquinischen Dudelsack) vorspielte, während sie in den etwas kühleren Stunden der Dunkelheit vor sich hin grasten.

Abgesehen von einem kleinen Hain beneidenswert üppig wirkender Orangenbäume neben den Hauptgebäuden schienen alle Felder in Sichtweite der Mandelerzeugung gewidmet zu sein. Freilich habe es früher einmal unzählige Olivenbäume auf dem Gut gegeben, räumte Pepe ein. Damals seien in der Umgebung von Andratx genug Oliven gewachsen, um dreißig Ölmühlen in Gang zu halten. Doch auch das hatte sich mit der Zeit unaufhaltsam verändert, und nun gab es fast nur noch Mandeln, außer natürlich in wasserreichen Tälern wie dem unseren. Dort hatte sich der Obstbau ausgebreitet: Orangen, Zitronen, Pfirsiche, Aprikosen – all die verschiedenen Obstbäume, die wir auch auf Ca's Mayoral hatten.

»Aber Ca's Mayoral ist winzig im Vergleich zu diesem Anwesen«, sagte ich, »und wir tun uns schon manchmal schwer damit, die ganze Arbeit zu schaffen. Also, ich will ja nicht neugierig erscheinen, aber wie schaffen Sie und Ihr Sohn es, allein einen solchen Hof zu bewirtschaften, wenn dazu früher elf Familien notwendig waren?«

»Ach, irgendwie geht es schon«, lachte Pepe. »Wir versuchen gar nicht, so viel zu erzeugen wie früher, und die Mechanisierung ist auch hilfreich. Außerdem können wir immer noch Aushilfskräfte einstellen, die mit anpacken, wenn es hektisch wird – vor allem bei der Mandelernte.«

Er führte uns zurück in die *clastra* und durch eine gegenüber dem Torbogen zu den Haupträumen gelegene Tür.

»Und jetzt müssen Sie meine Frau kennen lernen«, sagte er und stellte uns einer liebenswürdigen kleinen Frau in einer geblümten Kittelschürze vor. Sie backte gerade etwas in einem mit Holz beheizten Ofen, der in einer ziemlich voll gestopften Kombination aus Küche und Wohnzimmer stand, einem Raum, der einen deutlichen Kontrast zu den nobleren Wohnräumen bildete, die wir zuvor besichtigt hatten, und der nichts als Wärme und Heiterkeit ausstrahlte. Señora Suau wischte sich das Mehl von den Händen und forderte uns herzlich auf, an einem gescheuerten Tisch aus Kiefernholz Platz zu nehmen, der gerade groß genug für vier Personen war. Zwei ziemlich abgenutzte, aber bequem wirkende Sessel standen in einer heimeligen Kaminecke vor dem offenen Feuer, und ein Sortiment von irdenem *greixonera*-Geschirr war ordentlich rechts und links davon in Regalen untergebracht. Es war unübersehbar, dass Pepe und seine Frau beschlossen hatten, diesen Raum als Wohnzimmer zu nutzen und die eleganteren Etagen im Hauptflügel des Hauses gegen den bescheidenen, alltäglichen Komfort einer funktionalen Bauernküche einzutauschen.

Seine Frau habe eine besondere Leckerei für uns zubereitet, verriet uns Pepe und schmunzelte selbst vor Vorfreude, als sie ein Blech mit zartem, länglichen Kleingebäck aus dem Ofen nahm.

»›*Sospirs de Manacor*‹«, verkündete sie lächelnd – »›Seufzer von Manacor‹«. Es sei eine typische Köstlichkeit, erklärte sie uns, basierend auf einem maurischen Rezept aus Mandeln, Zitronenschale und Gewürzen. Man sagte, dass das Rezept in der Stadt Manacor auf der östlichen Seite der Insel seinen Ursprung habe. Und das Ergebnis dieser Kreation, so musste ich zugeben, entsprach dem romantischen Namen. Verführung, die auf der Zunge zerging.

Aber trotz des köstlichen Gebäcks gewann meine Neugier schon wieder die Oberhand. Ich wollte Pepe unbedingt fragen, warum er freiwillig so schwer arbeitete und bewusst in diesen vergleichsweise engen und bescheidenen Räumen lebte, wenn auf der anderen Seite des Torbogens Wohnraum in unbegrenztem Umfang zur Verfügung stand. Außerdem interessierte mich brennend, warum seine Frau selbst niedere Küchenarbeiten verrichtete – auch wenn es ihr offenbar Spaß machte –, wo man doch von einer Frau in ihrer Position normalerweise erwarten würde, dass sie eine Haushaltshilfe hätte. Doch Pepe sollte mir die unvermeidliche Peinlichkeit ersparen, derart unhöfliche Fragen über ihre persönlichen Verhältnisse stellen zu müssen.

»Gefällt Ihnen das Anwesen Es Pou, Señor Peter?«, fragte er.

»Ja. Es ist herrlich. Sie können sich glücklich schätzen, Pepe.«

»Möchten Sie es kaufen?«, fragte er unvermittelt.

»Also, ähm, ja, gern«, stotterte ich völlig perplex. »Ich wollte sagen, nein – oder vielmehr ja, natürlich. Aber der Preis könnte meine Mittel ein bisschen übersteigen, fürchte ich.«

Ich sah Pepe vorsichtig an und suchte nach einem Hinweis

in seiner Miene, der mir sagen würde, dass er mich auf den Arm nahm. Aber es war offenkundig, dass er keineswegs scherzte. Genauso wenig wie seine Frau, die wie er nun erwartungsvoll mein Gesicht musterte.

Ich stieß ein unsicheres kurzes Lachen aus und erklärte ihnen, dass ich erst einmal in der *lotería* gewinnen müsse, bevor ich an den Kauf eines so großen *senyoríu* denken könne.

Doch Pepe ließ sich nicht so leicht abspeisen. Das Haus sei schön, sagte er, aber alt und weder mit einer Zentralheizung für die kalten Winternächte noch mit einer Klimaanlage für den Sommer versehen. Das werde sich im Preis niederschlagen, ebenso wie der Wert des Ackerlands: Ein großer Hof im Trockenfarmsystem koste nie auch nur annähernd so viel pro Hektar wie eine intensiv bebaute und bewässerte *finca* wie Ca's Mayoral.

»Nein«, murmelte ich, »aber wenn man diesen niedrigeren Preis pro Hektar mit ihrer Anzahl auf der großen Fläche von Es Pou multipliziert, käme trotzdem eine Summe heraus, angesichts deren der Filialleiter meiner Bank Selbstmord begehen würde – und zwar durch Totlachen.«

»Perdón?«, hakte Pepe interessiert nach, da er meine auf Englisch gemurmelten Erwägungen nicht verstanden hatte.

Langsam wurde es kompliziert. Pepe meinte das Angebot offenbar wirklich ernst, aber so gern ich auch ein großes Landgut wie Es Pou auf Mallorca gekauft hätte, lag dies eindeutig außerhalb unserer finanziellen Reichweite. Das erklärte ich Pepe und seiner Frau. Die Enttäuschung in ihren Blicken war unverkennbar. Ich wartete einen Moment lang und fasste dann Mut, um die Frage zu stellen, die mir auf der Zunge lag: Warum hatten sie beschlossen zu verkaufen?

Pepe wandte die Augen nicht von mir ab, und seine erwartungsvolle Miene nahm einen ungläubigen Ausdruck an. Er wechselte einen Blick mit seiner Frau.

»Entschuldigen Sie bitte, *señor*«, sagte er nach einem Moment. »Ich hoffe, Sie halten uns nicht für unhöflich, aber Ihre Frage zeigt, dass Sie die Sachlage falsch verstanden haben. Sie müssen wissen, dass Es Pou nicht mir gehört.«

»Aber – aber Sie haben doch gesagt, dass Sie hier der Bauer sind.«

Pepe zog die Augenbrauen hoch und schüttelte den Kopf. Der enttäuschte Blick legte sich wieder über seine Züge. »Ich bin ja auch der Bauer auf Es Pou«, sagte er betont. »Aber hier auf Mallorca bewirtschaftet der Bauer, *el agricultor,* eines so großen Gutes den Hof nur im Namen des Besitzers, des *señor*. Und es ist, so wie hier, sehr häufig der Fall, dass der *señor* gar nicht auf dem Anwesen lebt – zum Beispiel weil er einen Beruf ausübt oder ein Geschäft in der Stadt hat, womöglich sogar auf dem Festland.«

Jetzt passten die Puzzlestücke endlich zusammen.

Pepe führte weiter aus, dass es in solchen Fällen üblich sei, den Bauern den gesamten landwirtschaftlichen Betrieb im Auftrag des Besitzers führen zu lassen, wofür er, der *agricultor,* entweder einen bescheidenen Lohn bekam oder einen entsprechenden Anteil am jährlichen Gewinn des Unternehmens – falls es einen abwarf. Außerdem würde von ihm erwartet, dass er wie Pepe ständig auf dem Hof lebte, und zwar in angemessenen Räumen, die der *señor* gratis zur Verfügung stellte.

Endlich begriff ich, warum Pepe und sein Sohn bei ihren auswärtigen Aufträgen so hart arbeiteten. Und das gesamte Ausmaß der Zwangslage, in der er sich befand, wurde mir nun auch in aller Deutlichkeit klar.

Pepe griff meine Überlegungen auf. »Verstehen Sie?«, fuhr er fort. »Wenn der derzeitige *señor* von Es Pou das Gut an jemanden verkauft, der meine Dienste nicht in Anspruch nehmen will ...«

»Dann haben Sie keine Arbeit mehr?«

»*Claro,* aber nicht nur keine Arbeit, sondern auch keine Wohnung mehr.«

Jetzt wurde mir klar, warum Pepe in manchen Momenten während seiner Führung durch das Anwesen so sentimental geworden war, vor allem als er uns die kargen Unterkünfte der früheren Landarbeiterfamilien gezeigt hatte und ganz besonders in der kleinen Kapelle. Es Pou und die lebenslangen Erinnerungen, die es barg, bedeuteten ihm offenbar sehr viel, und ich sah jetzt, dass ihm der bloße Gedanke daran, das alte Haus verlassen zu müssen, fast das Herz brach.

»Pepe hat mir von Ihren Söhnen erzählt«, ergriff nun Señora Suau das Wort, wobei sie sich angestrengt darum bemühte, eine heitere, optimistische Miene aufzusetzen. »Er hat mir erzählt, wie fleißig sie sind.« Sie nickte begeistert mit dem Kopf. »Genau wie ihre *mamá y papá, sí*? Ach, stellen Sie sich nur vor, wie schön es für die beiden wäre, wenn sie nach Es Pou zögen! Jede Menge Platz in dem großen Haus, wenn sie mal heiraten und selbst Kinder haben! Und dem Hof täte es auch gut! Wenn Ihre Familie neben Pepe und unserem Sohn Miguel und seiner Familie hier arbeiten würde – *hombre,* dann wäre es fast wieder wie in alten Zeiten!«

Wie sehr wünschte ich mir, wir hätten einen Weg finden können, uns ihrem Traum anzuschließen. Wirklich, nichts wäre mir lieber gewesen. Und die Tatsache, dass Pepe und seine Frau uns dermaßen schmeichelten, machte es nur umso schwerer, ihnen auseinander zu setzen, dass finanzielle Gegebenheiten es selbst beim besten Willen ausschlossen, das wunderbare Angebot anzunehmen, das sie uns so aufmerksam unterbreitet hatten. Unsere Gastgeber akzeptierten meine Ausführungen mit Takt und Höflichkeit, wünschten uns alles Gute und luden uns ein, sie bald einmal wieder zu besuchen.

Doch obwohl wir uns mit kräftigem Händeschütteln und fröhlichen »*Hasta luegos*« am Torbogen von Es Pou von den Suaus verabschiedeten, wussten wir, dass solche Nettigkeiten das umfassende Gefühl der Traurigkeit nur notdürftig überdeckten, das wir alle vier verspürten. Ellie und ich konnten nur hoffen, dass ihr *señor* einen verständnisvollen und würdigen Käufer für das Anwesen finden möge …

Oder dass wir doch in der Lotterie gewinnen würden!

Acht

Stürmische Ereignisse in der Drachenhöhle

Da Samstag war, hatte Charlie morgens bei einem Basketballmatch seiner Schule mitspielen müssen – das Team seiner Klasse gegen eines von der Amerikanischen Schule in Portals Nous, oberhalb der Bucht im Westen Palmas. Sandy, stets dazu aufgelegt, über das sportliche Können seines kleinen Bruders »ordentlich abzulachen«, wie er es ausdrückte, hatte sich bereit erklärt, ihn dorthin zu fahren, und zwar unter der Bedingung, dass wir uns später alle zum Mittagessen träfen. Da es ein so herrlicher Tag war, hatten wir uns für ein am Meer gelegenes Lokal entschieden, und so waren Ellie und ich am unteren Ende der Einfahrt von Es Pou rechts abgebogen und in Richtung des Fischerdorfs Sant Elm gefahren.

Während die ehemals kurvenreichen Straßen, die zu einigen der rasch wachsenden Küstenorte in dieser Ecke Südwest-Mallorcas führten, begradigt und verbreitert worden waren, um dem kontinuierlich anwachsenden sommerlichen

Strom von Touristenfahrzeugen gerecht zu werden, bot die Straße ins verschlafene Sant Elm dem nicht mit ihr vertrauten Fahrer immer noch eine gewisse Herausforderung. Denn obwohl sie geteert und in gutem Zustand war, glich sie nach wie vor eher einem Weg als einer Straße. An manchen Stellen war sie gerade breit genug, dass zwei Fahrzeuge aneinander vorbeikamen – und das auch nur, wenn man genau aufpasste. Aber wir waren die Straße schon einmal gefahren und von der puren Schönheit der Landschaft hier derart fasziniert gewesen, dass wir etwaige kleinere Verkehrsrisiken, die uns unterwegs begegnen mochten, gern in Kauf nahmen.

Hinter Andratx führt die Straße rasch aus dem Tal hinaus und windet sich steil hinauf über einen zerklüfteten Pass zwischen den beiden Bergen Molins und Sa Font hindurch. In einer der engen Haarnadelkurven, die auf dieser Strecke uneinsehbar aufeinander folgen, einem Reisebus zu begegnen ist ein Albtraumszenario, gegen das man sich nur betend wappnen kann. Jedenfalls waren wir davon ausgegangen, dass die Wahrscheinlichkeit einer derartigen Begegnung so früh in der Saison minimal wäre, und zum Glück erwies sich dies als zutreffend. Das Glück begünstigte uns außerdem in Form des klapprigen Citroën 2CV eines alten *campesinos*, der schneidig vor uns die gewundene Steigung hinaufstotterte und Benzindämpfe ausstieß, während er röhrte wie ein Diesel. Immerhin hatte er derart zu kämpfen, dass das Tempo auf einem Niveau blieb, welches es mir gestattete, hin und wieder lang genug den Blick von der Straße abzuwenden, um die Umgebung zu bewundern.

Obwohl wir durch einen Ausläufer des Tramuntana-Gebirges fuhren, das auch unser Tal beherrscht, war die überwältigende Erhabenheit der Berge hier um so vieles näher, dass es wirklich atemberaubend war. Die Kiefern- und Steineichenwälder, die am Straßenrand begannen, streckten ihre grünen Finger bis hinauf zu den höchsten Bergketten aus.

Die Bäume klammerten sich auf wundersame Weise an mächtigen Auskragungen taubengrauer und lachsfarbener Felsmassen fest, als hätten sie im Stein selbst Wurzeln geschlagen. Wenn man das Wagenfenster herunterdrehte, wehte das omnipräsente Aroma von Wacholder und Thymian und hundert anderer betörender Düfte herein, während der Klang von Vogelgezwitscher über den trägen Rhythmus der zirpenden Grillen in den Büscheln wilden Fenchels am Straßenrand triumphierte. Als wollten sie bekräftigen, dass der Sommer unaufhaltsam nahte, hatten sich die kleinen Granatapfelbäume, die wild über die den Berg von der Straße trennenden honiggelben Steinmauern herüberwuchsen, bereits mit vereinzelten scharlachroten Blüten geschmückt.

Nachdem wir die Passhöhe überwunden hatten und im Zickzackkurs nach S'Arraco hinuntergerollt waren, einem Dorf, das sich in einem breiten, fruchtbaren Becken sonnt und Visionen eines mallorquinischen »Sleepy Hollow« heraufbeschwört, führte die Straße weiter durch eine Schlucht, die auf einer Seite von überhängenden Kiefern bestanden ist. Auf der anderen Seite fällt das Terrain steil in ein enges Tal ab, das dem Verlauf eines Baches folgt, den man allerdings unter üppigen Bambuswäldchen nicht sehen kann. An seine Ufer grenzen schmale Felder fetten Ackerlands, die sich auf dem Weg des Bächleins zum Meer beiderseits fächerförmig ausbreiten.

Obwohl Sant Elm von der massiven Zunahme des Tourismus nicht völlig unberührt geblieben ist, ist es doch immer noch ein relativ ruhiges Refugium, das sich um eine kleine Bucht von bezaubernder Schönheit schmiegt. Die Bucht läuft im Anschluss an einen Keil aus goldenem Sand am Dorfeingang in einer spektakulären Sichel aus. An der entfernteren Seite wird das türkisfarbene Wasser von einem Hufeisen aus Bergen abgeschirmt, deren steil abfallende Flanken in Landspitzen übergehen, die vertikal ins Meer stürzen. Doch erst wenn man die schmale Hauptstraße bis in die Nähe des »Hafens« entlanggegangen ist, kann man die eindrucksvollsten Ausblicke auf die spektakuläre Landschaft genießen, mit der diese abgelegene Ecke der Insel gesegnet ist.

Wir parkten das Auto in einem kleinen Gässchen. Die einzigen Lebenszeichen vor den niedrigen weißen Häusern waren zwei ungesellig wirkende Katzen, die sich über dem verstreuten Inhalt einer Plastik-Mülltüte ein Fauch- und Knurrgefecht lieferten. Doch zu unserer Erleichterung hing der appetitanregende Duft von gebratenen Sardinen in der salzigen Seeluft – ein willkommener Hinweis darauf, dass zumindest eines aus dem nahe gelegenen Trio von Bar-Restaurants am Meer geöffnet haben musste, obwohl die Touristensaison noch nicht begonnen hatte. Wir waren ein bisschen früher dran, als wir mit Sandy und Charlie vereinbart hatten. Doch das war uns ganz recht, weil wir so Gelegenheit hatten, die heitere Atmosphäre des Ortes zu genießen, bevor wir in den Fängen des unvermeidlichen Bärenhungers der beiden Jungen in ein Lokal gejagt würden.

Am Ende des Gässchens eröffnete sich ein Panoramablick aufs Meer, der von der Landspitze der Bucht weit nach links reichte, bis hinüber nach Sa Dragonera, einer mit Buschwerk bewachsenen Insel, die den Horizont westlich von Sant Elm beherrscht wie ein sich zurücklehnender Riese – oder Drache, je nachdem, wie viel Fantasie man besitzt. Ein Dunstfleck hing direkt unterhalb des höchsten Punkts der Insel und ließ die winzige Einsiedelei von Dragonera magisch am klaren Himmel schweben. Das Bild erinnerte an die mystische Aura dieser Gegend, die vor langer Zeit einmal Trappistenmönche veranlasst hatte, ihr heute zerstörtes Kloster Sa Trapa auf einem abgeschiedenen Stück Steilküste über dem Meer zu bauen, zu dem ein schwieriger und steiniger Weg über den im Norden des Dorfes gelegenen Berg führte.

Bis vor gar nicht langer Zeit gelangte man am leichtesten

mit dem Boot in diese abgelegene Ecke Mallorcas. Und natürlich hatten Leute mit modernem Unternehmergeist ganz schnell das kommerzielle Potenzial dieser Tatsache erkannt. Auch wenn das Dorf heute verlassen wirkte, würden in wenigen Wochen oder schon Tagen die ersten Schiffe mit Tagesausflüglern aus Palma hier anlegen, bis oben hin beladen mit Dutzenden von *sangría*-seligen Urlaubern, die gerade lang genug an Land gespült würden, um zu Mittag zu essen, bevor sie eine feuchtfröhliche, musikbegleitete Rückfahrt die Küste entlang und zurück zu ihren Ferienhotels anträten. Zweifellos ein täglicher Kulturschock für die Bewohner des verschlafenen Sant Elm, aber Geschäft ist Geschäft, und diese sporadische Ruhestörung war schon längst in einen ordentlichen Profit umgemünzt worden – zumindest von zwei einheimischen Familien.

Das Restaurante El Pescador hätte kaum einen passenderen Namen tragen können, da es tatsächlich in der unteren Hälfte eines alten Fischerhäuschens untergebracht ist, das sich heimelig an das ähnlich umgebaute Restaurante Vistamar schmiegt. Dieses Duo bescheidener kleiner Speiselokale liegt günstig am oberen Ende der Kaimauertreppe, die regelmäßig von Horden hungriger Tagesausflügler auf der Suche nach Nahrung erklommen wird. Das Einzige, was die beiden steinernen Häuschen vom Meer trennt, ist eine kleine, überdachte Strandpromenade, die beide Gaststätten schlauerweise als Freiluft-Ergänzung zur begrenzten Anzahl ihrer Sitzplätze im Inneren nutzen: zwei sommerliche Goldgruben. Doch dem Individualreisenden, der seine Ankunftszeit frei wählen und diese gelegentlichen Masseninvasionen meiden kann, wird meist in beiden Lokalen eine verlockende Auswahl an fangfrischem Fisch angeboten, der einfach, aber gut zubereitet und ohne großes Getue an einem Ort von unbezahlbarer Schönheit serviert wird.

Ich schlenderte über die menschenleere Strandpromenade

und blickte auf die kleine Mole mit ihren hölzernen, leiterartigen Hellingen hinab, die die kleinen Bootshäuser unter der Terrasse mit dem Wasser verbinden, das gegen die felsige Küste schwappt. So mussten es die einheimischen Fischer immer vor Augen gehabt haben, wenn sie zum täglichen Fischfang ausliefen – jedenfalls bevor der »Fortschritt« manch einem dickere und lukrativere »Fische« versprochen hatte. Draußen in der Bucht schwankten ein paar Jachten mit hohen Masten und kleine *llauds* mit breitem Bug verträumt an ihren Liegeplätzen vor sich hin. An Bord waren keinerlei Lebenszeichen zu erkennen, und die rot-goldenen Heckflaggen hingen schlaff in der stillen Luft. Es herrschte eine Art erwartungsvoller Ruhe. Die Ruhe vor dem Touristenansturm, könnte man sagen.

»Da sind sie ja!«, rief Ellie und zeigte eine sanfte Anhöhe hinauf, zu einer Kurve am Ende der Hauptstraße, wo unser kleiner Seat Panda gerade am Straßenrand parkte.

Mit breitem Grinsen stieg Sandy als Erster aus dem Auto, gefolgt von einem unübersehbar bedrückt dreinblickenden Charlie. Ich bedeutete ihnen, dass wir uns vor dem Lokal treffen würden, vor dem sie geparkt hatten und das geöffnet zu haben schien.

El Restaurante Na Caragola – Zur Schnecke – verfügt aufgrund seiner bevorzugten Lage oberhalb des kleinen »Hafens« über einen völlig freien Blick auf die gesamte Bucht von Sant Elm, über das winzige Inselchen Es Pantaleu hinweg bis aufs offene Meer hinaus. Obwohl an diesem Tag keine Ausflugsboote anlegten, waren nach und nach ein paar kleine Boote um die Landspitze herumgekommen. Das gute Wetter hatte wohl ihre Besitzer dazu animiert, sich zu einem Mittagessen mit der Familie aufzumachen und einen so günstig gelegenen Hafen wie diesen hier anzusteuern.

In der kurzen Zeit, die wir brauchten, um zu ihnen zu stoßen, hatten die Jungen im Restaurant bereits einen Tisch am

Fenster organisiert. Das Lokal ist wunderbar hell und luftig und hat als interessantes und ungewöhnliches Extra eine »Galerie« aufzuweisen: An der hinteren Wand werden Bilder einheimischer Künstler (mitsamt Preisschildern) ausgestellt. Nicht dass die Jungen sich für derartige künstlerische Attraktionen interessiert hätten. Wie vermutet war das Ziel ihrer Mission nur eines: Essen.

»Gutes Basketballmatch gehabt, Charlie?«, fragte ich als Erstes.

»Ja, nicht schlecht«, gab er brummend zurück, ohne von einer ungewohnt gründlichen Inspektion seiner Fingernägel abzulassen.

Ich sah Sandy fragend an, doch seine Reaktion erschöpfte sich in einem Achselzucken und einem schiefen Grinsen.

Aber Ellie traf wie immer mitten ins Schwarze. »Was ist denn mit deinen neuen Turnschuhen los?«, fragte sie und zeigte vorwurfsvoll auf Charlies Füße, die er mühsam unter dem Tisch zu verbergen suchte. »Schau dir das nur an! Völlig verdreckt – und total verkratzt! Ich dachte, ich hätte dir gesagt, du sollst sie *nicht* beim Spiel tragen, vor allem nicht auf dem Hartplatz!«

Nun war es an Charlie, mit den Achseln zu zucken, in seinem Fall jedoch begleitet von einem trübsinnig gesenkten Kopf. »Wollte sie nur ausprobieren«, brummte er.

»Du kannst es ihnen genauso gut gleich sagen«, feixte Sandy. Offenbar genoss er die heikle Lage, in die sich sein Bruder manövriert hatte. »Der Sportlehrer wird sich deswegen sowieso an Dad wenden.«

Dass der Kellner nun an unseren Tisch trat, verschaffte Charlie ein paar Minuten Aufschub.

Die *paella,* allgemein als spanisches Nationalgericht betrachtet, kann im besten Fall eine gastronomische Wonne und im schlimmsten Fall eine matschige Katastrophe sein. Denn obwohl es zahlreiche Varianten des auf Reis basierenden

Grundrezepts gibt, wären sich die meisten Spanier darin einig, dass es nur eine einzige Methode gibt, sie korrekt zuzubereiten, und der Koch des Na Caragola genoss den Ruf, ein Meister dieser Kunst zu sein. Natürlich ist eine gute *paella* nicht nur überaus sättigend, sondern heutzutage auch ein nicht gerade billiger Genuss – was für die beiden Jungen Grund genug war, eine zu bestellen. Um uns nicht ausstechen zu lassen, schlossen Ellie und ich uns an. Der Kellner teilte uns mit, dass es bis zu einer halben Stunde dauern könne, bis das Gericht fertig sei, normalerweise ein willkommenes Zeichen dafür, dass man keine kulinarischen Abkürzungen wählte, jetzt aber auch Grundlage dafür, dass Charlie jede Menge Zeit hatte, um ein paar Erklärungen abzugeben.

»Also?«, hakte ich nach und wies auf die verschrammten Turnschuhe, grob überteuerte Markenware, die bei seinen modeverrückten Schulkameraden zurzeit der letzte Schrei war.

»Ist mir auf die Zehen gelatscht«, murmelte er. »So 'n Deutscher.«

»Nur ein *einziger* Deutscher? Es sieht eher aus, als wäre eine ganze Panzerdivision über deine Füße gerollt!«

Sandy begann zu kichern.

»Wir warten, Charlie«, mahnte Ellie.

Er bekam noch eine Gnadenfrist, da der Kellner an unseren Tisch zurückkehrte und einen Korb knuspriges Brot, ein Schälchen knoblauchgeschwängerte *allioli*-Mayonnaise und eine dampfende kleine *greixonera* voller gedünsteter Schnecken brachte.

»Eine Spezialität des Hauses«, sagte er lächelnd. »Damit die *señores* und *señoritos* etwas zu tun haben, bis die *paella* fertig ist.« Dann zog er noch ein paar hölzerne Zahnstocher hervor, damit wir die kleinen Gastropoden aus ihren Häusern ziehen könnten. *»Bon profit!«*

»Ohne mich, meine Herren«, erklärte Ellie, als der Kellner

außer Hörweite war. »Schnecken?« Sie erschauerte. »Igitt! Die erinnern mich immer an Popel!«

»Ey, geil!«, freute sich Charlie und machte sich gleich mit seinem Zahnstocher ans Werk. »Wow, genau das hat mir gefehlt!«

»Und uns fehlt noch deine Schilderung darüber, was mit deinen Turnschuhen passiert ist«, erinnerte ich ihn.

»M-m-m, okay«, brummte er, und der altbekannte Blick der Verzweiflung fegte das von der Aussicht auf Essen herbeigezauberte Grinsen wieder von seiner Miene. »Der Typ ist mir mit Absicht auf die Zehen gelatscht – und zwar zweimal.« Charlie spähte in ein leeres Schneckenhaus, als hoffte er, eine Möglichkeit zu finden, dort hineinzukriechen.

»Und?«

»Und dann hab ich ihn, ähm … na ja … umgeworfen.«

»O nein«, stöhnte ich. »Sag bloß nicht, du hast allen Ernstes einen von der anderen Mannschaft umgeworfen.«

»Von der anderen Mannschaft?«, sprudelte Sandy hervor. »Von wegen! Der Deutsche war in *Charlies* Team! Heinz heißt er. Mit seinen Eltern hättet ihr fast mal Tango tanzen müssen, wisst ihr noch?«

Ellie und ich seufzten gemeinsam. Tief.

Während Charlie die schlaffe, unförmige Gestalt einer nackten Schnecke bestaunte, die dunkelbraun und schleimig an seinem Zahnstocher hing, fügte er halblaut hinzu: »Ach, aber das hätte gar niemand gemerkt, wenn Ben Heinz nicht noch einen Tritt versetzt hätte, als er schon lag.«

»Ben?«, fragte ich.

»Ein drahtiger, kleiner Jude.«

»Aus dem amerikanischen Team, stimmt's?«

Charlie schüttelte den Kopf und sog die Schnecke mit geschürzten Lippen in den Mund. »Nö. Auch von unserem.«

Jetzt erzählte Sandy die Geschichte weiter und plauderte schadenfroh aus, dass noch zwei Mitglieder von Charlies

Team – ein Junge aus Argentinien und einer aus Ägypten – sich ins Getümmel gestürzt hätten und man nur noch Füße und Fäuste fliegen sah, während die amerikanische Mannschaft ungehindert einen Korb nach dem anderen warf. »Dann pfeift auf einmal der Schiri und kommt herübergerannt, um die Rauferei aufzulösen. Na, jedenfalls«, fuhr er fort, »hat Heinz alles gepetzt – er hat dem Schiri gesteckt, dass Charlie ihm eine gelangt hat.«

»Genau«, bestätigte Charlie, der daran offenbar Anstoß nahm, »und Ben sagt, das stimmt, und erzählt dem Schiedsrichter, dass er Heinz überhaupt nicht getreten hätte, sondern bloß über ihn gestolpert wäre.«

»Schiedsrichter?«, japste ich. »Das klingt eher nach einem Job für die UN-Friedenstruppen!«

»Allerdings!«, stimmte mir Sandy zu. »Im nächsten Moment gibt Charlies Kumpel Ali, der Ägypter, noch seinen Senf dazu und schwört Stein und Bein, dass es Ben war und nicht Charlie, der Heinz umgeworfen hat.«

»Hm-m-m«, klagte Charlie, »aber zwei vom amerikanischen Team haben den Schiri dazu gekriegt, sich auf Bens Seite zu stellen. Haben mich verpfiffen.«

»Aber du hättest es ohnehin zugeben sollen, Charlie«, wandte Ellie ein. »Schließlich hast du das Ganze angezettelt, also hättest du es auch zugeben sollen.«

»Ja, aber dann hätte Ali als Lügner dagestanden«, gab Charlie zu bedenken.

»Ist er doch auch!«

»Aber trotzdem ein guter Typ – weil er seinem Kumpel zu Hilfe gekommen ist und so. Außerdem hat Ben auch gelogen.«

»Langsam klingt die Sache mehr wie eine Vorlesung über internationale Politik als ein Bericht über ein Basketballmatch zwischen Zwölfjährigen«, murmelte ich.

»Jedenfalls hätte mir Heinz nicht die guten Turnschuhe

ruinieren sollen«, erklärte Charlie. »Und Ben hätte sich auch nicht so blöd aufzuführen brauchen.«

»Und du hättest deine neuen Turnschuhe nicht zum Spiel anziehen sollen«, schalt Ellie. »Dann wäre das alles nicht passiert.«

Ich traute mich kaum zu fragen, aber ich wagte es trotzdem: »Und was, Charlie, war die Folge dieser Schulhofversion vom Beginn des Dritten Weltkriegs?«

»Das war echt ätzend. Ali und ich wurden auf die Strafbank geschickt, und die Amerikaner haben unser Team in Grund und Boden gespielt. Na ja, wisst ihr – fünf gegen drei ...«

Ich widerstand der Versuchung, irgendwelche Parallelen zwischen der realen internationalen Politik und diesem Drama des Jugendsports zu ziehen. Das Eintreffen der *paella* tat ein Übriges und ersparte Charlie weitere sofortige Kritik.

Diesmal mussten gleich zwei Kellner mit anpacken. Der eine brachte ein weiß gedecktes Tischchen, das er neben unseren Tisch stellte, und der andere trug eine *paellera*, die traditionelle *paella*-Pfanne mit den zwei Griffen. Diese hier war fast so riesig wie ein Mülleimerdeckel und wurde mit gebührend großer Geste auf den Beistelltisch platziert. Vor dem Servieren traten beide Kellner noch einen Moment zurück, damit wir uns am Anblick der Kreation ihres Kochs weiden konnten.

Ich spürte, wie alle Gedanken an Charlies Basketball-Streit und die quälenden Sorgen über mögliche Folgen umgehend aus meinem Kopf verschwanden. Diese *paella* sah so gut aus, dass es fast wie ein Sakrileg schien, ihre wunderschön angelegte Präsentation zu zerstören. Stücke von Kaninchen, Schwein, Meerengel und Tintenfisch versanken in safrangelbem Reis, der mit Erbsen und in Streifen geschnittenen roten Paprika geschmückt und von einer Girlande aus Garnelen und Muscheln in ihren Schalen umgeben war. Die Düfte, die von dieser farbenfrohen Mischung von Zutaten ausgingen, waren nicht minder verführerisch.

»Es buena, sí?«, fragte der eine Kellner. Sein seliger Gesichtsausdruck besagte, dass er genau wusste, wie wir antworten würden.

Er stellte uns kleine Schälchen mit frischen Radieschen, milden grünen Paprika und Zitronenschnitzen hin, bevor er schließlich unsere Teller mit *paella* füllte. Und auch wenn der Umfang der *paellera* zuerst ein wenig einschüchternd gewirkt haben mochte, sagt es doch alles über die Qualität ihres Inhalts, dass am Ende unserer Mahlzeit nicht das kleinste Bröckchen in ihr zurückblieb.

Eine Terrasse, auf deren einer Seite eine knorrige alte Kiefer steht, zieht sich quer über die ganze Frontseite des Na Caragola. Sie geht direkt auf den spektakulären Seeblick hinaus und ist der ideale Ort, um es sich nach dem Essen bei einer Tasse Kaffee gemütlich zu machen.

»Schau mal!«, sagte Ellie und stupste mich am Ellbogen. »Schau doch – da unten an der Mole. Von dem Boot dort winkt uns jemand zu!«

Und tatsächlich stand eine junge Frau im Bikini, die ich nicht kannte, auf dem Deck eines *llaud*-Fischerboots und schien uns bedeuten zu wollen, dass wir zu ihr hinunterkommen sollten. Warum, war mir ein Rätsel, aber wir mussten gemeint sein, da sämtliche anderen Tische auf der Veranda unbesetzt waren.

Dann rief sie: »Sandee-ee! Charlee-ee!«

»Habt ihr beiden uns irgendetwas verheimlicht?«, fragte ich, neugierig geworden.

Doch bevor die Jungen antworten konnten, rief die Frau erneut: »*C'est moi* – Joséphine! Kommt doch mit, *non*? Eure Eltern *aussi*! Wir gehen fischen, *oui*?«

In diesem Moment tauchte neben ihr auf dem Deck ein stämmiger, dunkelhaariger junger Mann auf.

»Und das ist dann wahrscheinlich Napoleon«, bemerkte ich.

»Nein, er heißt Andreu«, erwiderte Sandy und grinste von

einem Ohr zum anderen, während er zurückwinkte. »Andreu und Joséphine – ein französisches Paar. Ich habe sie heute Morgen in der Schule kennen gelernt. Sie haben eines ihrer Kinder angemeldet und sind noch ein paar Minuten dageblieben, um sich Charlies Basketball-Schlacht anzusehen. Nette Leute – sie sind gerade erst nach Mallorca gekommen und würden sich gern die Fahrerei in die Schule mit euch teilen, haben sie gesagt.«

»Beeilung, *s'il vous plaît*!«, rief Joséphine. »Kommt mit zum Fangen *les petits* Fische!«

»Spring doch kurz runter und danke ihnen für das Angebot, Sandy«, bat ich, »aber sag ihnen, dass wir was anderes vorhaben. Ehrlich, ich bin viel zu satt von den Schnecken und der *paella*, um irgendetwas Anstrengendes zu unternehmen.«

»Wie du willst«, erwiderte Sandy, stand auf und schickte sich an, meinem Wunsch nachzukommen, »aber vielleicht interessiert es dich, dass Andreus Familie eine Import-Export-Firma für Obst hat – Frankreich, England, spanisches Festland und weiß Gott, wo noch. Richtig groß und international. Er meint, sie machen bald auch auf Mallorca ein riesiges Lagerhaus auf.«

Als ich das hörte, wurde ich munter. »Macht euch seefest, meine Lieben«, verlangte ich, während mich ein plötzlicher Energiestoß durchfuhr. »Wir gehen fischen!«

* * *

Obwohl sie traditionellerweise kleine, offene Boote sind, die beim Fischen in den Küstengewässern der Balearen eingesetzt werden, sind *llauds* oder vielmehr deren schöne, fließende Umrisse heutzutage beim Bau teurer Freizeitboote sehr beliebt. Viele wohlhabende Mallorquiner ziehen ihren eleganten und doch unprätentiösen Stil den protzigen, in erster Linie für hohe Geschwindigkeiten entworfenen Booten vor, die von Leuten, die sich derart aufsehenerregende Spielsachen leisten können, meist bevorzugt werden. Als sollte der Name den Unterschied hervorheben, hieß Andreus *llaud* »Donzella del Mar« – »Seejungfrau« –, während das Schnellboot mit dem phallischen Bug, das daneben lag, mit der subtilen Bezeichnung »Wet Dream« – »Feuchter Traum« – auftrumpfte. Ich wusste, wo ich lieber an Bord gehen würde.

Andreu und Joséphine hätten nicht herzlicher sein können. Sie waren ein attraktives junges Paar Anfang dreißig, besaßen jede Menge gallischen Charme und ein beneidenswert gut ausgestattetes Boot. Es gab eine trügerisch geräumig und komfortabel wirkende Kajüte mit Mini-Kombüse und Toilette sowie einem Klapptisch, an dem ihre zwei kleinen Kinder – Michelle, etwa sechs, und ihr Bruder Sasha, der vielleicht ein Jahr jünger war – saßen und zufrieden mit Buntstiften zeichneten.

Wir würden auf die andere Seite der Isla Dragonera fahren, erklärte uns Andreu, während er den beruhigend robust klingenden Dieselmotor anwarf. Das sei ein bei den einheimischen Fischern besonders beliebtes Fleckchen, so sagte er, und er habe dort selbst im Lauf der Jahre manch guten Fang getan. »Natürlich nur 'obby-Fischen«, betonte er. »Nicht besonders *sérieux.*« Es würde uns sicher Spaß machen. *»Bien sûr!«*

Nun sollten wir erfahren, dass die Küstengewässer um Mallorca genau wie die Landschaft im Landesinneren in Aussehen und Wesen sehr wandlungsfähig sind – und das ohne große Vorwarnung. Eine einzelne Wolke schob sich vor die Sonne, als wir von der Mole ablegten, und in dem dadurch veränderten Licht sah alles klarer und schärfer aus. In der Ferne liegende Felsen wirkten näher als im strahlenden Sonnenschein, und das zuvor türkisfarbene Meer reflektierte die dunklere Farbe des Himmels in tintenblauen Schattierungen. Das ruhige Wasser wurde kräuselig, und die Wellen schienen diagonal über die Bucht zu ziehen, wie von einer plötzlichen Gezeitenströmung erfasst. Selbst über dem heiseren

Rumpeln des Dieselmotors konnten wir kleine, aufgewühlte Wellen an das felsige Ufer klatschen hören, das noch wenige Momente zuvor nur sanft umspült worden war. Vor Anker liegende Boote drehten sich, um der auf sie zukommenden Dünung frontal zu begegnen, während Joséphine nach etwas zum Anziehen griff, um ihre nur notdürftig verhüllten Kurven vor der Kühle der aufkommenden Brise zu schützen – offenbar eine schwere Enttäuschung für Charlie, dessen Augen nur widerwillig in ihre Höhlen zurückkehrten.

Andreu schien die Bedenken zu spüren, die diese Wetterverschlechterung bei mindestens ein oder zwei seiner Passagiere hervorgerufen hatte. Wir sollten uns keine Sorgen machen, erklärte er uns mit lässigem Achselzucken. Das hier sei nur ein kleines *contretemps* – ein kleines mediterranes Niesen – der Wandel der Jahreszeiten, *non*? *Bientôt* würde alles wieder ganz normal sein. *»Pas de problème!«*

Ich hoffte, dass er Recht hatte, während ich in Ellies angespannter Miene las, dass sie um das Gleiche betete. Da sie sich nicht einmal auf stabilen, hochseetüchtigen Schiffen besonders wohl fühlte, könnte es interessant werden, wie sie in dieser Nussschale zurechtkäme.

Doch Andreu schien genau zu wissen, was er tat, und strahlte Zuversicht aus, als er Gas gab und seewärts steuerte. Offenbar war er mit seiner Aufgabe bestens vertraut. Dies spiegelte sich auch in der Gelassenheit seiner Kinder wider, die auf Deck geeilt waren, sobald wir abgelegt hatten, und nun am Bug saßen und die Beine über die Außenwand baumeln ließen, während sie sich an der Reling festhielten und begeistert quiekten, wenn die Gischt der Bugwelle sich über ihnen brach.

Kaum hatten wir das Inselchen Es Pantaleu und damit die schützende Bucht hinter uns gelassen, trat die Sonne aus ihrem Wolkenumhang hervor, und das Meer nahm erneut eine fast flache Unbewegtheit an.

»Voilà!«, lachte Andreu und gab noch mehr Gas. »Wie ich Ihnen schon gesagt 'abe, es war nur ein kleines Niesen, *n'est-ce pas?*«

Und er hatte Recht. Im Kontrast zu dem einen Augenblick zuvor noch bewegten Wasser schlangen sich nun helle Bänder reflektierten Sonnenlichts träge über das glatte Meer, über das von Süden her eine laue Brise wehte – ein milder und doch belebender Hauch des Mittelmeers. Vor uns schien die Landmasse von Sa Dragonera auf einem schimmernden Lichtkissen über dem Meer zu schweben, während auf der kiefernbestandenen Küste zu unserer Rechten vereinzelte Häuser standen, die wirkten, als hätte sie ein Wintersturm an Land geblasen.

Während Ellie und Joséphine sich zu den beiden Kindern am Bug gesellten, blieben die Jungen und ich bei Andreu am Steuer und lauschten seiner Familiengeschichte. Er war in Frankreich geboren und hatte dort den größten Teil seines Lebens verbracht. Nun, so schloss er messerscharf, würden wir uns vermutlich fragen, warum er einen so typisch mallorquinischen Vornamen wie Andreu trug, *non*?

»Oui«, antworteten wir.

D'accord, fuhr er fort, das käme daher, dass seine Mutter zwar Französin, sein Vater aber ein Mallorquiner gewesen sei, der die Insel als mittelloser junger Mann verlassen habe, um sich in der südfranzösischen Hafenstadt Marseille Arbeit zu suchen. Wie wir sicher wüssten, blühte der Orangenexport von Mallorca nach Marseille schon seit Jahrhunderten, und so war es nichts Ungewöhnliches, dass junge *mallorquines* auf der Suche nach einem besseren Leben dorthin zogen. In den Dreißigerjahren habe man schwere Zeiten auf der Insel erlebt, müssten wir wissen, denn das war lange bevor sich irgendjemand einen florierenden Tourismus wie heute hätte träumen lassen. *En tout cas,* sein Vater habe mehrere Jahre hart gearbeitet und tagein, tagaus viele Stunden lang schwere Obstkisten über die Kais geschleppt, bis er endlich genug Geld gespart hatte, um nach Mallorca zurückzukehren und sich seinen Traum von einer eigenen kleinen Orangenplantage zu erfüllen.

»Ein 'appy End, *non*?«, fragte Andreu und zog auf typisch französische Art fragend eine Augenbraue hoch.

»Oui«, sagten wir erneut.

»Non«, entgegnete er entschieden. Was sein Vater leichtfertigerweise vergessen habe, so fuhr Andreu fort, war, dass seine Landsleute während seiner Abwesenheit einen blutigen Bürgerkrieg ausgefochten hatten. Andreu zog die Schultern hoch und ließ die Mundwinkel fallen, als wollte er sagen: »Nichts dagegen einzuwenden. *Mais oui*, so einen Fehler macht man eben mal.« Das Problem war nur, dass die spanischen Behörden das etwas anders sahen. Sie waren der Meinung, dass sich Andreus Vater ein lockeres Leben in Südfrankreich gemacht hatte, während er eigentlich zu Hause in Spanien sein und seinen *compatriotas* im Kampf hätte beistehen sollen. Prompt konfiszierten sie seine Ersparnisse und steckten ihn ins Gefängnis. Bei seiner Entlassung stand er wieder genau da, wo er mehrere Jahre zuvor begonnen hatte – pleite und ohne Aussicht auf Arbeit in seinem vom Krieg verwüsteten Heimatland. Also ging es zurück nach Marseille, um noch mal von vorn anzufangen.

Während Andreu innehielt, um über diese traurige Wendung des Schicksals nachzugrübeln, blinzelte ich durch die blendenden Sonnenstrahlen, die sich auf dem ruhigen Wasser vor uns spiegelten. Noch immer konnte ich die Konturen der Insel Dragonera durch das grelle Licht sehen, aber (und das beunruhigte mich) wesentlich fragmentarischer als noch vor ein paar Minuten. Was mir wie ein trugbildhaftes Lichtkissen an ihrem Sockel erschienen war, hatte sich horizontal nach oben ausgebreitet und bedeckte bereits die Hälfte der Insel.

Andreu fing meinen verblüfften Blick auf. »*Brouillard*«, erklärte er gelassen. »Nebel. Wie sagt man *en L'Écosse* – ›Scotch meest‹, *c'est vrai*?« Er lachte laut.

Ich lächelte matt und nickte. Nebel! Was zum Teufel käme als Nächstes?

Die Szenerie besaß nun etwas seltsam Unwirkliches: Die Sonne glitzerte auf der ruhigen See um uns herum, der Blick in die Ferne wurde von dem sich ausbreitenden Nebel behindert, und doch schwebte die winzige Einsiedelei am höchsten Punkt Dragoneras auf ihrer eigenen kleinen Wolke an einem ansonsten wolkenlosen Himmel. Auch die Küste war nun hinter einem wabernden Film aus feuchter Luft verborgen, sodass man, wenn man sich umsah, den Eindruck bekam, wir seien vollkommen allein und glitten auf einem surrealen Meer dahin, das abgesehen vom einschläfernden Geräusch des Motors und dem leisen Schwappen des Kielwassers, das sich vom Bug des Boots ausbreitete, völlig still war.

Ich fühlte mich in Gedanken in jene unheimlichen Geschichten aus der Mythologie des Mittelmeers zurückversetzt, die ich im Lateinunterricht in der Schule mühsam aus Vergils *Aeneis* und dergleichen hatte übersetzen müssen. Und in dieser seltsam unwirklichen Atmosphäre hätte es mich nicht erstaunt, wenn direkt neben uns eine Medusa oder eine schreckliche neunköpfige Seeschlange aus den Tiefen emporgestiegen wäre.

Das Kreischen von Andreus Kindern riss mich aus meinen Tagträumen. Es war aber nicht das Auftauchen einer grässlichen Hydra, das sie aus dem Häuschen gebracht hatte, sondern ein Delphin. Das schöne Tier schloss sich unserer Expedition mit fröhlichen Luftsprüngen an und folgte dann unserem Weg, indem es mühelos auf der Bugwelle direkt unter den Füßen der Kinder ritt. Schon bald gesellten sich zwei Gefährten zu ihm, auf jeder Seite des Boots einer, die nur eine Armeslänge von uns entfernt mit vollendeter Leichtigkeit durchs Wasser glitten. Wie unzählige andere hatten wir uns die Wasserkunststücke von Delphinen in Aquariumsanlagen wie dem mallorquinischen »Marineland« angesehen und waren begeistert gewesen, doch diese bezaubernden Wesen aus nächster Nähe in Freiheit zu erleben war etwas ganz anderes.

»Magie!«, nannte es Charlie. Mir wäre keine treffendere Bezeichnung eingefallen. Und die Erkenntnis, dass die Delphine absichtlich neben uns herschwammen und ihnen das offenbar Spaß machte, ließ uns das Spektakel noch außergewöhnlicher erscheinen. Schlanke, anmutige Wesen mit einem Lächeln auf dem Gesicht und einem schelmischen Zwinkern in den Augen, die flüchtige Besucher auf ihrem *eigenen* Territorium in ihren Bann schlugen. »Magie!«

Wir sahen ihnen weiterhin zu, während Andreu seinen Erzählfaden wieder aufnahm ...

Der zweite Marseille-Aufenthalt seines Vaters hatte sich ganz anders entwickelt als der erste, da er nämlich dieses Mal bald ein Mädchen kennen lernte, in das er sich verliebte und das er schließlich heiratete. Dann musste natürlich in Frankreich ein Heim eingerichtet werden, und nachdem ein Kind unterwegs war, hatte sich sein Vater verpflichtet gesehen, seine Pläne zu ändern und das Vorhaben aufzugeben, eines Tages in seine Heimat Mallorca zurückzukehren und Orangen anzubauen. Obwohl er drei Mäuler zu stopfen hatte, arbeitete er nach wie vor als Obstträger im Hafen, und die Wahrscheinlichkeit, dass er genug sparen könnte, um seinen Traum zu verwirklichen, war sehr gering. Also gründete er mit einem geliehenen Schubkarren und einem winzigen, gemieteten Blechschuppen seine eigene Obst-Importfirma.

Geschickt hatte er seine Chance im Import von Ananas gesehen, die nach dem Krieg in weiten Teilen Frankreichs nicht erhältlich waren, aber nun in begrenzten Mengen ins Land kamen – oft nur ein paar rasch an Bord geschleppte Kisten, um Lagerraum auf den Handelsschiffen zu füllen, die zwischen Westafrika und Marseille ihrem Gewerbe nachgingen. Kleine, zaghafte Anfänge, aber die Grundlage für ein Unternehmen, das rasant wuchs und Andreus Vater binnen weniger Jahre hübsche Gewinne einbrachte. Schon bald hatte er genug Geld, um nach Mallorca zurückzukehren, diesmal jedoch nicht, um eine Orangenplantage zu bewirtschaften, sondern um am Ortsrand von Port d'Andratx, das damals noch ein kleines Fischerdorf war, in einen Streifen bewaldeten Hanglandes direkt über dem Meer zu investieren. Damals hatten ihn die Einheimischen für einen Dummkopf gehalten. *Hombre,* was konnte man mit einem Stück steiler Anhöhe in der Felsküste schon anfangen?

Andreu musste kichern, als er daran dachte. Jetzt, wo Port d'Andratx zum Saint-Tropez von Mallorca heranwuchs, war jenes Stück Anhöhe, das sein Vater seinerzeit für eine relativ unbedeutende Summe Peseten erstanden hatte, *beaucoup d'argent* wert. *»Une fortune, mon Dieu!«* Dies umso mehr, als sein Vater rasch das Potenzial des Grundstücks erkannt hatte. So hatte er als Erstes direkt am Meer für sich selbst ein Ferienhaus im Hacienda-Stil gebaut und anschließend Kapital in den Bau von vier weiteren Villen gesteckt, die sich in angemessenen Abständen die kiefernbestandene Anhöhe hinaufzogen – und zwar lange bevor die Baukosten auf das momentane überhöhte Niveau gestiegen waren. Heute rissen sich Adelige, Filmstars, Pop-Ikonen und Supermodels um vergleichsweise winzige Grundstücke in dieser Gegend und bezahlten groteske Preise, um sich darauf ihre luxuriösen Refugien errichten zu lassen.

»Dann werden die Einheimischen Ihren Vater jetzt wohl nicht mehr als Dummkopf bezeichnen«, schloss ich, während ich über diese Geschichte mallorquinischen Einfallsreichtums und perfekten Timings staunte.

Andreu lächelte nur bescheiden, und obwohl er ganz offensichtlich stolz auf die Errungenschaften seines Vaters war, hatte ich den Eindruck, dass man ihn dazu erzogen hatte, den schwer verdienten Reichtum seiner Familie *nicht* als selbstverständlich zu betrachten. Wie um dies zu unterstreichen, erzählte er uns, dass er sich in der Firma von ganz unten nach oben hocharbeiten musste, angefangen beim Schleppen von Kisten im Hafen von Marseille über die Leitung der jetzt florierenden Zentrale in Frankreich bis hin zur Eröffnung und Überwachung des Aufbaus ihrer Londoner Filiale. Und nun wiederholte er Letzteres hier auf Mallorca.

»Sie haben erwähnt, dass Sie in diesen Gewässern schon mal fischen waren«, sagte ich in halb fragendem Tonfall, während ich beklommen auf die massive Nebelwand blickte, die jetzt ganz Dragonera umschloss. Die Insel war komplett verschwunden, und Schwaden des lästigen Nebels wirbelten um uns herum, verdunkelten die Sonne und verbreiteten eine feuchte Kühle in der Luft.

»Mais oui, certainement«, bestätigte Andreu. »Mein ganzes Leben habe ich *les vacances* auf Mallorca verbracht, und mein Vater ist immer in genau so einem *llaud* mit mir 'inausgefahren.«

Mir fiel auf, wie er mich mit einem wissenden Schmunzeln auf den Lippen von der Seite her ansah.

»Keine Sorge, *mon ami*«, sagte er. »Ich verfehle Dragonera bestimmt nicht.«

Ich hätte ihm gern gesagt, dass mich nicht die Angst plagte, wir könnten versehentlich an der Insel vorbeifahren, sondern die Befürchtung, wir könnten sie rammen. Doch ich sagte nichts, obwohl ich zugeben muss, dass ich in diesen Minuten mehr Vertrauen in die Delphine und deren Geschick setzte, uns davor zu bewahren, Schiffbruch zu erleiden, als ich es zu Andreu hatte, der uns offenbar blind in eine dicke Erbsensuppe hineinsteuerte.

Innerhalb von Minuten waren wir von dichtem Nebel umgeben. Sicht gleich null. Unbekümmert stellte Andreu den Motor aus und rief Joséphine zu, den Anker auszuwerfen. Die Delphine schnatterten ihren Abschiedsgruß und waren verschwunden. Stille. Eine unheimliche, klaustrophobische Stille, die nicht einmal vom Dröhnen eines freundlichen Nebelhorns durchdrungen wurde, das uns gesagt hätte, dass irgendwo da draußen noch anderes Leben war.

»Die 'öhle des Drachens nennt mein Vater diese Stelle«, erklärte Andreu, der begonnen hatte, Angelzeug an alle zu verteilen.

»Sie meinen, Sie wissen, wo Sie sind?«, erkundigte ich mich und starrte angestrengt in die undurchdringliche Masse, um wenigstens einen Zipfel der massigen Insel zu erspähen, vor der er zu ankern behauptete.

»*Mais naturellement*«, erwiderte er mit nonchalantem Achselzucken. »Die 'öhle des Drachens. Da sind wir, *sans doute. Voici!*« Er reichte mir eine Angelschnur mit Köder. »*Et maintenant* wir müssen die Fische fürs Abendessen fangen, *non? Allons-y!*«

Mein gesamtes Wissen übers Fischen ließe sich in einem Stecknadelkopf unterbringen. In gewisser Weise beneide ich den guten Mann mit den Fliegen im Hut, der den lieben langen Tag in offenbar seliger Entspannung dasitzen kann und immer wieder mit geschickten Bewegungen aus dem Handgelenk fachmännisch seine Leine auswirft, während er sein Pfeifchen schmaucht und von einem »Kaventsmann« träumt, unter dessen Gewicht sich im nächsten Moment die Angelrute biegt. Aber auch wenn ich deswegen wahrscheinlich ein weniger erfülltes Leben führe, hat mich dieser beliebte Zeitvertreib nie besonders angezogen. Muss wohl was mit mangelnder Geduld und dem Fehlen der natürlichen Gabe für geschickte Bewegungen aus dem Handgelenk zu tun haben, schätze ich.

Ja, im Grunde habe ich mich nur ein einziges Mal, vor vielen Jahren, im Fischen versucht, als ich bei den Clyde Valley Stompers Klarinette spielte und wir in der Sommersaison auf der Insel Arran vor der Westküste Schottlands gastierten. Unser renommierter Trompeter, ein pummeliger und unverbesserlicher Angel-Freak namens Malky Higgins, schaffte es, mich eines Nachmittags dazu zu überreden, in einem lächerlich winzigen Boot mit ihm aufs Meer hinauszufahren. Als Antrieb besaß es einen dieser Tuck-tuck-Außenbordmotoren, die eigentlich mit einer Herzinfarktwarnung versehen sein müssten, da man bei dem fruchtlosen Versuch, sie zum Laufen zu bringen, eine Ewigkeit lang an einem Stück Schnur ziehen muss. Doch Malky verfügte über die Hartnäckigkeit eines echten Fischers, und so saß ich trotz all meiner Bedenken als überzeugter Nichtschwimmer schon bald drei Kilometer weit draußen im Firth of Clyde und ließ meine Spielzeug-Leine mit der umgebogenen Nadel ins unergründliche Wasser baumeln. Unterdessen stand Malky breitbeinig in der wippenden Wanne und demonstrierte sein Wurfgeschick mit den neuesten Entwicklungen an Hightech-Angelruten, während er die Pfeife fest zwischen den Zähnen geklemmt hielt.

»Leng«, sagte er entschlossen.

»Wie bitte?«

»Lengfisch. Große, lange Viecher. Wie Barrakudas. Jemand hat gestern hier draußen einen gefangen. Hab ihn gestern Abend im Pub gesehen. Mindestens zwei Meter lang. Hat gekämpft wie ein Höllenhund, meinte der Typ.«

Okay, Malky hatte einen Hang zu drastischer Übertreibung, aber, mein Gott, selbst wenn er einen Fisch an die Leine bekam, der nur halb so groß war, erschienen mir die Aussichten darauf, ihn an Bord zu wuchten, ohne dass diese Badewanne von einem Boot kenterte, ausgesprochen gering. Die nächsten drei Stunden saß ich da und fluchte darüber, dass ich so tollkühn gewesen war, mich zu diesem dämlichen Ausflug bequatschen zu lassen. Aber Malky stand immer noch da und warf seine Leinen aus, was er nur gelegentlich unterbrach, um einen Schluck McEwan's Export aus seinem rasch kleiner werdenden Vorrat an Dosen zu schlürfen.

Gegen sechs sah ich auf die Uhr. Die Tortur näherte sich glücklicherweise ihrem Ende. Wir müssten uns schon bald auf den Rückweg machen, sonst riskierten wir, zu spät zu unserem Auftritt zu kommen. Das sagte ich Malky.

»Ein letzter Versuch«, erklärte er und zog zur Vorbereitung auf die Mutter aller Würfe armlängenweise Schnur aus seiner Rolle. »Irgendwo hier muss ein Lengfisch sein. Das hab ich verdammt noch mal im Urin, Mann.«

Der ungebrochene Optimismus des guten Mannes verblüffte und bestürzte mich zugleich. Warum in aller Welt machte es ihm Spaß, den größten Teil eines sonnigen Tages damit zu vergeuden, auf einer Wasserwüste dahinzudümpeln, wo er sich doch mit seiner Frau und den Kindern hätte am Strand vergnügen können? Einem Strand, den wir von hier draußen nicht einmal mehr sehen konnten! Ich wickelte meine Kinder-Angelschnur um ihren schmalen rechteckigen Rahmen, griff nach hinten und schickte mich an, an der Startleine des Außenbordmotors zu ziehen.

»JA-HII-II-II!«, ertönte der aufgeregte Schrei. »HAB ICH DICH, DU SAUKERL!«

Das Boot begann heftig zu schwanken, und als ich mich umwandte, sah ich Malky mit seiner Angelrute kämpfen. Er hatte Mühe, ihr Ende mit der einen Hand oben zu halten, während er mit der anderen hektisch die straff gespannte Schnur einholte. Die Rute bog sich dermaßen stark, dass sie gleich brechen musste. Malkys Gesicht war violett, der Schweiß rann ihm über die Wangen, und die Adern an seinem Hals standen hervor wie die aufgedunsenen Köder in seinem Kübel. Sein linker Fuß stemmte sich gegen das Dollbord des Bootes, das sich nun derart weit nach vorn neigte, dass Wasser hereinschwappte – noch dazu für meinen Geschmack viel zu schnell.

»Pass doch auf, Malky!«, brüllte ich. »Wir gehen noch alle beide über Bord, Herrgott noch mal!«

»Leng!«, keuchte er und rang um Atem. »Ich hab's dir gesagt! Das muss ein Riesending sein!« Taub für meine schon fast hysterischen Einwände setzte er seinen Kampf fort. »Halt dich bereit, dir den Saukerl zu schnappen, sobald er durch die Oberfläche stößt!«

Ich hatte eher die Befürchtung, dass ich bald durch die Oberfläche stoßen würde. Mit meinem nicht auf Auftrieb eingestellten Metabolismus würde ich vermutlich wie ein verirrter Torpedo pfeilschnell auf den Meeresgrund schießen. Hektisch begann ich, mit gewölbten Händen das steigende Wasser aus dem Boot zu schöpfen.

»Lass ihn ziehen, Malky! Schneid ihn ab! Es lohnt sich nicht, wegen eines dämlichen Fisches zu ertrinken!«

»Da ist er ja, der Scheißkerl, siehst du? Leck mich fett, ist der groß!«

Malkys Angelrute hatte inzwischen die Form eines umgekehrten Us angenommen – eines heftig zitternden Us, dessen stumpfes Ende seinen Aussichten auf Vaterschaft keinen Gefallen tat. Die Pfeife fiel ihm aus dem Mund, als er in einem letzten, muskelsprengenden Versuch, seinen fischigen Feind zu bezwingen, stockend nach Luft schnappte.

»Greif dir den – aaah – Scheißkerl, Mann! Schnell!«

Voller Angst davor, was ich wohl zu sehen bekäme, spähte ich zögerlich über den Bootsrand. Mit einer Hand, deren Knöchel schon ganz weiß waren, klammerte ich mich panisch an eine Ruderdolle auf der hohen Seite des schlingernden Boots. Jetzt konnte ich ihn sehen – zumindest beinahe. Eine seltsame schwarze Form, etwa einen Meter weit unten, wo ihre Umrisse im Wasser, das durch die ruckartigen Bewegungen des Boots aufgewühlt wurde, nur verzerrt erkennbar waren. Während Malky zog und keuchte, den Kopf vor Anstrengung in den Nacken geworfen, bewegte sich das Ding langsam nach oben, bis sich meinen ungläubigen Augen seine wahre Form offenbarte. Ich fasste ins Wasser und packte es an seinem langen »Schwanz«.

»Puh! Spitzenleistung, Malky«, stöhnte ich. »Da werden sie heute Abend im Pub aber garantiert alle schwer beeindruckt sein.«

»Echt?«

»Echt!«

Ich hievte seinen besiegten Widersacher aus dem Wasser. »Schau mal«, kicherte ich erleichtert. »Du hast den dämlichen Anker gefangen!«

Andreu stieß ein reserviertes Glucksen aus, nachdem ich ihm dieses Seemannsgarn erzählt und wir unsere Angelpositionen an den verschiedenen Seiten des Decks eingenommen hatten. Und obwohl sein einziger Kommentar ein reichlich hochnäsiges »*Quelle stupidité!*« war, entging mir nicht, dass er darauf achtete, das Heck des Boots für sich selbst zu reservieren – also das entgegengesetzte Ende zum Ankerseil.

Eine leichte Brise war aufgekommen und blies den Nebel in langsam ziehenden Schwaden vor sich her, wodurch hin und wieder kurze Blicke auf Felsformationen von unbestimmbarer Größe und Entfernung möglich wurden. Doch auch die Stimmung des Meeres veränderte sich. Das *llaud*, das bis dahin unbeweglich auf einer spiegelglatten Oberfläche getrieben war, kam auf der zunehmenden Dünung ins Schlingern. Durch den sich auflösenden Nebel konnte man die weiße Gischt der Wellen erkennen, die sich am Ufer brachen. Ihr Klatschen brachte die willkommene Befreiung von der gespenstischen Stille, in der wir festgesessen hatten.

Michelle und Sasha, die Kinder, plapperten munter auf Französisch miteinander, wobei sie sich gegenseitig instruierten, wie man es mit dem Fischen am besten anfing. Beide achteten nicht im Geringsten auf den erneuten Wetterwechsel. Offenbar kannten sie das alles schon. Ellie dagegen rülpste bereits diskret in die geballte Faust. Den kleinen Finger hielt sie zierlich abgespreizt, und ihre Gesichtsfarbe ähnelte einem zarten Chartreusegrün.

»Alles okay?«, fragte ich sie.

Keine Antwort.

Ich sah, dass auch Charlie langsam ein bisschen blass um die Nase wurde. Nicht einmal die verlockende Nähe von Joséphines Dekolleté, als sie ihm half, einen Wurm an seinem Haken zu befestigen, konnte seinen starren Blick von dem wogenden Wasser ablenken, auf dem das Boot nun immer heftiger schwankte und schaukelte.

»*Alors*, Peter«, begann Andreu, dem die Unpässlichkeit, die zwei seiner Gäste zu befallen drohte, gar nicht auffiel, »Ihr Sohn Sandy 'at mir erzählt, Sie 'aben eine Obstplantage. *C'est vrai?*«

»Ja, das stimmt. Eine kleine *finca* in den Bergen nördlich von Andratx.«

»Und, verkaufen Sie mir Ihr Obst?«

Jetzt kamen wir richtig ins Gespräch! Genau das Thema, das ich schon die ganze Zeit hatte ansprechen wollen. Señor Jeronimo, der Besitzer des einzigen Großhandels für unsere Erzeugnisse, den wir bisher aufgetan hatten, hatte mich bereits darauf vorbereitet, dass er ausgesprochen wenig Bedarf an unserem Sommer- und Herbstobst haben werde – Kakis, Quitten, Feigen, Aprikosen, Loquats und dergleichen –, und wenn der Winter kam, könne er auch nicht garantieren, dass er uns wieder die *gesamte* Orangenernte abnehmen werde. Seine Firma war klein, da sie in erster Linie Geschäftskunden in und um seinen Stammsitz Peguera belieferte, und so würde es immer eine Grenze dafür geben, was er uns abnehmen konnte.

Andreu dagegen war gerade dabei, eine neue Filiale einer riesigen Firma mit etablierten Absatzmärkten zu eröffnen. Er würde alles Obst benötigen, das er bekommen konnte – und zwar bald. Die Tatsache, dass wir nur relativ kleine Mengen jeder Sorte liefern konnten, würde kein Problem darstellen … *»À condition que la qualité soit excellente, naturellement.«*

»*Naturellement*!«, pflichtete ich ihm bei. Ich konnte meine kindliche Freude kaum verhehlen. Eine massive Bedrohung für unser finanzielles Überleben war von uns genommen, und das alles als indirekte Folge davon, dass Charlie beim Basketballspiel an jenem Morgen internationale Verstimmungen ausgelöst hatte.

»Das ist Wind in meinen Segeln«, bemerkte ich zu Andreu.

»*Non*, nur wieder ein kleines Niesen des *climat méditerranéen*«, entgegnete er höflich, da er meine Bemerkung offenbar als Kritik am schlechter werdenden Wetter verstand. »*Et regardez* – sehen Sie nur, wie die Sicht besser wird!«

Ich schaute in die Richtung, in die er gezeigt hatte. »Guter Gott!«, japste ich. »Das ist ja beängstigend!«

Während ich ergriffen nach vorn starrte, gab Andreu wieder sein typisch französisches nasales Kichern von sich. »*Oui*, sehr beängstigend, *non*? *Pourquoi* Sie denken, mein Vater nennt das die 'öhle des Drachens?«

Die frische Brise hatte den Nebel weggefegt, der die Wasserfläche zwischen uns und der Insel Dragonera bedeckt hatte, und für klare Sicht auf eine steile Felsküste gesorgt, die sich jetzt bedrohlich über uns auftürmte. Aus diesem spitzen Winkel konnte ich nicht einmal ihren oberen Rand sehen. Das *llaud* war unter diesen Massen nichts als ein winziger, tanzender Korken, und das Gefühl der Bedeutungslosigkeit, das mich unvermittelt überkam, steigerte sich zu einem schweren Schock, als mir klar wurde, wie nah wir den zahlreichen Felsblöcken am Fuß dieses wuchtigen Massivs waren. Meiner Schätzung nach keine zehn Meter entfernt. Eine winzige Drehung des Ruders in die falsche Richtung, als wir durch diesen Nebel getuckert waren, und wir wären nur noch Treibgut gewesen. Selbst jetzt würde uns der geringste Wechsel der Windrichtung auf schnellstem Weg ins Verderben schicken und das Boot in Streichhölzer zerlegen, Anker hin oder her. Jedenfalls war das meine Meinung als nicht im Erklettern von Felsküsten geübte Landratte, die in der Badewanne Panikattacken bekommt und beim Anschauen von *Roadrunner*-Filmen im Fernsehen unter Höhenangst leidet. Außerdem kannte ich mich ein wenig mit Ankern aus.

»C'est magnifique, n'est-ce pas?«, seufzte Andreu.

»Oui«, bestätigte ich ohne Überzeugung. Doch noch bevor ich meine Bedenken über die Sicherheit unserer Position äußern konnte, rief Sandy:

»Hey, ich glaub, ich hab was gefangen!«

Das hatte er ganz offensichtlich, nach dem lebhaften Zucken der Angelschnur zu urteilen, die er gerade einholte.

»Cap roig«, erklärte Andreu, sobald das Opfer das Wasser verlassen hatte. »So sie 'eißen 'ier. Auf Englisch Skorpionsfisch oder Drachenkopf, glaub ich. Hm, 'ässlich, aber *délicieux*.«

Hässlich war er allerdings, dieser Drachenkopf – eine stachelige, rote Kreatur mit einem derart grotesken Gesicht, dass Quasimodo neben ihr wie ein Herzensbrecher gewirkt hätte.

»Er ist ein bisschen klein«, sagte ich, als ich ihn am Ende von Sandys Angelschnur zappeln sah und mir der Gedanke kam, dass er sich auch in einem Goldfischglas gut machen würde.

»Ja, ich werf ihn wieder rein«, meinte Sandy.

»Non, non, non«, protestierte Andreu. »Sie müssen ihn be'alten für kochen Bouillabaisse. Mm-m-m-uah! *Exquis!* Aber passen Sie auf, wenn Sie entfernen den Haken. *Sacrebleu*, die langen Stacheln auf seinem Rücken sind wie Messer.«

Als wollte sie gegen die Freveltat, dieses mickrige, kleine

Wesen zu fangen, protestieren, wurde die See auf einmal unruhiger, und wütende Wellen warfen das Boot ziemlich heftig hin und her. Während Andreu sich über die weiteren Zutaten seiner geliebten Marseiller Fischsuppe ausließ, behielt ich Ellie und Charlie genau im Auge. Ihre hochgezogenen Schultern und die über die Seite des Bootes hängenden Köpfe lieferten einen unmissverständlichen Hinweis darauf, wie sie sich fühlten. Mir taten sie Leid, da ich selbst schon ein- oder zweimal an Seekrankheit gelitten hatte. Es kann nur wenige grässlichere Gefühle geben, als von diesem Übel befallen zu werden, wenn man in einer schwimmenden Welt gefangen ist, die unaufhörlich unter den Füßen bockt und schlingert, und einem schon der zarteste Hauch Dieselkraftstoff den Magen umdreht.

Völlig ahnungslos von ihrer Qual, rundete Andreu seinen ausgedehnten Vortrag über das ultimative Rezept für Bouillabaisse ab, indem er damit schloss, dass dies unangefochten das köstlichste Gericht aus Meeresfrüchten sei, das es gab. »Abgesehen«, fügte er nach kurzer Überlegung hinzu, »von edlen rohen Austern, *naturellement*.«

Das gab Ellie den Rest. Wenn sie schon der Anblick einer winzigen gegarten Schnecke anwiderte, die sie an etwas erinnerte, das gerade jemandem aus dem Nasenloch gefallen war, so reichte allein die Vorstellung, dass rohe Austern (in ihren Augen dicke Schleimklumpen) ihren Schlund hinabglitten, aus, um sie würgen zu lassen. Nur leider wurde in ihrem fortgeschrittenen Stadium von Seekrankheit der Würgevorgang übersprungen und gleich durch heftiges Erbrechen ersetzt. Damit war auch Charlie geliefert. Seite an Seite, die Hinterteile in die Höhe gereckt, lieferten sie eine vollendete Darbietung im Fach Formationskotzen – zum großen Vergnügen von Michelle und Sasha, die hinter vorgehaltenen Händen kicherten.

Doch das *pièce de résistance* sollte erst noch kommen. Bei

Charlies letztem und ergiebigstem Erbrechen entwich ihm ein lauter Furz aus dem erhobenen Hinterteil, der wie ein Mini-Donnerschlag von den nahen Felswänden widerhallte und bei den beiden Kindern wilde Lachkrämpfe auslöste.

»Der Drache grollt«, sagte ich verlegen zu ihrer peinlich berührten Mutter.

»Das *mal de mer*«, meinte Andreu schmunzelnd. »Vielleicht es ist Zeit, nach 'ause zu fahren.«

Es war ein interessanter Ausflug gewesen, dachte ich auf der Heimfahrt. Für beide Seiten nützliche Geschäftsbeziehungen und – wie ich vermutete – gute Freundschaften waren geknüpft worden, obwohl wir unseren Gastgebern die Angeltour vermasselt hatten. Und auch wenn es vielleicht trotz Andreus gegenteiliger Beteuerungen falsch gewesen war, den unterentwickelten Drachenkopf aus dem Meer zu ziehen, so hatten sich Ellie und Charlie doch schwer ins Zeug gelegt, es wieder gutzumachen, indem sie seinen Brüdern und Schwestern ein unerwartetes Festmahl beschert hatten. Eine Art Fischer-Karma, könnte man sagen.

Ich erwähnte diese Überlegung Ellie gegenüber, als wir in Sant Elm die Helling hinaufstiegen, nachdem wir uns von Andreu und seiner Familie verabschiedet hatten. Sie lehnte es ab, sich auf dieses Thema einzulassen.

»Ist irgendwas mit deinen Beinen los, Charlie?«, erkundigte sich Sandy.

Ich wandte mich um, um Charlie anzusehen, der allein hinter uns herschlurfte. Er hatte wirklich einen reichlich seltsamen Gang.

»Bist du immer noch angeschlagen von der Basketball-Rauferei?«, fragte ich, während ich auf ihn wartete.

Er schüttelte den Kopf. Seine niedergeschlagene Miene stand in seltsamem Widerspruch zu dem Zwinkern in seinen Augen.

»Warum hast du dann so einen komischen steifen Gang?«, bohrte Sandy weiter.

Nach kurzem Schweigen murmelte Charlie: »Erinnert ihr euch noch an den Schuss nach hinten, den ich beim Kotzen losgelassen hab?«

Wir nickten alle und warteten auf das, was kommen musste.

»Hatte wohl leider ne brutal durchschlagende Wirkung«, bestätigte Charlie, ohne sich ein albernes Kichern ganz verkneifen zu können.

Ellie schlug sich die Hand vor den Mund und sauste schnurstracks aufs Wasser zu. Die Fische, so schien es, durften sich auf eine zweite Portion *paella* freuen.

Sandy hielt den leblosen kleinen Drachenkopf am Schwanz. »Du hast ganz schön was angerichtet, Kumpel«, schnaubte er und warf ihn den beiden streunenden Katzen hin, die sich bei unserer Ankunft um den verstreuten Inhalt einer Mülltüte gebalgt hatten. »Irgendwie hab ich den dumpfen Verdacht, dass uns Mum in absehbarer Zeit keine Bouillabaisse kochen wird.«

Neun

Schwein gehabt – im wahrsten Sinne des Wortes!

Als bekanntester Viehbauer des ganzen Tals (sein chaotischer kleiner Bauernhof ähnelte einer gestrandeten Version der Arche Noah) interessierte sich der alte Pep für so ungefähr alles, was mit Tieren zu tun hatte, und war überdies ein selbst ernannter Fachmann auf diesem Gebiet. Daher dauerte es nicht lang, bis er nach Ca's Mayoral herüberkam, um einen kritischen Blick auf Bonny zu werfen. Ich war gerade auf dem Hof hinterm Haus und versuchte, ihr das Kommando »Sitz und bleib« beizubringen, als Pep herbeigeschlendert kam. Er lehnte sich mit gekreuzten Beinen an den Torpfosten und sagte nichts, behielt aber alles genau im Auge, wie es seine Art war.

Nach wenigen Minuten begann das Spiel aus Sitzen und Sitzenbleiben Bonny zu langweilen, da es ihr offenbar sinnlos erschien, und so trottete sie hinüber, um Pep zu begrüßen. Mit unbewegter Miene sah er zu ihr hinab, während sie das unerschöpfliche Füllhorn interessanter Tiergerüche beschnupperte, das den Hauptbestandteil seiner Hosenbeine bildete, behielt aber die Hände fest in den Hosentaschen.

»Sind gute Kampfhunde, solche Doggen«, bemerkte er schließlich.

»Boxer, Pep. Sie ist eine Boxerhündin.«

»Kommt doch aufs Gleiche raus. *Coño,* ich kannte mal nen Mann, der von so ner Dogge angegriffen wurde. Hat ihm mit einem Haps die Hand abgebissen. Starker Kiefer. *Muy potente.* Kriegt man nicht mal mit der Brechstange auseinander, wenn sie sich in einen verbissen haben.«

»Vielleicht meinen Sie Bulldoggen«, wandte ich ein und kratzte mich an der Nase, um mein Schmunzeln zu verbergen.

»Ist doch das Gleiche. *Es igual.*«

Bonny hockte sich hin und pinkelte Pep vor die Füße. Die Düfte, die seine Hosenbeine verströmten, sagten ihr wohl, dass dies der geeignete Ort dafür war.

Pep musterte sie mit ausdrucksloser Miene. »Lassen Sie sie lieber verschneiden, bevor sie alt genug ist, um Junge zu werfen. Diese geilen Köter da drunten im Dorf ...« Er hielt inne, um aus dem Mundwinkel gekonnt ein Schleimgeschoss in Richtung Dorf abzufeuern. »Spitz genug, um es mit einem Astloch in einem verfaulten Baumstumpf zu treiben, diese *bastardos. Hombre,* sowie sie ihre Witterung aufnehmen, wenn sie läufig ist, werden sie hier rumschwärmen wie Priester um eine Wagenladung Chorknaben.«

Da hatte er nicht ganz Unrecht. Und obwohl er es geflissentlich verschwiegen hatte, bestand auch noch die Möglichkeit, dass sein dusseliger Hund Perro Bonny zur entsprechenden Zeit nachstellen würde. Wohlgemerkt, es war fraglich, ob Perro überhaupt begreifen würde, was der Zweck seines Besuchs war, wenn er erst mal hier war. Trotzdem würden wir vielleicht ernsthaft über Peps Sterilisationsempfehlung nachdenken müssen.

Er verschränkte erneut die Beine und beobachtete Bonny, die sich wieder darangemacht hatte, seine Hose zu beschnüffeln. Sie genoss eindeutig das Hunde-Quiz »Welcher Geruch ist das?«. Gehört alles zu ihrer Erziehung als Hofhund, dachte ich mir, und da sich Pep nicht daran zu stören schien, ließ ich sie weitermachen.

»Die Ohren«, sagte er. »Lassen Sie die lieber *pronto* machen. Wenn Sie bei diesen Doggenwelpen zu lang warten, wird es nichts mehr.«

»Die Ohren? Tut mir Leid, Pep, da kann ich Ihnen nicht folgen.«

Pep hob langsam den Blick und funkelte mich von unterhalb seiner vorhängenden schwarzen Baskenmütze an. »*Cuarenta putas!* Wozu hat man denn einen Hund mit einem Killergesicht, wenn er dann außenrum dämliche Schlappohren hängen hat? Weder Fisch noch Fleisch, *amigo*! *Bandidos* abschrecken? Hah! Sie wird zum Gespött der Leute werden und Sie dazu!«

Jetzt hatte ich es kapiert. Pep ging davon aus, dass ich dem – in vielen Ländern, darunter auch Spanien, bei Besitzern von Boxern beliebten – Brauch folgen würde, die Ohren des Welpen spitz beschneiden zu lassen, damit er »wilder« aussah. Ich hatte schon einige junge Boxer gesehen, die nach der Operation wochenlang gelitten hatten, während ihre »gestutzten« Ohren um Korken herum bandagiert waren, bis sie (vielleicht!) von allein aufrecht stehen blieben. Ich fand es, wenn nicht geradezu grausam, so doch unnötig, da ich der Meinung bin, dass die Köpfe von Boxern auch ohne derartige kosmetische Eingriffe wunderbar aussehen. Außerdem hatte ich noch nie einen Boxer gesehen, der das gehabt hätte, was Pep als »Killergesicht« bezeichnete. Ganz im Gegenteil, hinter den mopsartigen Zügen verbirgt sich eine der sanftmütigsten und verspieltesten Wesensarten, die man überhaupt bei Hunden finden kann. Zumindest war das die Erfahrung, die ich gemacht hatte, und das erklärte ich auch Pep – so diplomatisch ich konnte. Ich fügte (unbesonnenerweise, wie ich noch merken sollte) hinzu, dass das Beschneiden von Hundeohren in Großbritannien ohnehin verboten sei.

Pep sah aus, als bekäme er gleich einen Anfall.

»Gran Bretaña!«, stieß er hervor. »Das Beschneiden von Hundeohren ist also in *Gran Bretaña* verboten! Puh!« Er machte Anstalten, die Hände aus den Taschen zu nehmen, überlegte es sich dann aber anders und hob stattdessen einen staubigen Stiefel, um auf Bonnys kupierten Schwanz zu zeigen. »Wollen Sie mir vielleicht noch weismachen, dass es in *Gran Bretaña* auch verboten ist, Hundeschwänze zu beschneiden?«

Oh-oh! Da war ich ja böse in die Falle getappt. Mein kleinlauter Blick sagte alles.

»Dann ist es in *Gran Bretaña* also verpönt, einen Kampfhund machohafter aussehen zu lassen, indem man die Form seiner Ohren anpasst«, spöttelte er und genoss die Süße des bevorstehenden Triumphes, »aber es macht euch nichts aus, ihn ohne Kotfänger für seinen Arsch rumlaufen zu lassen!«

Das saß. Ich hielt es für angebracht, das Gespräch in eine andere Richtung zu lenken, wenn ich mir weiteren Ärger ersparen wollte. Wir hatten Bonny nicht als Kampfhund gekauft, erklärte ich; als Wachhund, das ja, aber auch als Familienhund.

Pep schüttelte bestürzt den Kopf. Auf seine typisch vorwurfsvolle Art drohte er mir mit dem Finger und klärte mich darüber auf, dass man sich die Idee, seinen Hund wie ein Schoßtier zu behandeln, ein für alle Mal aus dem Kopf schlagen musste, wenn man ihn lehren wollte, auf unwillkommene Fremde aggressiv zu reagieren. *»Hijo de puta«*, höhnte er, »wenn ich hundert Peseten für jeden Hund hätte, dem ich mit Erfolg beigebracht habe, das Haus seines Herren zu verteidigen – sogar unter Einsatz seines Lebens ...«

Mir fielen schlagartig zwei Dinge ein. Zum Ersten fühlte

sich Pep, wie viele andere Leute, die nur nach dem Äußeren gingen, offenbar unbehaglich in Gegenwart von »Doggen«. Man musste nur an seinen Widerwillen denken, in Gegenwart dieses Boxerbabys die Hände aus den Taschen zu nehmen. Zum Zweiten ging mir auf, dass *er* es ja gerade nötig hatte, sich als Meister des Aggressionstrainings zu gerieren. Schließlich hatte mich Perro, sein selbst gestrickter »Kampfhund«, fast zu Tode abgeschleckt, als ich mich das erste Mal auf Peps Bauernhof gewagt hatte, und es dann geschafft, mich vor lauter Begeisterung schwanzwedelnd voll zu pissen. Hatte Pep ihm womöglich beigebracht, Eindringlinge zu ersäufen?

Ich wollte mich über diesen Aspekt nicht auf ein verbales Tauziehen mit ihm einlassen, weil mir klar war, dass ich auf jeden Fall zweiter Sieger würde, egal, was ich sagte. Doch Pep starrte mich immer noch an und wartete meine Reaktion auf seine letzte Bemerkung ab.

Perro selbst kam zu meiner Rettung, indem er mit seinem gewohnt schwachsinnigen Grinsen auf den Hof wackelte und die sabbernde Zunge seitlich aus dem Maul hängen ließ. Perro war ein *Ca de bestiar,* Mallorcas einheimische Feld-, Wald- und Wiesenmischung, die großen, grobknochigen, schwarzen Labradors ähnelte und für alles, vom Schafehüten bis zur Jagd nach wilden Ziegen, eingesetzt wurde. Entsprechend den angeborenen Qualitäten der Rasse, die Pep zu loben nicht müde wurde, war Perro tatsächlich ein hübscher Kerl. Nur leider war er zu kurz gekommen, als die Gripsrationen verteilt wurden. Er blieb stehen, warf einen Blick auf Bonny, beschnupperte die Hosenbeine seines Herrchens, trottete dann weiter, hob ein Bein und spritzte eine schnelle Reviermarkierung auf Peps Stiefel.

Bonny hatte noch nie ein so großes Tier gesehen, doch anstatt sich von seiner Gegenwart einschüchtern zu lassen, witterte sie Spaß – vielleicht wegen Perros bekloppter Visage.

Sie senkte den Kopf, spreizte die Beine, hob das Hinterteil in die Luft und wedelte wie wild mit dem Schwanz. Dann schaute sie Perro ins Gesicht und ließ ein schelmisches »JIP!« ertönen.

Verblüfft machte Perro einen Satz nach hinten, gab ein wenig überzeugendes Knurren von sich und schlich hastig durchs Tor wieder hinaus, den Schwanz fest zwischen die Beine geklemmt.

»Zeichen für einen guten Kampfhund«, erläuterte Pep mit zuversichtlichem Nicken. »Spielt nie mit Welpen. *Va bé.*«

»Buenas!«, piepste ein Stimmchen hinter mir.

»Weh-ep!«, krächzte Pep, spähte an mir vorbei und lüftete kurz seine Baskenmütze.

Ich wandte mich um und sah die alte Maria Bauzá über die Mauer spähen, die unsere beiden Höfe trennt.

»Ich muss Ihnen etwas *muy importante* mitteilen«, sagte sie zu mir, um anschließend ein fünfminütiges Gespräch auf *mallorquín* mit Pep anzufangen, an dessen Ende Schweigen herrschte, während sie über die Tragweite dessen sinnierten, was sie soeben erörtert hatten. Die einzigen Wörter, die ich verstanden hatte, waren »Don Pedro *ací*« und *»porcs«*, was ein Hinweis darauf war, dass Schweine und ich zumindest ein Diskussionsthema gewesen waren.

Ich räusperte mich, um Maria daran zu erinnern, dass ich noch da war.

»Sí?«, sagte sie fragend.

»Etwas Wichtiges. Sie, ähm – Sie sagten, sie hätten mir etwas Wichtiges mitzuteilen.«

»*Sí?* Und was könnte das gewesen sein?«, fragte sie zurück.

Ich zuckte mit den Achseln. »Keine Ahnung.«

»Wie ich sehe, haben Sie einen Hund. Taugt nicht für Schafe, diese Art.«

Bevor ich sie daran erinnern konnte, dass ich keine Schafe hatte, setzte sie zu einem ihrer längeren Vorträge an – diesmal über alles, was mit Hunden zu tun hatte, angefangen damit, wie man mit einer brennenden Zigarette Zecken aus der Haut eines Hundes entfernt, bis hin zur schonendsten Art, Welpen zu ersäufen. Mittendrin gähnte Pep und brummte uns ein »*Adéu*« zu. Ich beneidete ihn. Verstohlen sah ich auf die Uhr. Verdammt, ich war bereits zu spät dran zu einer Verabredung mit Jordi, der darauf gepocht hatte, dass ich heute mit ihm Tomatenpflanzen kaufte. Trotzdem bestand noch kein Anlass zur Sorge, da er ohnehin zu spät kommen würde. Das taten normalerweise alle hier (außer Pepe Suau), und so langsam gewöhnte ich mich daran.

»Und«, erklärte Maria abschließend, wobei sie das Ende ihrer Rede mit einem geräuschvollen Scheppern ihrer unverwüstlichen Hacke auf der Mauer unterstrich, »Sie wären besser bedient gewesen, wenn Sie sich einen Deutschen Schäferhund gekauft hätten!« Mit diesen Worten wandte sie sich zum Gehen. Offenbar hatte sie alle wichtigen Punkte (und noch ein paar weitere) an den Mann gebracht.

»*Gracias*«, rief ich ihr nach. »*Hasta luego,* Maria. Bis bald.«

Dankbar dafür, dass die heutige Strafpredigt relativ kurz geraten war, sammelte ich Bonny auf und ging aufs Haus zu.

»Schweine!« Das war wieder Maria, deren quäkender Schrei von der Hauswand widerhallte. »Der Laden für landwirtschaftlichen Bedarf in Andratx hat heute einen Wurf Ferkel reinbekommen. Ich habe das beste Tier für Sie ausgesucht. Noch dazu zu einem guten Preis. Ich habe dem Geschäftsführer gesagt, dass Sie es später abholen würden. *Adéu.*«

Verflixt und zugenäht! Ich hatte den Schweinekauf aufgeschoben, seit Maria vor Monaten zum ersten Mal erklärt hatte, dass ich eines brauchte. Jetzt hatte sie mich geschickt dorthin manövriert, wo sie mich haben wollte.

»Wie soll ich mich denn da rauswinden, ohne sie erstens zu beleidigen und zweitens noch eine verbale Abreibung zu kassieren?«, fragte ich Ellie in der Küche.

»Warum rauswinden? Neben dem Traktorschuppen ist ein leerer Pferch. Da können wir ein Schwein unterbringen. Wie Maria sagt, von Fallobst und Küchenabfällen wird es gratis fett. Kommt mir einleuchtend vor.«

Durchaus logisch, musste ich zugeben, auch wenn es ein bisschen seltsam war, nach Ellies vegetarischen Anwandlungen im Restaurante Ca'l Dimoni dies von ihr zu hören. Allerdings hatten wir früher in Schottland schon einmal Schweine gehalten, und der Ärger hatte nicht lange auf sich warten lassen. Etwas sagte mir, dass es diesmal nicht anders sein würde.

* * *

Jordi saß vor der Bar Nuevo, als ich in Andratx auf den Platz fuhr. Natürlich war er gerade dann pünktlich, wenn ausnahmsweise einmal ich zu spät kam.

»Teufel auch! Ich schon denken, du einen Dreck nix kommen«, sagte er statt eines Grußes.

Ich entschuldigte mich und begann zu erklären, dass mir die alte Maria aufgelauert hatte. Doch Jordi interessierte das nicht.

»Ich sein machen eine verflucht gute Schnäppchen heute Morgen«, fiel er mir ins Wort, wobei sich ein selbstzufriedenes Lächeln auf seinem Gesicht ausbreitete. »*Zwei* verflucht gute Schnäppchen, Mann. Echt wahr. Auf Jordis *finca.* Ich dich bringen und zeigen.«

Erst da bemerkte ich das halb leere Bierglas vor ihm auf dem Tisch. Während er noch beim Gedanken an seine Schnäppchen schmunzelte, griff er danach und leerte es in einem Zug.

»Eins für unterwegs«, sagte er, lehnte sich nach hinten und brüllte durch die offene Tür ins Lokal: »Ay, Guillermo! *Dues cervesas, si us plau!*«

Dass Jordi zwei Bier bestellte, wäre normalerweise nichts

Ungewöhnliches gewesen – eigentlich eher völlig normal, wenn er nicht erst vor ein paar Wochen von seinem Arzt eindringlich davor gewarnt worden wäre, jemals wieder Alkohol zu trinken.

»Hast du den Orangensaft schon aufgegeben, Jordi?«, erkundigte ich mich.

Er machte eine abfällige Handbewegung. »Pah! Verflucht beschissene Drecksorangensaft sein machen Jordis Kutteln kneifen.« Er rieb sich den Oberbauch. »Zu viele Säure für mich.« Der Ausdruck düsteren Selbstmitleids legte sich wieder auf seine Miene. »Drecksdokter mir sagen, na gut, Jordi, du von jetzt an nur noch trinken die Wässer.« Er grübelte einen Moment lang darüber nach und fuhr dann fort: »Majorki-Wässer haben zu viele Kalker in sich, echt wahr. Verstopfen jede Wasserleitung und machen viele Felsbrocken in Jordis Steaks.« Er rieb sich die Nieren, um seine Aussage zu unterstreichen. »Drecksorangensaft und Majorki-Wässer sein machen verrotten Jordis ganze Gedärmer. Iss verflucht albern …«

»Du trinkst also wieder Bier, ja?«, sagte ich, während ich mir ein Kichern verkniff.

Jordi beschloss, diese dumme Frage zu überhören, und wandte seine Aufmerksamkeit stattdessen den beiden mittelgroßen Gläsern Fassbier zu, die Guillermo gerade auf den Tisch stellte.

»Teufel auch, Guillermo!«, brach es empört aus ihm heraus. »Ich hab dir doch gesagt, du sollst mir ab jetzt nur noch kleine bringen!«

Guillermo zwinkerte mir wissend zu, während er Jordis leeres Glas mitnahm, das genau dieselbe Größe hatte wie die beiden vollen.

»*Salud*, Jordi«, sagte ich. »Auf deine Gedärmer.«

Jordi hob sein Glas. »Viele Prost, Mann«, sagte er strahlend. »Deine beste Gesundheit hinter die Binden.«

Jordis *finca* oder genauer gesagt *huerto* – im Grunde nur ein paar Gemüsebeete mit einem winzigen Geräteschuppen – bot trotz ihrer geringen Größe gewisse nicht zu verachtende Vorteile. Sie war vom Ort aus leicht mit dem Moped zu erreichen, umfasste einen wunderbar ebenen keilartigen Streifen Landes mit tiefem, reichhaltigem Boden, profitierte von der kühlen Luft, die durch den Coll d'Andritxol-Pass strömte und lag von den Bergen rechts und links geschützt doch an einem der sonnigsten Fleckchen. Aber das Beste daran war und blieb ihre Nähe zu dem unerschöpflichen Wasservorkommen aus der kommerziell erschlossenen Quelle direkt daneben. Verglichen mit den vielen tausend Litern, die Tag für Tag vom Brunnen in eine endlose Kette von Tanklastwagen gepumpt wurden, war die Wassermenge, die für eine großzügige Bewässerung von Jordis *huerto* benötigt wurde, verschwindend gering – aber trotzdem von unschätzbarem Wert. Und das prachtvolle Aussehen des Gemüses, das er dort zog, war Beweis genug.

»Aber ich trotzdem brauchen die Scheißen«, erklärte er mir, während er mir stolz die Reihen seiner Kartoffeln, Bohnen und Zwiebeln zeigte. »Und deshalb Jordi heute Morgen kaufen die Super-Schnäppchen.«

Ich war beeindruckt.

Er führte mich zur *casita de aperos*, einem fensterlosen Steinschuppen, der sich an die steile Anhöhe lehnte.

»Ich manchmal hier schlafen für die *siestas*«, teilte er mir mit, während er mit erwartungsvollem Grinsen das Vorhängeschloss aufsperrte. »Viele Kühle für ruhen in Frieden.«

Er stieß die knarrende Holztür auf und winkte mich hinein. Bevor sich meine Augen an die Dunkelheit gewöhnt hatten, stiegen mir die vermischten Gerüche von Feuchtigkeit, Benzin, abgestandenem Speiseöl und Tieren in die Nase. Irgendetwas meckerte in der Düsternis. Etwas Zweites erwiderte das Meckern.

Jordi stupste mich an. »Verfluchte Drecks-Schnäppchen«, gluckste er. »Gute Teile.« Er griff nach oben und entzündete eine Paraffinlampe, die von einem wurmstichigen Dachbalken herabhing.

Das Innere der *casita* war ein Durcheinander von Werkzeugen, Säcken, Blechdosen, einem uralten Zweitaktkultivator und einem Camping-Gaskocher mitsamt einer abgenutzten Bratpfanne. Mit breitem Grinsen wies Jordi auf den hinteren Teil des Schuppens, wo zwei junge schwarze Ziegen zufrieden an der Füllung einer auf dem Boden liegenden Matratze kauten. Unbeeindruckt davon, dass die Zicklein das verzehrten, was ich für seinen *siesta*-Ruheplatz hielt, stieß Jordi ein begeistertes Kichern aus.

»Wie ich dir sagen, ja? Verflucht gute Teile, und viele billig. Jetzt mit den Scheißen von die Ziegen Jordis *finca* kriegen die bestesten Dünger gratis.«

Wie auf ein Stichwort ließ eines der Zicklein eine großzügige Menge Dung auf seine Matratze fallen.

»Siehst du«, lachte Jordi, »er schon gleich anfangen die verfluchte Arbeit.« Er sagte mir, dass er die Zicklein, bis er ihnen einen Pferch gebaut habe, draußen an einen Pflock binden müsse, und fragte mich, ob ich ihm helfen würde, ihnen Halsbänder anzulegen. »Dreckszziegen nix mögen die Halsband erste Mal, echt wahr.«

Wie Recht er hatte.

Kaum hatte er die beiden uralten Ledergurte von einem Nagel an der Wand genommen, da wechselten die Zicklein schon schalkhafte Blicke, meckerten eine einhellige Absichtserklärung und sprangen mit einem eleganten Satz zur Tür hinaus. Bis Jordi und ich aus der *casita* gestolpert kamen, um sie zu packen, waren sie bereits auf der Flucht den Berg hinauf, tänzelten über das Geröll und huschten ohne jede Achtung vor der Schwerkraft die Steilwände hinauf. Wir machten den symbolischen Versuch, ihnen nachzusetzen, mussten aber schon bald unsere Niederlage eingestehen. Wir waren restlos erledigt, nachdem wir nur wenige Meter geklettert waren. Wir lehnten uns jeder gegen einen Baum und schnappten nach Luft, während die Zicklein von einem Felsvorsprung hoch oben spöttisch auf uns herabsahen. Sie gaben ein letztes gemeckertes Ziegenlachen von sich und waren weg – hopsend verschwanden sie im Wald und in einem Leben der Freiheit.

»Verflucht!«, keuchte Jordi und starrte unglücklich auf die zwei Halsbänder in seiner Hand. »Jordi jetzt *immer noch* brauchen die Scheißen.«

Vielleicht ein passender Abgesang auf seine kurze Karriere als Ziegenhirt.

Doch Jordi war hart im Nehmen, und als wir mit dem Auto losgefahren waren, um unsere Tomatenpflanzen zu kaufen, hatte er den Verlust seiner Ziegen schon verwunden und lachte und scherzte, als sei nie etwas gewesen. Seine Laune hatte sich zweifellos durch die Aussicht auf ein weiteres schnelles Bier in der Bar Nuevo gebessert, aber solange sich seine »Kutteln« nicht beschwerten, war es doch ohnehin egal! Das war Jordis derzeitige Lebensphilosophie, und wer konnte es ihm schon verdenken? Er war ein überaus geselliger Mensch, der nichts mehr liebte, als mit jedem, der Lust hatte, ihm zuzuhören, gemütlich eine oder auch dreißig Minuten zu plaudern – und zwar am liebsten bei ein paar Bierchen. Jordi genoss Gesellschaft, etwas, das bei ihm zu Hause Mangelware war, seit seine englische Frau vor ein paar Jahren nach Coventry zurückgegangen war, um sich um ihren alternden Vater zu kümmern. Und so konnte man Jordi häufig dabei antreffen, wie er seinen zwei Hobbys frönte und in irgendeiner seiner fünf oder sechs Lieblingskneipen in der Umgebung mit jemandem plauderte und dabei ein Bierchen schlürfte, wenn er nicht gerade seine *finca* bewirtschaftete oder gelegentlich seinen Beruf als Zimmermann ausübte und unten in Port d'Andratx für durchreisende Jachtbesitzer arbeitete. Daher war es ein schwerer Schlag für ihn gewesen, auf einen unerlässlichen Bestandteil seines lockeren Lebensstils verzichten zu müssen. Doch man musste Jordi zugute halten, dass er der ärztlichen Vorschrift eine Testphase eingeräumt, sie als unbrauchbar verworfen und *seine* bevorzugte Lebensweise als die richtige für sich erkannt hatte. Seine »Gedärmer« mussten eben selbst schauen, wo sie blieben. Und wer weiß? Wenn er sich daran hielt, immer nur ein paar Bierchen zu trinken und olympische Brandy-Saufgelage mit Typen wie Wayne Murphy zu unterlassen, würde sich seine eigene Prognose vielleicht letztlich als günstiger erweisen als die des Arztes. Kurzfristig betrachtet, bot sie auf jeden Fall mehr Lebensfreude.

Das Dorf Banyalbufar steht in dem Ruf, die besten Tomaten auf der ganzen Insel hervorzubringen, und so lag nahe, dass man dort auch die besten Pflanzen erstehen konnte. Außerdem hatte Jordi dort einen alten Kumpel, der – zumindest laut Jordi – der unbestrittene *maestro de maestros* in der Kunst des Tomatenzüchtens war. Die Sache hatte allerdings einen Haken, wie mir Jordi eindrücklich erläuterte: Sein Freund verkaufte seine wertvollen Pflanzen nicht einfach an jeden, sondern nur an wenige kenntnisreiche Erzeuger wie ihn selbst, die das Beste aus ihnen herauszuholen wussten. Der Ruf, das verstünde ich sicher, musste geschützt, die Qualität des Produkts gewahrt bleiben.

»Dann bin ich aber aus dem Rennen. Ich habe in meinem ganzen Leben noch keine einzige Tomate gezogen.«

Jordi zwinkerte mir zu, als wollte er sagen »Überlass das nur mir«, lehnte sich auf seinem Sitz zurück und wies mich an, von Andratx aus die Straße Richtung Norden nach Estellencs zu nehmen.

Nach einem stetigen Anstieg durch Kiefernwälder überquert die Straße schon bald den Coll-de-Sa-Gremola-Pass und schlängelt sich dann an den zerklüfteten Berghängen entlang. Lücken zwischen den Bäumen gestatteten immer wieder Ausblicke auf das Mittelmeer, das weit unten in der Sonne glänzte. Diese atemberaubende Bergstraße klammert sich Kilometer für Kilometer an die zerklüfteten Felsen der Tramuntana und verschwindet gelegentlich in einem kurzen Tunnel, aus dem sie bald wieder auftaucht. Dann trennt sie nur noch ein niedriges Mäuerchen von einer Felswand, die dreihundert Meter senkrecht zum Meer abfällt.

Jordi war in seinem Element und sang ein Loblied auf die spektakulären optischen Überraschungen, die seine Heimatinsel hier an jeder Ecke präsentierte. »Jederzeit besser als die verfluchte dämliche französische Riviera, Mann! Jordi dort sein gewesen. Jordi wissen!«

Ich war nicht dort gewesen, also wusste ich es nicht. Doch ich war geneigt, ihm zu glauben, da ich mir nur schwer eine vergleichbare Landschaft vorstellen konnte, die faszinierender hätte sein können als die vor meinen Augen.

Jordi erklärte mir, dass es spezielle *miradores* oder Aussichtsplätze gab, die auf der gesamten Strecke, bis nach Kap Formentor am nördlichsten Zipfel der Insel, an strategisch günstigen Punkten in den Berg gebaut worden waren. Nachdem wir das Dorf Estellencs passiert hatten, schlug er vor, an einem solchen Platz anzuhalten, zu dem auch ein alter *talaia* oder Wachtturm gehört, der auf der Kante einer Felsnase hoch über dem Meer steht, kurz bevor die Straße nach Banyalbufar hinabschwenkt. Mittag war schon vorbei, und da zu Hause in Ca's Mayoral noch so viel zu tun war, wäre ich lieber zügig weitergefahren und hätte mir die Aussichtspunkte für ein andermal aufgehoben. Doch Jordi, der meine Unruhe spürte, empfahl mir mit deutlichen Worten, verflucht noch mal *tranquilo* zu sein wie er und das Drecksauto dort anzuhalten, wo er mir sagte.

Schon bald war ich froh, dass er mich zu diesem kleinen

Auswuchs des *mañana*-Syndroms gezwungen hatte. Die Aussicht vom Mirador de Ses Ànimes war einfach nicht von dieser Welt. Selbst jemand, der kein großer Freund von Höhen ist, musste von dem Blick fasziniert sein, der sich oben vom *talaia* bot. Ein Panorama aus zerklüfteten Landzungen zog sich bis zum Horizont die ganze Küste entlang, von der Insel Dragonera im Süden bis nach Cap Gros im Norden, das die Hafeneinfahrt nach Port de Sóller markiert. Nun war leicht zu begreifen, warum die Türme auf derartigen Felsvorsprüngen errichtet worden waren. Sie hatten nämlich jahrhundertelang als Beobachtungsposten gedient, von denen aus nahende Piratenschiffe früh entdeckt und die entsprechende Warnung die Küste entlang durch Feuerzeichen weitergegeben werden konnte.

Wenn man über die Brüstung schaute, machte es die senkrecht abfallende Felswand unterhalb des Turms unmöglich abzuschätzen, wie hoch wir über dem Meer waren. Doch es war Schwindel erregend hoch. Hoch genug, um auf fingernagelgroße Möwen hinabzublicken, die träge auf warmen Aufwinden kreisten. Hoch genug, um mit einem ausgestreckten Daumen die Umrisse einer großen Jacht bedecken zu können, die fast direkt unter uns still vorbeisegelte. Doch hinter uns ragten die majestätischen Gipfel der Tramuntana noch höher auf, zeichneten ein Zackenmuster an den Himmel und ließen alles unter ihnen zwergenhaft erscheinen. Es war ein geradezu überwältigendes Erlebnis, und ich wäre sicher noch länger geblieben, wenn mich Jordi nicht aus meiner Trance gerissen hätte, indem er ausnahmsweise einmal vom *mañana*-Prinzip abwich.

»Komm schon, Herrgott noch mal!«, drängte er. »Wenn wir jetzt nicht eilen, Jordis Freund Tomeu, der Tomatenmann, schon sein weg von seine *finca* für die verfluchte Mittagessen.«

Und so setzten wir unsere malerische Fahrt nach Banyalbufar fort.

In eine breite Senke der tieferen Hänge des Berges Mola de Planicie gebettet, ist Banyalbufar typisch für alle Dörfer, die an diesem zerklüfteten Küstenabschnitt Mallorcas liegen – anheimelnde Siedlungen aus Steinhäusern in warmen Farben, die sich in steil zu winzigen, verborgenen Buchten abfallenden Bergschluchten zusammendrängen.

Die einzigartige Mischung aus Ruhe, der Gelassenheit der Berge, der Nähe des Meeres und der Reinheit des Lichts zieht schon seit langem Schriftsteller und Künstler an, die sich in diesen bezaubernden kleinen Gemeinden niederlassen und hier arbeiten. Doch die große Mehrheit der Einwohner zählt nach wie vor zu den alteingesessenen Familien, die schon seit Generationen ein beneidenswertes Leben führen, indem sie das Land bearbeiten und die Früchte des Meeres ernten, auch wenn das Einkommen, das sie daraus beziehen, bescheiden ist.

Was Banyalbufar allerdings von den anderen Dörfern unterscheidet, ist die schiere Masse seiner *bancales*, bebauter Terrassen, die sich in scheinbar endlosen Stufen von der felsigen Küste den ganzen Weg bis hinauf zum Fuß der steilsten Berghänge ziehen. Die vorbildlich gebauten Stützmauern um diese fruchtbaren Landstreifen folgen den ausgefallenen Umrissen des Tales genau und umschließen so jeden Zentimeter bebaubaren Bodens.

Wir hielten am Dorfrand an, und Jordi zeigte auf ein komplexes System mit Stein ausgekleideter Kanäle, die Quellwasser von den Bergen zu großen Speichern leiten, welche auch aus Stein gebaut und geschickt platziert waren, um der Reihe nach jeder Terrasse Bewässerung zukommen zu lassen. In Jordis Augen hatten es die *bancales* von Banyalbufar verdient, als eines der ingenieurtechnischen Weltwunder zu gelten. Und die Tatsache, dass dieses erstaunliche Beispiel für die Erfindungsgabe des Menschen schon vor tausend Jahren, während der arabischen Besetzung der Insel, entstanden sein soll, würde wohl kaum jemanden dazu veranlassen, ihm zu widersprechen.

Zur *finca* seines Freundes Tomeu gehörten ein paar Terrassen oberhalb des Dorfes, wohin von der Straße aus ein steiler Anstieg über mehrere Steintreppen führte. Tomeu, ein rundlicher kleiner Mann von etwa sechzig Jahren mit fröhlichem Gesicht, war gerade mit dem Eggen eines Stücks Land fertig geworden, als wir keuchend angestolpert kamen. Er und Jordi begrüßten einander mit dem typisch mallorquinischen Überschwang – herzliche Umarmungen und Klopfer auf den Rücken wechselten sich mit Kaskaden glucksender Neckereien ab, aus denen wie üblich am häufigsten das Wort *»coño«* herauszuhören war. Interessanterweise ist die wörtliche Übersetzung von *coño* eigentlich das Tabuwort »Fotze«. Doch im Spanischen ist es ein ganz gewöhnlicher Ausdruck für kumpelhafte Vertrautheit, freundliche Begrüßung oder schlimmstenfalls gemäßigte Empörung – ein harmloses Wort, das von beiden Geschlechtern gleichermaßen benutzt wird. Es war eine jener Anomalien der Sprache, die mir zwar geläufig waren, die ich aber noch nicht selbst zu verwenden wagte, wenn ich mit den Einheimischen Spanisch sprach. Nennen wir es einfach kaledonische Zurückhaltung!

Als die auf *mallorquín* geführten Vorverhandlungen zwischen den beiden alten Freunden beendet waren, erklärte Jordi Tomeu, dass wir von jetzt an in kastilischem Spanisch miteinander sprechen würden. *El escocés aquí* (der Schotte hier) käme damit ganz gut klar, sagte er, auch wenn ich nach wie vor »verflucht scheißunfähig« sei, ihr Inselidiom zu verstehen. Tomeu zuckte die Achseln. *No problema.* Aber trotzdem konnte sich Jordi nicht verkneifen, jeden spanischen Satz, den Tomeu von sich gab, ins Englische zu übersetzen. Dass sein sprachliches Können Tomeu veranlasste, ihn mit großen Augen bewundernd anzulächeln, wurde von Jordi mit selbstzufriedenem Schmunzeln quittiert.

Nachdem er mir verschmitzt zugezwinkert hatte, band er Tomeu einen Bären auf über *el escocés aquí,* wonach ich einer der führenden Tomatenzüchter in *Gran Bretaña* sei und jetzt meine eigene *finca* in der Nähe von Andratx besäße, wo ich vorhätte, meine ausgewiesenen Kenntnisse unter der herrlichen Sonne Mallorcas zu vervollkommnen. Während ich mich innerlich wand, fuhr Jordi fort, meine Verdienste als Tomatenzüchter mit immer übertriebeneren Märchen auszuschmücken. Ich flehte insgeheim darum, dass mir Tomeu keine Frage zu diesem Thema stellte, doch zum Glück schien er vor Jordis ausgedehnter Schilderung meines Lebenslaufs als Tomatenzüchter zu viel Ehrfurcht zu haben, um ihn zu unterbrechen.

»Es ehrt mich, dass Sie meine bescheidene *finca* besuchen«, sagte Tomeu mit einer anmutigen kleinen Verbeugung, nachdem Jordi endlich die Lügen ausgegangen waren. Er nahm mich beim Ellbogen und führte mich zu einer höher gelegenen Terrasse. »Kommen Sie, ich zeige Ihnen die Ausstellung der diesjährigen Jungpflanzen. Ich wäre Ihnen für ein paar Ratschläge bezüglich der neuen Sorten sehr dankbar – Krankheitsresistenz, optimaler Einsatz von Düngemitteln, Ertragspotenzial und so weiter.«

Hoppla!, dachte ich, ertappt!

Doch Jordi eilte unverzüglich zu meiner Rettung – und seiner eigenen.

»Nein!«, sagte er bestimmt und legte Tomeu bremsend die Hand auf den Arm. »Keine Zeit. *El escocés aquí* ist ein viel beschäftigter Mann. *Hombre,* er ist heute den ganzen Weg hier rausgekommen, um deine Tomatenpflanzen zu kaufen, nicht um sie zu inspizieren.«

Tomeus Miene leuchtete auf, und sein Mund verzog sich zu einem breiten Grinsen. *»Coño!«,* rief er und klatschte mir dann wiederholt mit beiden Händen auf die Wangen. *»Ay-y-y, coño-o-o-oh!«*

Ich hatte die *coño*-Barriere durchbrochen – und das gleich zweimal. Es ging aufwärts.

Er würde es als Privileg betrachten, mir ein paar Pflanzen zu verkaufen, sagte er hastig. Dann setzte er eine ernste Miene auf, um Jordis Vorwarnung zu bestätigen, dass er mittlerweile sehr vorsichtig damit sei, wem er sie verkaufe. Nur an geachtete Züchter. *Carám!* Erst vor zwei Jahren habe er Pflanzen an einen Mann verkauft, den er nicht kannte, nur um festzustellen, dass der *bastardo* dann versäumt habe, sie angemessen zu pflegen. Die Ernte war natürlich zur Katastrophe geraten, und einige Pflanzen waren sogar abgestorben. »Das war sehr schlecht für meinen Ruf, wie Sie sich unschwer vorstellen können. Auch wenn man mir wirklich keinen Vorwurf machen konnte.« Das Lächeln kehrte auf sein rundliches Gesicht zurück. »Aber in Ihrem Fall, *amigo,* gibt es keine solchen Bedenken. *Al contrario,* mit Ihrer Erlaubnis werde ich Sie vielleicht sogar auf Ihrer *finca* besuchen, um etwas über die neuesten Methoden der Tomatenkultur zu lernen, worin Sie ja Jordi zufolge ein Meister sind.«

»Danke, Jordi«, murmelte ich, während ich mir für Tomeu ein vorgetäuschtes warmes Lächeln abrang. »Jetzt hast du mich voll reingeritten.«

Doch Jordi warf mir nur den altbekannten Blick zu, der »*tranquilo,* Herrgott noch mal« bedeutete, und erklärte dann Tomeu, was wir genau an Tomatenpflanzen brauchten, wobei er seinen Freund immer wieder daran erinnerte, dass *el escocés aquí* in Eile war. »In Andratx wartet ein Schwein auf ihn.«

»*Por supuesto!*«, versicherte Tomeu und strahlte übers ganze Gesicht. Diesmal nahm er uns alle beide, Jordi und mich, an den Ellbogen. »Selbstverständlich, aber zuerst müsst ihr kurz in meine *casita de aperos* kommen. *Sí,* ich habe etwas ganz *especial* für euch.«

Sein kleiner Geräteschuppen erwies sich als das gewohnte Durcheinander von Werkzeugen, Kisten und anderem landwirtschaftlichem Zubehör, ergänzt durch ein kleines hölzernes Schränkchen, das über einer Werkbank an die Wand montiert war. Tomeu schloss es auf, nahm drei Gläser heraus und stellte sie auf die Bank. Mit verschwörerischem Zwinkern fasste er erneut in das Schränkchen und beförderte eine alte Steingutflasche mit einem kleinen runden Griff am Hals und einem Korkverschluss zutage.

Ich sah, wie Jordi bleich wurde. »*Fuck me!*«, stöhnte er auf Englisch. »Nicht diesen Drecks-*orujo*!«

Auf der Stelle begriff ich, was ihm Angst einjagte. Da *orujo* der sagenumwobene schwarzgebrannte Schnaps der Spanier ist, hatte Jordis angeschlagene Leber offenbar schon beim bloßen Gedanken daran Krämpfe bekommen.

Ohne die »Kuttel«-Sorgen seines Freundes zu bedenken, begann Tomeu das leicht milchige Gesöff ins erste Glas zu gießen. Dabei versicherte er mir, dass im Gegensatz zu den laschen, im Handel erhältlichen Versionen, die man heutzutage auf den Regalen manch schicker Bars finden konnte, dieser *orujo* der echte war. »*Hombre,* bei diesem Stöffchen entscheidet sich, wer ein Mann und wer eine Memme ist!«

Ich versuchte meinerseits so höflich wie möglich ein Glas der seltenen Spirituose abzulehnen – Autofahren, die Guardia Civil und dergleichen. Mit verlegenem Lächeln sagte ich, das werde er hoffentlich verstehen.

Aber nein. »Die Guardia Civil!«, fauchte er höhnisch. »Wen jucken denn die? Für die Straße nach Andratx hat es heute keine Ankündigung gegeben.«

Was er damit meinte, war die rücksichtsvolle Praxis der Polizei, Datum und Uhrzeit geplanter Alkoholkontrollen auf den Straßen ein oder zwei Tage vorher in der lokalen Presse bekannt zu geben. Meiner zynischen Ansicht nach zu schön, um wahr zu sein, nachdem ich eher an die weniger benutzerfreundliche Art der schottischen »polis« gewohnt war. Doch dieser Einwand hätte bei Tomeu vermutlich nur folgende

Reaktion hervorgerufen: »Sie sind aber jetzt nicht in *Escocia, amigo,* also trinken Sie aus!«

Er erklärte weiter, dass er, obwohl von missgünstigen Hurensöhnen in Madrid ersonnene neumodische Gesetze es nahezu unmöglich gemacht hätten, heute noch den wahren *orujo* aufzutreiben, das Glück habe, das Vertrauen eines *anciano* zu genießen, der ihn nach wie vor herstellte – ein alter Bursche, der das Geheimnis gelernt hatte, als er vor vielen Jahren in der Provinz Galizien arbeitete. »*Sí*«, schloss Tomeu wehmütig, »jetzt gibt es nur noch die Brennerei des alten Vicenç – droben in den Bergen bei …« Seine Worte gingen in ein geheimnisvolles Glucksen über. Dann reichte er uns unsere großzügig gefüllten Gläser, wobei er Jordi an die vielen seligen Male erinnerte, die sie im Lauf der Jahre diesen wunderbaren schwarzgebrannten Sprit gepichelt hatten.

Ich sah, wie sich ein verwirrter Ausdruck auf Tomeus Miene legte, als Jordi trübsinnig auf sein Glas starrte. »*Qué pasa, amigo?*«, fragte er. »Was ist los? Ist dir das Glas nicht groß genug?« Er versetzte seinem Freund einen tröstlichen Klaps auf die Schulter. »*A-y-y-y, no problema, Jordi!* In der *jarra* ist noch jede Menge. *Salud y pesetas, eh!*« Damit stieß er sein Glas gegen unsere beiden Gläser und spülte den Inhalt des seinen in einem Zuge hinunter.

Was würde Jordi jetzt tun, fragte ich mich. Offensichtlich hatte er keine Lust, seinem alten Saufkumpan zu gestehen, dass man ihn vor harten Sachen gewarnt hatte. Zugleich sah ich ihm an, dass ihm sein gesunder Menschenverstand davon abriet, das Zeug zu trinken. Der gesunde Menschenverstand unterlag. »*Salud!*«, sagte er und stürzte den *orujo* hinunter, wobei er sich nach Kräften bemühte, nicht das Gesicht zu verziehen, als der Schnaps in seinem Magen ankam.

Sowohl er wie auch Tomeu schauten auf mein immer noch volles Glas. »*Salud!*«, riefen sie im Chor und blickten mir unverwandt in die Augen. Ihre Mienen sagten mir, dass es mich teuer zu stehen käme, wenn ich mich als Spielverderber zeigte.

»Na gut«, sagte ich. »Wenn's der Brauch verlangt. *Salud!*«

Ich rang mit wesentlich weniger Erfolg als Jordi darum, nicht das Gesicht zu verziehen. Das unwillkürliche Schaudern sorgte dafür. Meiner ersten Einschätzung nach schien der *orujo* ein mieser Brandy zu sein, doch kaum eine Sekunde später meldeten meine Geschmacksknospen »Abbeizmittel mit einem Hauch Batteriesäure«.

»Verdammt scheißguter Stoff, was?«, sagte Jordi.

»M-hm«, japste ich und blinzelte mir die Tränen aus den Augen.

»Una copita más«, meinte Tomeu schmunzelnd. »Noch ein Gläschen.«

Jordi sang den ganzen Rückweg nach Andratx mallorquinische Volkslieder, während ich mich darauf konzentrierte herauszufinden, von welcher der drei weißen Linien in der Mitte der Straße ich mich rechts halten musste. Tomeus »noch ein Gläschen« war weitere vier Male wiederholt worden (soweit ich mich erinnerte). Erstaunlicherweise schienen Jordis »Kutteln« die Tortur gut überstanden zu haben. Er lud mich sogar ein, noch »einen für die Drecksstraßen« mit ihm zu trinken, als ich ihn mitsamt seinen Tomatenpflanzen vor der Bar Nuevo absetzte. Doch ich hatte Gott sei Dank einen Termin – das erste und letzte Mal in meinem Leben, dass meine Haut von einem Schwein gerettet wurde.

* * *

Ich kann nicht behaupten, Experte für Schweine zu sein, doch das bisschen Erfahrung, das ich mit ihrer Haltung besaß, hatte mich gelehrt, dass jedes einen anderen Charakter besitzt und in jeder Gruppe von Schweinen eine Hackordnung existiert – falls das Wort »hacken« in Bezug auf unsere rüsseltragenden Freunde nicht fehl am Platze ist.

»Das ist ein sehr schönes *porc, sí?*«, sagte Josep, der Geschäftsführer des Depots für landwirtschaftlichen Bedarf, lächelnd.

Das stimmte, und außerdem war es offensichtlich ein Chef-Schwein, das sich im Pferch durch die Gruppe der anderen hindurch seinen Weg bahnte, damit es sich aufrichten und mich mit über das Gatter drapierten Vorderhaxen in Augenschein nehmen konnte. Das kleine Ferkel strahlte Selbstvertrauen aus und litt außerdem, wie ich aus dem hochnäsigen Gesichtsausdruck schloss, an einem Überlegenheitskomplex. Mit Schweinepersönlichkeiten wie dieser war ich schon früher aneinander geraten ... und ich hatte jedes Mal den Kürzeren gezogen. Doch es war eindeutig das schönste des ganzen Wurfes, und wenn ich mich überhaupt mit einem Schwein belasten wollte, war es ratsam, mir das beste auszusuchen – trotz der unausweichlich bevorstehenden Kämpfe.

Wir stiegen in den Pferch.

»Setzen Sie es auf seinen *culo*«, sagte Josep, »dann binde ich ihm die Füße zusammen.«

Die erste Runde ging in null Komma nichts an das Schwein. Als ich es zu packen versuchte, verfehlte ich es, rutschte auf dem mit Sägemehl bedeckten Boden aus und landete auf dem Hintern in einem Klumpen Schweinemist.

»Keine Sorge, *señor*«, sagte Josep. »Nichts passiert. Ich halte es fest. Binden Sie ihm die Füße zusammen.«

Der Lärm, den ein Schwein machen kann, wenn es mit etwas nicht einverstanden ist, ist wirklich verblüffend. Und dieses Schwein war ganz eindeutig überhaupt nicht damit einverstanden, die Erniedrigung über sich ergehen zu lassen, vor den Augen seiner Untertanen auf den Hintern gesetzt und dann auch noch von einem Amateur an den Füßen zusammengebunden zu werden. Das Quieken hätte man bis Palma hören können.

»Heben Sie es hoch, *señor*«, sagte Josep, als die erste Phase des Wettkampfs vorüber war. »Wir stecken es hier in den Sack, dann ist es für die Heimfahrt in Ihrem Wagen sicher verpackt.«

Ein Ferkel ist ein erstaunlich kräftiges und enorm wendiges Wesen, und ich schwitzte mir schon bald die fünf Gläser *orujo* aus den Poren. Aber dank der Hilfe zweier älterer *campesinos*, die unsere fruchtlosen Bemühungen beobachtet hatten, bis sie vor Lachen nicht mehr konnten, schafften wir es, das Ferkel im Sack hinten in meinem Auto zu verstauen. Die kurze Fahrt zurück nach Ca's Mayoral verlief bedrohlich ereignislos: Weder ein Grunzen des Protests noch der leiseste Laut der Auflehnung drang aus dem Sack. Vielleicht hing das mit dem beruhigenden Aroma der Tomatenpflanzen zusammen, überlegte ich, hoffnungsfroh wie immer.

»Hilf mir, es herauszuheben«, rief ich Sandy zu, der hinten im Hof war. »Dann holen wir es aus dem Sack und treiben es in den Stall neben der *casita de aperos*.«

»Haben Sie also endlich ein Schwein«, sagte die alte Maria, die aus dem Nichts erschienen war, um ihre gewohnte Position einzunehmen und über die Mauer zu spähen. »Ich habe Ihnen ein erstklassiges ausgesucht, stimmt's?«

»Na ja, offen gestanden hatte ich einige Unannehmlichkeiten mit ihm, aber jetzt scheint es sich beruhigt zu haben.«

Irrtum! Sowie ich den Sack aufband, schoss das Schwein mit wundersamerweise ungefesselten Füßen heraus wie der geölte Blitz und raste auf das offene Gatter zu.

Aus einem Grund, den nur sie selbst kennen, scheinen Pferde keine Schweine zu mögen. Das weiß ich aus bitterer Erfahrung, seit daheim in Schottland zwei unserer Schweine ausgebüxt waren und ein Shetland-Pony derart erschreckt hatten, dass wir mit dem Auto mehrere Kilometer hinterherjagen mussten, bevor wir sie alle drei wieder einfangen konnten. Seitdem wusste ich, dass Schweine und Ponys sehr schnell laufen können, wenn ihnen danach ist. Allerdings wusste ich nicht, ob Maultiere unter derselben »Porkophobie« litten wie ihre Halbgeschwister, die Pferde. Doch das sollte ich schon bald herausfinden.

Der alte Pep hatte die Gewohnheit, seine Einkäufe abends in Andratx zu tätigen, wenn die Geschäfte nach der nachmittäglichen *siesta* wieder öffneten. Manchmal fuhr er mit dem Moped hin, aber wenn es ein besonders schöner Abend war und er die *paseo*-Gänger auf dem Platz beeindrucken wollte, schirrte er stattdessen sein Maultier an, stand stolz den ganzen Weg lang aufrecht in seinem Karren und grüßte die Passanten mit seinem gewohnten »*Weh-ep!*«. Das hatte ich ihn schon ein paarmal tun sehen, und ich muss zugeben, dass er eine schneidige Figur abgab, vor allem, wenn es ihm gelungen war, das Maultier zum Traben zu bringen.

Was für ein Unglück also, dass er ausgerechnet diesmal gerade in dem Moment aus seinem Bauernhof herausfuhr, als das entfleuchte Ferkel aus unserem kam. Das Maultier warf einen Blick auf das Schwein, bäumte sich auf, wobei es Pep beinahe hinten aus dem Karren geworfen hätte, und galoppierte dann den Weg entlang, während sich das Schwein an seine Fersen heftete. Sandy und ich nahmen unsererseits die Verfolgung auf, doch wir konnten mit dem Tempo der wilden Hatz nicht mithalten. An der Kreuzung zur Hauptstraße bog das verschreckte Maultier rechts in Richtung Dorf ab und raste mit Höchstgeschwindigkeit die Straße entlang. Dahinter torkelte Pep im Karren herum und zerrte an den Zügeln wie ein Charlton Heston vom Land. Das Ferkel war unterdessen nach links abgebogen, über ein niedriges Mäuerchen gehopst und den bewaldeten Berghang hinauf verschwunden.

Wir sahen es nie wieder, obwohl uns Gerüchte über eine sagenhafte Bande aus zwei schwarzen Zicklein und ihrem rosigen Komplizen zu Ohren kamen, die in dunkler Nacht auf den abgelegeneren Berg-*fincas* Raubzüge nach Leckerbissen unternahmen. Ich hielt es für klug, den Wahrheitsgehalt der Geschichte nicht zu überprüfen. Und selbst die alte Maria sprach nie wieder davon, dass ich unbedingt ein Schwein brauchte. Vielleicht hatte ihr Pep nach seiner peinlichen Karrenfahrt ins Dorf davon abgeraten.

Zehn

Schlaue Sprüche und üble Gerüche

Die Stelle, die wir ausgewählt hatten, um die Tomaten anzupflanzen, besaß drei Pluspunkte: Sie war durch die äußeren Äste einer Reihe Feigenbäume vor den heißesten Strahlen der Sommersonne geschützt, sie lag nicht allzu weit von der Bewässerungsquelle entfernt, und (was in meinen Augen das Beste war) sie befand sich direkt hinter der *casita* von Tomàs und Francisca Ferrer.

***

Aus verschiedenen Gründen war niemand von uns am Vortag länger zu Hause gewesen, und erst als Ellie am nächsten Morgen im Schlafzimmer oben die Fensterläden öffnete, bemerkte sie die zwei hässlichen Schandflecke auf dem herrlichen Blick aus den Fenstern im ersten Stock. Unsere zum Weg hin gelegene Mauer, die am Fundament etwa einsachtzig dick und insgesamt vier Meter hoch war, stand angeblich schon seit der Römerzeit da. Sie hatte ursprünglich als Aquädukt gedient und Bergwasser zu der alten Mühle geleitet, die die Ferrers gerade zu ihrem Wochenendhaus »umbauten«. Wie jemand auf die Idee kommen konnte, einen unschönen Wassertank und eine Satellitenschüssel auf solch ein unbezahlbares historisches Relikt zu montieren, überstieg meine Vorstellungskraft. Doch genau das war am Vortag während unserer Abwesenheit geschehen, noch dazu an einem Teil der Mauer, die innerhalb unseres Grundstücks lag, zwar direkt neben dem Haus der Ferrers, aber praktischerweise von dort aus nicht zu sehen.

Wir hatten schon seit geraumer Zeit das Gefühl, dass unsere Wochenendnachbarn zwar gern unser Geld für ihr früheres Zuhause eingesteckt hatten, es aber nach wie vor als ihr Eigentum betrachteten. Dieser Verdacht ging auf einen Vorfall zurück, als Sandy mit Grippe im Bett gelegen und Ellie und ich Charlie zu einem seiner samstagmorgendlichen Sporttermine an die Schule gefahren hatten. Kaum waren wir weg, berichtete uns Sandy, da habe er schon die Ferrers im Haus gehört, wo sie herumspazierten und munter sämtliche Veränderungen kommentierten, die wir vorgenommen hatten. Was die Sache noch schlimmer machte, war, dass wir die Haustüren beim Gehen hinter uns abgeschlossen hatten, was ein Indiz dafür war, dass die Ferrers heimlich einen Satz Schlüssel behalten hatten, als sie uns das Anwesen verkauften.

Zu sagen, dass ich empört war, wäre eine krasse Untertreibung gewesen, aber da nichts angerührt worden war, hatte Ellie mich dazu überredet, den Vorfall zu übergehen, ohne bei den neugierigen Patronen auch nur anzudeuten, dass wir wussten, was sie sich erlaubt hatten. Es war besser, in der engen Gemeinschaft, in der wir jetzt lebten, kein böses Blut aufkommen zu lassen. So sah es jedenfalls Ellie. Man musste eben die Schlösser auswechseln und die Ferrers von nun an im Auge behalten.

Als wir den Vertrag zum Kauf des Hofes ausgehandelt hatten, hatten wir die maximale Menge an »*rustica*«-Land erworben, die Ausländer damals auf der Insel besitzen durften, und die Ferrers hatten uns versprochen, dass sie uns weiteres Land sowie die alte Mühle verkaufen würden, sobald die erwartete Lockerung der Gesetze es zuließe. Daher war es eine Enttäuschung für uns gewesen, als wir bei unserem Einzug auf dem Hof ein paar Monate später feststellen mussten, dass die Ferrers den »Umbau« der Mühle selbst bereits betrieben. Ja, schlimmer noch, von dem ursprünglichen Bauwerk blieb rein gar nichts mehr übrig, da die uralten Steinmauern abgerissen worden waren, um Platz für einen gesichtslosen Ytongbau zu machen. Selbst die einfühlsamste Restaurierung alter Landhäuser unterliegt auf Mallorca strengen Vorschriften, und sie abzureißen ist strikt verboten, außer unter ganz besonderen Umständen. Also fragten wir uns, wie es Tomàs geschafft hatte, für ein so zerstörerisches Projekt wie dieses eine Baugenehmigung zu bekommen.

Hier in der Gegend eilte ihm der Ruf voraus, mit seinem Geld ein bisschen »vorsichtig« zu sein, daher hatte es mich überrascht, als Tomàs gleich nachdem wir nach Ca's Mayoral gezogen waren, angeboten hatte, einen Teil unserer Stromrechnung zu übernehmen. Ja, er wollte sogar sämtliche Kosten begleichen, die für den Stromverbrauch anfielen, den der landwirtschaftliche Zähler in unserem Traktorschuppen feststellte, womit wir nur noch für die Kosten aufkommen müssten, die durch einen separaten Zähler im Haus erfasst wurden. Bevor ihm die Stromgesellschaft einen eigenen Hausanschluss gelegt hatte, konnte er seinen Angaben zufolge nur Strom in sein Häuschen leiten, indem er ein Kabel in eine Steckdose steckte, die an unseren landwirtschaftlichen Zähler angeschlossen war. Dies war mir damals als eine vernünftige Lösung erschienen, auch wenn es kaum eine direkte finanzielle Ersparnis für uns bedeutete, da ein nennenswerter Verbrauch an »landwirtschaftlichem« Strom erst dann einsetzen würde, wenn wir zu Beginn der Bewässerungssaison anfingen, die Brunnenpumpe zu benutzen. Doch da diese Jahreszeit kurz bevorstand, würde der schlaue Tomàs schmerzlich am Geldbeutel getroffen werden, wenn er die Sache nicht schleunigst anders regelte.

Als ich ihn darauf ansprach, zuckte er nur die Achseln und sagte: »*No importa* – das spielt keine Rolle.« Und an dem Tag, als ich ihn wegen des Tanks und der Satellitenschüssel zur Rede stellte, die er oben auf der alten Mauer hatte montieren lassen, hatte er mir eine ähnlich nonchalante Antwort zuteil werden lassen: »*No importa.* Ich werde die Arbeiter dafür bezahlen, dass sie die Sachen woanders montieren.«

Irgendetwas passte nicht zusammen. Schließlich sprach ich bei einer unserer Spontanunterhaltungen über die Grenzmauer hinweg mit Jaume, dem onkelhaften und korpulenten Schwiegersohn der alten Maria.

»Ah, Don Pedro«, sagte er, als ich das Gespräch in die erwünschte Richtung gelenkt hatte, »es gibt *aspectos* in dieser Angelegenheit, vor denen Sie am besten die Augen verschließen.«

Als Kellner im Ruhestand übte sich Jaume vermutlich nur ein bisschen in der Kunst der Speisesaal-Diplomatie, die er sich bei der Arbeit in einem von Palmas feudalsten Hotels angeeignet hatte. Aber trotz seines angeblichen Desinteresses an dem »rückständigen« Leben in seinem Heimattal gab es nicht viel, was er nicht darüber wusste, wie ich an der vorbildlichen Weise sah, mit der er die *finca* der alten Maria für sie bewirtschaftete. Daher war ich mir sicher, dass er etwas Licht in die Frage nach Tomàs' neuerdings so lockerer Einstellung zum Geldausgeben bringen könnte. Und obwohl Jaumes friedliebendes Wesen ihn bislang stets davon abgehalten hatte, in meiner Gegenwart über irgendjemanden schlecht zu sprechen, bedurfte es bei dieser Gelegenheit interessanterweise nur eines Hauchs der Ermunterung, und schon war die Versuchung so groß, dass er ihr nicht mehr widerstehen konnte.

Er blickte sich verstohlen um, beugte sich näher zu mir und flüsterte: »Er bricht allen Ernstes das Gesetz, Don Pedro.«

Jetzt kamen wir weiter! Ich bedrängte ihn um nähere Einzelheiten.

Die GESA, die Elektrizitätsgesellschaft, operierte auf Bauernhöfen mit zwei Tarifen, erklärte er – dem normalen städtischen Tarif fürs Haus und einem speziellen, billigeren Satz für landwirtschaftliche Nutzung. Deshalb brauchte man auch zwei Stromzähler, und deshalb war es auch verboten, den landwirtschaftlichen Strom für häusliche Zwecke zu nutzen.

Langsam dämmerte es mir. »Warum hat sich dann die GESA so lange Zeit gelassen, um die *casita* der Ferrers ans häusliche Stromnetz anzuschließen? Ich meine, je länger sie es hinauszögern, desto mehr Geld geht ihnen verloren. Schließlich läuft ja ihr Kabel direkt über das Tor der Ferrers.« Ich fühlte mich versucht hinzuzufügen, dass das klang, als hätte man das *mañana*-Syndrom auf die Spitze getrieben, verkniff es mir aber, da Jaume selbst ein großer Verzögerer vor dem Herrn war.

Es schien ihm ehrlich unangenehm zu sein, mehr zu verraten, aber nachdem er kurz überlegt hatte, zog er die Schultern hoch und sagte: »*Bueno,* ich will zwar niemandem in den Rücken fallen, mein Freund, aber wenn *ich* es Ihnen nicht sage, sagt es Ihnen bald jemand anders.«

»Na los«, drängte ich, da ich die Fortsetzung kaum erwarten konnte.

Jaume beugte sich weiter über die Mauer, um eine noch vertraulichere Position einzunehmen. »Wissen Sie, man muss eine vollständige Baugenehmigung für ein neues Haus vorweisen, bevor einem die GESA dafür einen Stromanschluss einrichtet.«

Das letzte Puzzlestück. Auf einmal war alles sonnenklar. Anstatt den Mehraufwand und die zusätzlichen Kosten dafür auf sich zu nehmen, die alte steinerne Mühle in ein Wohngebäude umzuwandeln, hatte Tomàs offenbar beschlossen, sich rücksichtslos über die Vorschriften hinwegzusetzen und darauf zu hoffen, dass seine hohe Stellung in der Kommunalverwaltung ihm letztlich dazu verhelfen würde, die Regeln zu seinen Gunsten zu beugen. Das war auch seine Einstellung gewesen, als er auf Ca's Mayoral vor Jahren die so genannte Klärgrube hatte einbauen lassen, wie wir auf unsere Kosten hatten feststellen müssen. Damals war er damit durchgekommen, würde er sich sagen, also warum nicht auch jetzt?

»Aber da läuft er doch sicher Gefahr, dass man ihn zwingt, das neue Haus wieder abzureißen«, wandte ich ein. »Kommunale Baubehörden haben ihre Augen meist überall.«

Jaume sagte nichts, doch das langsame Hochziehen seiner Augenbrauen sprach Bände.

»Und was, wenn ich plötzlich beschließe, ihm keinen Zugang zu unserer landwirtschaftlichen Stromversorgung mehr zu gewähren – oder wenn mir danach ist, die GESA darauf hinzuweisen, dass er sie schon die ganze Zeit betrügt?«

Jaume musterte mich über die Ränder seiner Brille hinweg und sagte: »Ah, Don Pedro, dabei haben Sie aber etwas vergessen.« Er tippte sich seitlich an die Nase. »Señor Ferrer ist ein schlauer Menschenkenner, und er weiß, dass Sie ein zu guter Nachbar sind, um so etwas zu tun.«

»Hm, wahrscheinlich denkt er eher, ich bin ein zu weichherziger Nachbar. Dabei fällt mir ein, Jaume – ich muss Tomaten pflanzen.« Ich schenkte ihm ein warmes Lächeln und ein Schulterklopfen. »*Hasta luego* und vielen Dank für die Information. Wir werden sehen, was passiert, eh? *Vamos a ver.*«

»*Sí, claro*«, rief er mir mit gedämpfter Stimme nach, »aber wenn es um Tomàs geht, müssen Sie immer an das Sprichwort über den kleinen Holzwurm denken: Zuerst bohrt er nur ein ganz winziges Loch. Aber mit der Zeit …«

Ich winkte ihm zum Dank für seine sorgfältig verpackten

Ratschläge zu. Doch er hätte keine Bedenken zu haben brauchen. Ich hatte die Botschaft bereits laut und deutlich vernommen.

***

Jordi und Tomeu hatten mir (unterbrochen von dem ein oder anderen *orujo*) gezeigt, wie man auf Mallorca sachgemäß Tomaten anpflanzt, also befolgten Sandy und ich ihre Anweisungen buchstabengetreu. Mit unserem kleinen Traktor zogen wir Furchen ins sorgsam vorbereitete Erdreich, setzten auf jeder ihrer Seiten vorsichtig mit dem Hohlspatel je eine Pflanze ein und wiederholten den Vorgang dann jede Reihe entlang in akkurat bemessenen Abständen. Es war wichtig, die Pflanzen genau unterhalb des Scheitelpunkts der aufgeworfenen Erde einzusetzen, damit ihre Wurzeln, wenn die dazwischen liegenden Furchen bewässert wurden, angeregt würden, unten Nahrung zu suchen, während die Stiele der Pflanzen trocken blieben und nicht Gefahr liefen zu verfaulen.

Trotz des Halbschattens, den die Feigenbäume spendeten, war die morgendliche Hitze drückend, da das Stück Land in einer Ecke lag, wo es auf der einen Seite von der hohen alten Mauer und auf der anderen von der Rückseite der neuen *casita* der Ferrers geschützt wurde. Und so war das Pflanzen eine zwar nicht übermäßig anstrengende, aber doch extrem heiße Arbeit, und bevor wir auch nur die Hälfte der etwa zweihundert Tomatenpflanzen eingesetzt hatten, waren Sandy und ich zum Haus zurückgekehrt, um unsere Jeans gegen Shorts einzutauschen – das erste Mal, dass wir bisher diese Notwendigkeit verspürt hatten.

Unsere kreidebleichen schottischen Beine wirkten in der exotischen Umgebung der Zitrushaine merkwürdig fehl am Platz, und ich glaube, wir hofften insgeheim beide, dass uns niemand sähe. Doch wir hatten unsere Arbeit noch nicht lang wieder aufgenommen, da mussten die Hemden ebenfalls weichen, sodass auch noch unsere käseweißen Oberkörper dem potenziellen Gespött der Leute ausgesetzt waren. Allerdings kümmerte uns das mittlerweile nicht mehr, da unsere Gedanken nur noch um Fantasien kreisten, in denen wir an einem Swimmingpool liegend kühle Getränke schlürften wie andere weniger »abenteuerlustige« Briten auf der Insel. Aber es gab immer noch alle Hände voll zu tun.

Nachdem wir mit dem Pflanzen fertig waren, mussten wir bündelweise Rohrstöcke holen, die aus einem Bambushain geschnitten worden waren, der wild an dem trockenen *torrente* ein Stück weit das Tal hinauf lag. Die Stöcke wurden in regelmäßigen Abständen kreuzweise gebunden, den gesamten Verlauf jeder Furche entlang aufgestellt und dann mit einer Reihe horizontaler Stöcke verbunden, bis eine Art länglicher Tipi-Struktur entstanden war. Das würde für die nötige Stütze sorgen, die die Tomatenpflanzen brauchten, wenn sie reifen und Früchte tragen sollten.

»Gut«, sagte ich, als wir fertig waren. »Und jetzt geben wir ihnen ordentlich zu trinken. Ich gehe mal die Pumpe anstellen.«

»Willst du das wirklich tun?«, fragte Sandy lachend.

»Aber sicher! Es ist in heißen Ländern wie hier allgemein üblich, die Flüssigkeit aus der Klärgrube zur Bewässerung zu verwenden. Steckt voller Nährstoffe. Ist quasi Gold wert … na ja, du weißt schon, was ich meine.«

»Schon, aber der Gestank. Ich meine, hier, direkt neben dem Haus der Ferrers.«

»Das ist ja der Zweck der Übung. Es mag asozial wirken, aber das hätte sich Tomàs überlegen sollen, bevor er mir seine Lügen über das so genannte Abwasser-Filtriersystem erzählt hat. Es besteht aus nichts weiter als einem Loch in der Erde, das uns ein Vermögen kosten wird, weil wir es jedes Mal vom Klärwagen leer pumpen lassen müssen. Und dazu kommen noch die ganzen anderen Freiheiten, die er sich erlaubt hat, seit er uns das Anwesen verkauft hat.«

Sandy stieß ein nervöses Kichern aus. »Also, dann gehe ich jetzt und schalte die Pumpe ein. Aber ich möchte nicht hier sein, wenn Señor Ferrer aus seinem Haus kommt.«

»Schon recht«, sagte ich achselzuckend. »Ich stelle mich hier ans Ende des Schlauchs und passe auf, dass er nicht aus der Furche rutscht, wenn das Zeug angerauscht kommt.«

Ich hatte immer gedacht, dass Schweinegülle den schlimmsten Gestank verbreitet, der einem auf dem Land begegnen kann, doch ein paar Minuten später sollte ich meine Meinung revidieren. Glauben Sie mir, wir Menschen stehen in der Liga des Fäkaliengestanks an der Spitze ... und zwar mit Abstand. Ich hielt mir die Nase zu und wartete, dass Tomàs erschiene. Auf diesen Moment hatte ich mich seit Monaten gefreut. Wahrscheinlich wäre er fuchsteufelswild, doch darauf war ich vorbereitet. Da wir Zugezogene waren und Wert darauf legten, mit *allen* unseren neuen Nachbarn gut auszukommen, hatten wir über vieles geschwiegen, worüber wir uns bei den Ferrers hätten beklagen können. Angefangen beim von Unkraut überwachsenen Zustand des Grundstücks bei unserer Ankunft bis hin zu der Sammlung schrottreifer Möbel und Haushaltsgeräte, die sie uns angedreht hatten. Wir hatten es sogar auf uns genommen, jeden Werktag ihre Menagerie aus Hunden und halbwilden Katzen zu füttern. Nicht zu vergessen, dass sie frech im Haus herumgeschnüffelt und einen Wassertank und eine Satellitenschüssel auf unserer Mauer platziert hatten. Ach ja, und dann war da noch die Geschichte mit den giftigen Raupen gewesen. Doch, Tomàs hatte das hier verdient, und wenn er sich beschwerte, würde ich ihm endlich mal ordentlich die Meinung geigen.

»Ah«, sagte er lächelnd, als er schließlich auf der anderen Seite des Zauns auftauchte, *»parfum de Paris!«*. Dann kicherte er und spazierte ungerührt davon, um sich mit seiner Hacke im Garten zu schaffen zu machen.

Verflixt und zugenäht! Gab es denn gar keine Möglichkeit, diesen Mann aus der Ruhe zu bringen? Er war wirklich ein kalter Fisch, und außerdem wusste er vermutlich ganz genau, dass die leiseste Beschwerde seinerseits über den Gestank zur Folge hätte, dass sein Schwindel mit der Klärgrube (und andere Machenschaften) endlich den Behörden zu Ohren käme. Das war zumindest meine unmaßgebliche Meinung.

Doch ich irrte mich. Der nächste Morgen brachte einen weiteren Beweis dafür, dass die Behörden Tomàs einen feuchten Dreck kümmerten – ebenso wenig wie die Tatsache, dass *wir* jetzt die Besitzer von Ca's Mayoral waren.

Wir saßen auf dem Balkon und frühstückten, als Ellie etwas auffiel, das am Ende des zweiten Felds vom Haus aus zwischen den Obstbäumen hing.

»Es sieht aus wie ein Seil«, sagte sie.

»Seltsam«, erwiderte ich. »Na komm, trink deinen Kaffee aus, dann gehen wir mal und sehen es uns genauer an.«

Was Ellie für ein Seil gehalten hatte, war in Wirklichkeit ein Kabel. Ein Stromkabel. Eines seiner Enden, das mit dem Stecker, befand sich in unserer *casita de aperos,* dem kleinen Geräteschuppen, der unseren Traktor und, weitaus wichtiger, unseren landwirtschaftlichen Stromanschluss beherbergte. Wir folgten dem Kabel von dort aus. Es war über die Äste unserer Obstbäume gehängt, den ganzen Weg bis zu der Mauer zwischen dem Hof der alten Maria und unserem. Doch dort endete es nicht. So weit wir sehen konnten, führte das Kabel weiter durch die Äste von Marias Zitronenbäumen bis zu ihrem kleinen Bauernhaus.

»Mein Gott, sag bloß, jetzt hat *sie* auch noch vor, uns Strom abzuzapfen«, stöhnte ich. »Was zum Teufel läuft hier eigentlich?«

»Da gibt's nur eines«, sagte Ellie. »Lass uns hingehen und sie fragen.«

Maria rupfte gerade eine Henne. »*Hola, señora de Escocia*«, begrüßte sie Ellie grinsend und blickte von ihrer Bank vor der *casita* auf. »Diese Henne ist für Sie.« Sie warf mir einen verächtlichen Blick zu. »Bis Ihnen der *señor de Escocia* endlich eigene Hühner kauft, schenke ich Ihnen hin und wieder einen alten Vogel zum Kochen. *Va bé?*«

Ich wartete auf einen ähnlich bissigen Kommentar zu meinen Bemühungen im Umgang mit Schweinen, doch es kam keiner.

»Entschuldigen Sie die Störung, Maria«, begann ich, »aber ich wüsste gern, wozu das Kabel dient, das von unserem Grundstück hier rüberführt.«

Sie ignorierte mich und sagte zu Ellie: »Ein schöner fetter Vogel ist das. Und der Geschmack erst – *estupendo*! Hat sich von den Maden im Fallobst ernährt, wissen Sie.« Mit schelmischem Zwinkern fügte sie hinzu: »Und Sie wissen ja, wie es heißt: Eine alte Henne gibt die beste Brühe.« Offenbar verbarg sich hinter ihrer letzten Bemerkung eine Doppeldeutigkeit, denn Maria warf den Kopf in den Nacken und ließ ihrem scheppernden Kichern freien Lauf, sodass wir bald mit einstimmten.

»Ähm, was das Kabel betrifft, Maria«, begann ich erneut, nachdem das Gelächter abgeebbt war.

»Ah, *sí*«, sagte sie zu Ellie, »die beste Brühe. *Sí,* und dabei fällt mir ein – hab ich Ihnen schon mal gesagt, wie man Hühnerklein-Suppe kocht?«

Wir setzten uns und stellten uns auf eine lange Wartezeit ein. Zwanzig Minuten später waren wir über die kulinarischen Verwendungsmöglichkeiten quasi jedes Teils der Hühneranatomie im Bilde, im Fall des mysteriösen Kabels aber noch keinen Schritt weiter gekommen. Ja, erst als Jaume erschien, schaffte ich es, eine Antwort auf meine Frage zu erhalten, während Maria fortfuhr, Ellie mit weiteren Geflügelgeschichten die Ohren voll zu quasseln.

Das Kabel, verriet mir Jaume, sei von Tomàs Ferrer dort angebracht worden.

»Das verstehe ich nicht, Jaume. Was hat Tomàs davon, wenn er von unserer *casita de aperos* ein Kabel zu Ihrer herüberleitet?«

»Ah, Don Pedro«, erwiderte Jaume und warf mir ein weiteres Mal den Blick einer weisen alten Eule über den Rand seiner Brille hinweg zu, »das Kabel führt nicht zu unserer *casita,* sondern dorthin.« Er wies auf ihren Brunnen.

Jetzt war ich noch verwirrter als zuvor, doch nun erklärte mir Jaume, dass die Ferrers das Recht hätten, einmal in der Woche Wasser aus Marias Brunnen zu pumpen. Dies war schon seit Generationen der Fall, da Marias Hof einst einem Urahn von Francisca Ferrer gehört hatte, der den größten Teil davon an einen Vorfahr von Maria verkauft hatte. Der Teil, den Franciscas Ahnherr behalten hatte, war zufällig das Feld, das ihr und Tomàs immer noch gehörte.

Ich verstand immer noch nicht. »Wie kommt es dann, dass Ca's Mayoral, unser Hof, mitten zwischen diesen beiden Grundstücken liegt? Das ist ja wohl eine etwas komische Anordnung.«

Darüber musste Jaume leise kichern. »Solche ungünstigen Landaufteilungen sind auf Mallorca gang und gäbe, *amigo.* Hochzeiten, Todesfälle, Mitgiften und Erbschaften, Schulden, die eingetrieben, und Wetten, die eingelöst werden – alles Mögliche. *Hombre,* heutzutage ist es ganz normal, dass ein Bauer ein paar Felder am einen Ende des Tals besitzt, ein weiteres in der Mitte und noch eines am anderen Ende. Und natürlich ist das Teilen der Wasserrechte genauso kompliziert geworden, wie Sie ja selbst gerade feststellen.«

»Aber warum will denn Tomàs Ferrer immer noch Wasser aus Ihrem Brunnen zapfen? Er hat doch an Wochenenden schon ausschließlichen Zugriff auf unseren, und das müsste eigentlich mehr als genug sein, um das kleine Feld zu bewässern, das ihm noch geblieben ist.«

Jaumes stattliche Leibesmitte wackelte, als er erneut stillvergnügt in sich hineingluckste. »Ho! Genug ist ein Wort, das in Bezug auf Wasser hier nicht gebraucht wird, Don Pedro. Warten Sie nur noch einen Monat oder so. Dann werden Sie schon sehen.«

Ich sah langsam rot. »Okay, aber Ferrer muss sein verdammtes Kabel aus unseren Bäumen nehmen. Erstens ist es richtiggehend gefährlich, und zweitens hat er sich zu früh gefreut, wenn er sich einbildet, er könnte jederzeit unseren Stromanschluss anzapfen, ohne auch nur zu fragen.«

»*Ay-y-y-y, tranquilo, tranquilo, tranquilo,* mein Freund«, gurrte Jaume und tätschelte meinen Handrücken. »Tomàs Ferrer ist es nicht wert, dass man seinetwegen einen Herzinfarkt bekommt. Sein Kabel verläuft auch durch unsere Bäume, aber ich ignoriere es einfach.« Er klopfte mir kräftig auf die Schulter. »*Oiga!* Ich bringe Ihnen schnell ein Glas von meinem *vino*. Das heitert Sie wieder auf!«

Jaume war wirklich eine Seele von Mensch, aber ich hatte schon mal eine Überdosis von seinem hausgekelterten Wein abbekommen, und da ich diesmal einen klaren Kopf behalten wollte, beschränkte ich mich auf ein Glas, bevor ich ihm für alles dankte und mich zum Gehen erhob. Ich wartete ein Weilchen, während Maria Ellie, die mittlerweile schon ganz glasige Augen hatte, die abschließenden Worte ihres Hennenvortrags zu Gehör brachte.

Endlich beliebte Maria mich zur Kenntnis zu nehmen, indem sie aufsah und sagte: »Das Kabel ist dazu da, dass Ferrer Wasser aus meinem Brunnen pumpen kann.« Dann wandte sie sich wieder Ellie zu und fragte lächelnd: »Hab ich Ihnen schon mal erzählt, wie diese Abmachung seinerzeit zustande gekommen ist?«

Das gerupfte Huhn unterm Arm, verabschiedeten wir uns höflich, bevor die Geschichtsvorlesung begann.

Die nächste Stunde verbrachte ich damit, unter eifrigem Einsatz des Spanisch-Wörterbuchs eingehend die Eigentumsurkunden von Ca's Mayoral zu studieren.

»Hier steht es«, sagte ich schließlich zu Ellie. »Schau dir mal den Plan des Hofes an – diese gestrichelten roten Linien. Sie markieren das Wegerecht der Ferrers um dieses Feld herum, damit sie an den Wochenenden an unseren Brunnen gelangen können.«

»Hm, aber die hier, die zufällig genau da verläuft, wo er sein Kabel gezogen hat, führt ihn auch direkt zu Marias Mauer.«

»Ja, das ist mir alles auch schon vorher aufgefallen, aber was ich überhört habe, als der Anwalt die wichtigsten Einzelheiten auf Englisch vorgelesen hat, war dieser Satz hier. Der besagt nämlich, dass er auch das Zugangsrecht hat, um seine Wasserleitung zu warten, die unter demselben Weg verläuft.«

»Stellt das ein Problem dar?«

»Nein, keineswegs. Offenbar zweigt sie von Marias Brunnen ab, aber bis vor einer Minute hatte ich keine Ahnung davon, dass da überhaupt eine Leitung ist. Nein, es gibt nur ein Problem, und das ist das Kabel, das er durch unsere Bäume gezogen hat, ohne auch nur um Erlaubnis zu fragen. Beim Obstpflücken reicht ein unaufmerksamer Moment, und einer von uns könnte es ohne weiteres mit der Baumschere durchschneiden. Diesmal ist Tomàs Ferrer zu weit gegangen, und ich wende mich jetzt auf der Stelle an die Elektrizitätsgesellschaft!«

Der Mitarbeiter der GESA seufzte genervt, als ich ihm den Zweck meines Besuchs schilderte. Er machte ganz den Eindruck, als ob es zu Beginn jeder Bewässerungssaison solche oder ähnliche Geschichten zuhauf gäbe. »Wir können nichts dagegen tun, dass ein Kabel durch Ihre Bäume verläuft, *señor* – das ist eine reine Privatsache zwischen Ihnen und Ihrem Nachbarn.«

»Mag sein, aber es laufen auch noch andere Dinge ab, die eine Sache zwischen *Ihnen* und meinem Nachbarn sind. Ich möchte Ihnen ja keine Umstände machen, aber ich wäre wirklich froh, wenn einer Ihrer Ingenieure nächstes Wochenende vorbeischauen könnte – am Samstagmorgen, wenn Señor Ferrer mit Sicherheit auf seiner *finca* nebenan anzutreffen ist.«

Der Angestellte zog die Schultern hoch, als wollte er sagen: »Na gut, wenn Sie darauf bestehen« – die Art von Schulterzucken, die einem verrät, dass ihn das Ganze zu Tode langweilt, er seinen Job hasst wie die Pest und wünschte, er hätte nie seine Frau begattet und diese Horde von Geld fressenden Gören in die Welt gesetzt. *»Sí, señor«*, säuselte er, »einer unserer Mitarbeiter wird Sie anrufen, um einen Termin zu vereinbaren.« Er schenkte mir ein müdes Lächeln und schlenderte dann davon, um meine Angaben abzuheften. Beim Davongehen kratzte er sich den Hintern und dachte bestimmt, dass ich mich verdammt glücklich schätzen konnte, wenn ein dämliches Kabel alles war, was mir Kummer bereitete.

Ich muss gestehen, dass ich dem Treffen mit Tomàs und dem Mann von der GESA mit einigem Bangen entgegensah. Zum einen wüsste Tomàs ja nicht einmal, dass ein Treffen anberaumt war, bis ich mit dem Ingenieur vor seiner Tür stünde. Es schien mir zwar eine hinterhältige Vorgehensweise zu sein, aber ich wusste, dass Tomàs, wenn er gewarnt wäre, wahrscheinlich seine Verbindungen zu hohen Stellen spielen lassen würde, um irgendwie die Oberhand zu erringen. Und zum Zweiten würden die Verhandlungen auf Spanisch, wenn nicht gar auf *mallorquín* geführt werden, also musste ich mich auf die Hinterbeine stellen, wenn ich nicht völlig übertölpelt werden wollte. Ich schlug im Voraus ein paar wichtige Wörter nach und bemühte mich, sie mir einzuprägen – Wörter wie Baugenehmigung, Besitzstörung und verklagen. Aber insgeheim hoffte ich, sie nicht benutzen zu müssen.

Ich hatte in Schottland einmal eine ähnliche Konfrontation erlebt – einen Zusammenstoß mit einem aufgeblasenen Rüpel von Nachbarn, der es für nötig erachtet hatte, mehrere hundert Meter Steinmauer zwischen unseren beiden Höfen einzureißen, als ich ein paar Tage verreist gewesen war. Die Mauer lag am höchsten und exponiertesten Teil des Grundstücks und bildete bei schlechtem Wetter den einzigen Schutz für unser Weidevieh. Wäre ich vor Gericht gezogen, hätte dies mit ziemlicher Sicherheit nicht dazu geführt, dass die Mauer wieder aufgebaut worden wäre. Ich war Realist genug, um das einzusehen. Also war das Einzige, was ich tun konnte, diesem Trampel verbal die Hölle heiß zu machen. Damit war aus jemandem, den ich bis dato immerhin ertragen hatte, ein Feind geworden. Das Letzte, was ich wollte, war, dass in dieser so viel intimeren Situation hier das Gleiche geschähe. Aber andererseits musste Tomàs Ferrer darauf hingewiesen werden, dass wir seine kleinen Spielchen durchschauten und sie nicht weiter hinnehmen würden.

Falls er sich darüber wunderte, dass ich mit dem GESA-Ingenieur bei ihm aufkreuzte, so zeigte er dies zumindest nicht. Ja, es hatte sogar den Anschein, als kennten sich die beiden gut, da sie sich freundschaftlich begrüßten und die üblichen Artigkeiten austauschten. Schon jetzt kam ich mir vor wie das fünfte Rad am Wagen.

Dann erschien Francisca in der Tür, warf bei meinem Anblick die Hände in die Luft und hieß mich mit den gewohnten Freundlichkeitsergüssen und Erkundigungen nach dem Wohlergehen von Ellie und den Jungen in ihrem Heim willkommen. Sie habe gehört, dass wir einen kleinen Hund hätten, erklärte sie mit ihrem bekannt koketten Blick, und den müsse ich unbedingt bald mal vorbeibringen, damit er ihre beiden Lieblinge Robin und Marion kennen lernte. Es war doch gut für kleine Hündchen, wenn sie nette Hundenachbarn hatten, *sí*?

Während Tomàs und der Ingenieur angeregt plauderten, eilte Francisca ins Haus zurück und kam mit einem Korb neuer Kartoffeln wieder. »Die ersten der Saison«, sagte sie lächelnd. »Tomàs hat sie heute Morgen erst ausgegraben, und ich wollte sie gerade Ihrer Frau bringen. Bitte nehmen Sie sie mit unseren besten Empfehlungen.«

Auf einmal war ich im Hintertreffen, vollkommen entwaffnet und in der denkbar schlechtesten Position, um Beschwerden vorzubringen, die einen Disput zur Folge hätten haben können.

Tomàs nutzte sofort die Gunst der Stunde. »Und was kann ich heute Morgen für Sie tun?«, fragte er mich mit einem Lächeln bewusst gezügelter Überlegenheit auf den Lippen. »Hoffentlich gibt es nicht noch mehr Probleme. Sie werden feststellen, dass der Wassertank und die Satellitenschüssel versetzt worden sind, wie Sie es verlangt haben.« Er warf dem Ingenieur einen viel sagenden Blick zu, als wollte er ihn darauf hinweisen, dass ich ein unverbesserlicher Nörgler sei.

Es würde nicht einfach werden, doch jetzt gab es kein Zurück mehr. »Wenn wir zu meinem Traktorschuppen gehen, kann ich es ausführlich erklären«, sagte ich, wobei mir auffiel, dass das herablassende Lächeln auf Tomàs' Gesicht keineswegs verschwand.

Francisca beschloss, ebenfalls mitzukommen, scheinbar, um ihre nette Unterhaltung mit mir fortzusetzen, aber vermutlich eher, um Tomàs in der Konfrontation beizustehen, die – wie ihnen inzwischen wohl klar geworden war – gleich folgen musste.

»Ich habe mich gefragt, warum dieses Stromkabel durch die Bäume gezogen wurde«, sagte ich einleitend, als wir an der *casita de aperos* angelangt waren.

Ohne mit der Wimper zu zucken, sagte mir Tomàs genau, warum.

»Wir ziehen das Kabel schon seit Jahren durch unsere Bäume«, ergänzte Francisca. Ihre Haltung war genauso gelassen wie die ihres Mannes. Trotzdem spielte sie mir direkt in die Hände.

»Ah, aber der Unterschied ist«, wandte ich rasch ein, »dass es nicht mehr *Ihre* Bäume sind. Genauso wenig wie der Stromanschluss, von dem Sie dachten, Sie könnten ihn einfach wieder anzapfen.«

Tomàs schnaubte verächtlich. »Aber darüber haben wir uns doch schon geeinigt. Das wollen Sie ja wohl nicht rückgängig machen.«

»Wir haben vereinbart, dass Sie meinen landwirtschaftlichen Stromanschluss für Ihr neues Haus nutzen können, aber das ist alles.«

In dem sicheren Gefühl, dass ich der Elektrizitätsgesellschaft soeben seinen Kopf auf dem Silbertablett serviert hatte, wartete ich darauf, dass Tomàs in Panik ausbrach. Aber nein. Genauso wenig, wie der Ingenieur auch nur das geringste Anzeichen von Empörung angesichts meiner Enthüllung zeigte, dass Tomàs seinen Arbeitgeber betrog. Er wandte sich einfach zu Tomàs und begann sich ruhig auf *mallorquín* mit ihm zu unterhalten.

»Könnten wir bitte bei Spanisch bleiben?«, unterbrach ich, während ich versuchte, die Wut zu kontrollieren, die in mir hochstieg. »Und warum hat die GESA Señor Ferrer keinen Stromanschluss für sein neues Haus gelegt?«, fragte ich den Ingenieur, der lediglich mit einer Schulter zuckte und erklärte, das falle nicht in seine Zuständigkeit.

»Wir zahlen Ihnen den ganzen landwirtschaftlichen Strom«,

sagte Francisca, die auf einmal aggressiv wurde. »Warum beschweren Sie sich?«

Ich ignorierte sie und fragte den Ingenieur geradeheraus: »Wann bekommt Señor Ferrer einen eigenen Stromanschluss für sein Haus?«

Er kam nicht dazu, mir zu antworten. Zum ersten Mal tat sich ein Riss in Tomàs' gleichgültiger Fassade auf, und er fauchte mich an: »Das geht Sie nichts an, *señor*!«

»Mag sein, aber dieser Hof gehört jetzt uns – eine Tatsache, die Sie gelegentlich zu vergessen scheinen.«

Francisca schnalzte mit der Zunge gegen den Gaumen, als sei sie entsetzt darüber, dass ich eine solche Unterstellung äußerte. Aber ich hatte nun die Zügel in der Hand und würde nicht schweigen, bis ich alles gesagt hatte.

»Ich habe nichts dagegen, dass Sie Ihr Kabel durch unseren Hof bis zum Brunnen der alten Maria ziehen«, fuhr ich fort. »Aber wenn sie es nicht von den Bäumen herunternehmen und sicher unter der Erde verlegen, werde ich mir noch einmal überlegen müssen, ob ich Sie weiterhin unseren landwirtschaftlichen Anschluss für Ihr Haus nutzen lasse.«

Als er seine Fassung (zumindest äußerlich) wieder gefunden hatte, nickte Tomàs bedächtig und sagte: »Wie Sie wünschen, *señor*. Wie Sie wünschen.«

Dann wandten sich er, Francisca und interessanterweise auch der Ingenieur um und schlenderten gemächlich zurück zu ihrer *casita*.

»Ich fürchte, am Ende bin ich wie der Schurke des Stücks dagestanden«, sagte ich zu Ellie, als ich nach Hause zurückkam. »Und dann habe ich auch noch die Ferrers bei der Elektrizitätsgesellschaft angeschwärzt. Die wissen jetzt genau, was gespielt wird.«

»Aber die Ferrers sind doch diejenigen, die im Unrecht sind, also warum solltest du ein schlechtes Gewissen haben?«

»Ich weiß, aber ich hoffe trotzdem, meine Petzerei führt nicht dazu, dass sie strafrechtlich verfolgt werden oder so. Dann könnte es nämlich leicht passieren, dass ich hier in der Gegend als der typische überhebliche Brite angesehen werde. Du kennst doch den Typ, kaum ist er fünf Minuten in einem anderen Land, schon spielt er sich auf. Das war aber garantiert nicht meine Absicht. Ich wollte nur –«

»Du wolltest nur, dass die Ferrers nicht so viel für selbstverständlich erachten und so tun, als gehörte ihnen dieser Hof immer noch. Weiter hast du nichts getan, und selbst wenn sie deswegen Scherereien kriegen, werden sie hier in der Gegend keinem Menschen auch nur im Geringsten Leid tun. Stattdessen wird man dich als Helden feiern.«

Was Ellie gesagt hatte, war vermutlich völlig richtig, das wusste ich, aber ich hoffte trotzdem, dass ich mir Tomàs und Francisca nicht zu Feinden gemacht hatte. Das würde nur zum Entstehen einer vergifteten Atmosphäre beitragen, wo sie doch an den Wochenenden so nahe bei uns wohnten. Und abgesehen davon, was sie für Fehler hatten, waren sie manchmal auch sehr nett zu uns gewesen – zum Beispiel, als Francisca herübergekommen war, um Ellie nach dem traumatischen Einbruch zu trösten, oder als Tomàs mir seine alten spanischen Lehrbücher gegeben hatte, damit ich die Methoden des mediterranen Obstanbaus studieren konnte. Im Grunde waren sie anständige Leute – obwohl sie dazu neigten, die ganze Hand zu nehmen, wenn man ihnen den kleinen Finger gab, wie mich der alte Jaume taktvoll gewarnt hatte –, und nun fürchtete ich, es könnte unser Verhältnis dauerhaft vergällt haben, dass ich einen so offenen Konfrontationskurs gesteuert hatte.

Meine Bedenken waren unbegründet. Am folgenden Samstagmorgen kam Tomàs in seiner gewohnt herrisch-freundlichen Art herüber und klopfte an unsere Tür. Er bat um die Erlaubnis (Erlaubnis!), dass jetzt gleich ein Arbeiter sein

Baumkabel unter die Erde verlegen dürfe. Kurz danach kam Francisca und brachte als Geschenk etwas von ihrem berüchtigten Mandeleis – eine List, um sich mit Bonny bekannt zu machen, die auf der Stelle mit hemmungslosem Entzücken auf sie reagierte. Im Gegensatz zu ihrer abgehobenen Art im Umgang mit Menschen liebte Francisca Tiere aufrichtig, und offenbar erwiderten die Tiere ihre Zuneigung. Auf jeden Fall hatte sie sofort einen Draht zu Bonny, was, auch wenn es im ersten Moment rührend war, im Lauf der Zeit häufig Anlass zu Ärger gab.

Keiner der beiden Ferrers verlor auch nur ein Wort darüber, dass ich den GESA-Mann von ihrer unberechtigten Nutzung »landwirtschaftlichen« Stroms unterrichtet hatte, und so glaubte ich immer noch, dass sich diese unerwartete Auffrischung ihres Verhältnisses zu uns in dem Moment abkühlen würde, wo die Folgen dieses Tuns rechtliche Schritte zeitigten.

Wieder falsch.

»Ich muss Ihnen mitteilen, *señor,* dass das Stromversorgungskabel zu Ihrem Anwesen nicht den Anforderungen entspricht.« Es war derselbe Ingenieur, der bei meinem »Treffen« mit den Ferrers zehn Tage zuvor dabei gewesen war. »Wir werden es unverzüglich erneuern, gleich, wenn wir den Anschluss zu Señor Ferrers neuem Haus legen.«

Ich war baff. Wie hatte Tomàs es geschafft, den rückwirkenden Antrag für seinen Mühlen-»Umbau« so schnell einzureichen und genehmigt zu bekommen? Ich wusste, dass solche Anträge schon in meiner Heimat notorisch schleppend bearbeitet wurden, und hier waren wir doch angeblich in *mañana*-Land. Seltsam. Trotzdem war es nicht an mir, die damit verbundenen Machenschaften infrage zu stellen. Tomàs hatte es irgendwie hingekriegt, und wir wären endlich diese lästige Stromteilungs-Regelung los. Noch dazu kämen wir in den Genuss eines neuen Zuleitungskabels. Wunderbar. Obwohl ich gestehen muss, dass ich mich nachhaltig darüber wunderte, warum der Elektriker, der vor ein paar Monaten umfassende Erneuerungsarbeiten in unserem Haus durchgeführt hatte, unser angeblich überaltertes Hauptkabel mit keinem Wort erwähnt hatte. Aber egal – wenn die Elektrizitätsgesellschaft es erneuern wollte, würde ich dem geschenkten Gaul nicht ins Maul schauen.

Und tatsächlich war es kein besonders großer Aufwand. Die Arbeit nahm kaum einen halben Tag in Anspruch, da lediglich von einem Mast am Weg ein neues Kabel durch die Luft zum Hausgiebel und dann unter dem Dachgesims entlang zu einem bereits existierenden Loch in der Wand hinter dem Sicherungskasten gezogen werden musste. Es hatte die Elektrizitätsgesellschaft bestimmt nicht viel gekostet, und ich schloss daraus, dass sie einfach die Gelegenheit hatten wahrnehmen wollen, einen routinemäßigen Kabelaustausch bei uns zu erledigen, während sie die Installation bei den Ferrers nebenan vornahmen. *Va bé,* wie man auf *mallorquín* sagt. Schön.

Und dann kam der Umschlag.

»Das entspricht zweitausend Pfund, verdammt noch mal!«, jammerte ich Ellie vor, nachdem ich einen Blick auf die Rechnung geworfen hatte. »Für das bisschen Arbeit, um das wir nicht mal gebeten haben!«

»Aber ich dachte, sie würden es umsonst machen«, sagte Ellie und starrte ungläubig auf die Rechnung.

»Mm-m-m«, schnaubte ich, »ich auch. Und zu allem Überfluss würde es mich nicht wundern, wenn der schlaue Tomàs dabei die Finger im Spiel hätte, damit wir für die Arbeit bei ihm mitbezahlen. Oh-oh! Aber so haben wir nicht gewettet!«

Also stattete ich dem mitgenommenen Angestellten im Büro der Elektrizitätsgesellschaft meinen zweiten Besuch ab.

Nach einem flüchtigen Blick auf die Rechnung schüttelte er den Kopf und brummte. »Hier wurden keine *errores* begangen, *señor*. Das ist die Standardgebühr für diese Arbeit, mehr nicht.«

»Aber ich habe gar nicht darum gebeten, dass das Kabel ausgetauscht wird!«

»Das haben unsere Ingenieure zu entscheiden.« Er gab mir die Rechnung zurück und sah mich mit müden Augen an. »Es gibt strenge Sicherheitsstandards, die in Bezug auf Kabel eingehalten werden müssen, und da genau dies der Grund für Ihren letzten Besuch war, kann ich nicht verstehen, was Sie jetzt für ein Problem haben. *Adiós.*«

Spiel, Satz und Sieg.

Trotzdem hielt ich es für nötig, Tomàs Ferrer über all das zu informieren, und so marschierte ich extra über die Felder zu seiner *casita,* als er das nächste Mal da war, und zeigte ihm die Rechnung.

»Hm, solche Arbeiten sind nicht billig, mein Freund«, sagte er, und ich glaubte einen Hauch von Mitgefühl in seiner Stimme wahrzunehmen.

»Da haben Sie Recht. Und, ähm, halten Sie mich bitte nicht für unhöflich, aber darf ich fragen, wie viel Sie insgesamt dafür bezahlt haben, dass man Ihnen einen komplett neuen Stromanschluss gelegt hat?«

»Viel mehr«, sagte er feierlich. *»Ah, sí – mucho, mucho más.«*

Sein Pokerface sagte mir, dass es vergebliche Liebesmüh wäre, ihm genauere Angaben entlocken zu wollen. Und trotz meiner Zweifel im Hinblick darauf, was man uns berechnet hatte, konnte ich diese Zweifel kaum Tomàs gegenüber äußern, ohne geheime Absprachen zwischen ihm und der Elektrizitätsgesellschaft zu unterstellen. Und das, so beschloss ich im selben Moment, war ein Wespennest, in das ich garantiert nicht stechen wollte.

Immerhin hatte die ganze Übung das gewünschte Resultat erbracht: die Achtung der Ferrers vor unserer Eigentümerschaft an Ca's Mayoral und, wie es schien, das Gefühl für gegenseitige Rücksichtnahme. Zum Preis eines Stücks gnadenlos überteuerten Kabels im Endeffekt eigentlich billig. Oder hatte man mir nur eine Abreibung verpasst wie einem richtigen *loco extranjero*? Ich würde es vermutlich nie erfahren, aber mittlerweile wollte ich es lieber gar nicht mehr wissen.

ELF

In der Hitze des Sommers

Nordeuropäer wie wir, die zum ersten Mal im mediterranen Klima leben, erkennen nicht ohne weiteres, wann der Sommer wirklich anfängt – vor allem auf einer Insel wie Mallorca, wo uns selbst der erste Winter milder und beständiger erschienen war als die Sommer in Schottland. Aber falls Sandy und ich es schon für eine schweißtreibende Arbeit gehalten hatten, Ende April im Windschatten der alten Mauer Tomaten zu pflanzen, so konnten wir uns noch auf einiges gefasst machen.

Wie Millionen anderer Touristen hatten wir im Hochsommer unsere Ferien auf Mallorca verbracht und wussten, wie drückend die Temperaturen sein konnten. Aber es ist ein Unterschied wie Tag und Nacht, ob man am Strand herumliegt und sich jederzeit in eine klimatisierte Bar zurückziehen kann oder ob man in einem Freiluft-Backofen körperliche Arbeit verrichten muss. Schon bald begriffen wir, warum unser Tal, das von den kühlen Nordwinden durch die Höhen des Ses Penyes abgeschnitten war, hier in der Gegend *Sa Calenta* genannt wurde – das Heiße.

Anfang Juni zeigten einige verwirrte schottische Gemüse, die wir zu ziehen versuchten, bereits erste Erschöpfungserscheinungen. Unter den alten Büchern, die mir Tomàs Ferrer gegeben hatte, hatte ich einen mallorquinischen Landwirtschafts-Almanach entdeckt, der Monat für Monat in allen Einzelheiten auflistete, was auf dem Land zu tun war – einschließlich einer Erörterung der überlieferten Regeln für zunehmenden und abnehmenden Mond, auf die die alte Maria so viel gab. Erfreut stellte ich fest, dass der Almanach auch Empfehlungen dafür enthielt, wann die beste Zeit war, um »Lehmziegelsteine zu brennen«, »die männlichen den weiblichen Ziegen zuzuführen« und sogar den überaus praktischen Hinweis, »wann man seinen Schlafmohn sät«. Aber kein Wort über Steckrüben. Und so mussten wir unsere erste Missernte hinnehmen.

Jock Burns organisierte schon seit langem einen regelmäßigen »Burns-Abend«, mit dem er seinen Namensvetter, den schottischen Nationaldichter Robert Burns, ehrte. Diese lockere kaledonische Festivität war jedes Jahr im Januar zu einer festen gesellschaftlichen Einrichtung geworden. Dann trug Jock das traditionelle Mahl aus Haggis, Rüben und Kartoffeln auf und organisierte eine Tanzband, Dudelsackpfeifer und Entertainer – alles (von den Kartoffeln abgesehen) extra für den Anlass aus Schottland importiert. Hunderte von schottischstämmigen und einheimischen Feierlustigen versammelten sich Jahr für Jahr zum großen Ringelpiez im Schottenrock in einer mit Heidekraut dekorierten Festhalle und amüsierten sich einen whiskygetränkten Abend lang prächtig.

Das einzige Problem waren die Steckrüben – beziehungsweise deren schottische Abart. Diese unverzichtbare Beilage zu Haggis war auf Mallorca einfach nicht aufzutreiben, und es wäre unsinnig gewesen, für die Anzahl von Gästen, die bewirtet werden musste, genug frische Rüben per Luftfracht aus Schottland einzufliegen. Daher musste sich Jock damit behelfen, die getrocknete Variante liefern zu lassen. Als unverbesserlicher Rübenpurist war er mit dieser Lösung jedoch nie ganz zufrieden gewesen. »Das ist nicht das Wahre, Mann«, lautete sein alljährliches Lamento.

Also erbot ich mich, ihm eine für seine Zwecke ausreichende Menge Rüben zu ziehen. Meiner Lebensphilosophie zufolge sind nämlich finstere Zeiten angebrochen, wenn man für einen Freund, der in Sachen Burns-Abend in der Patsche sitzt, nicht mal mehr ein paar Steckrüben ziehen kann. Das Problem war nur, dass die Rüben dies anders sahen. Wie schon viele Male zuvor in Schottland hatte ich die Saat im Mai in die Erde gebracht, und unter üppiger Bewässerung steckten die Sämlinge bald ihre zarten grünen Köpfe aus dem Boden hervor – noch dazu schneller, als ich es je erlebt hatte. Doch nachdem sie eine Kostprobe der mallorquinischen Junisonne abbekommen hatten, stießen die jungen Pflänzchen vor Heimweh nach kühleren Klimazonen einen tiefen Seufzer aus, breiteten ihre kleinen grünen Blätter auf der Erde aus … und starben ab.

»*Coño*«, krächzte der alte Pep, als er nach seiner Meinung zu der Katastrophe befragt wurde. »Sie hätten die Samen im Herbst aussäen sollen.«

Und natürlich hatte er vollkommen Recht. Warum war ich nicht selbst darauf gekommen? Bestimmt hätten die Samen den nachfolgenden mallorquinischen Winter für einen schottischen Sommer gehalten und wären munter weitergewachsen. Logisch. Wieder etwas dazugelernt.

Das Misslingen unserer Maisernte war allerdings nicht so leicht zu erklären. Obwohl wir keine Erfahrung damit hatten, dieses an warme Klimazonen gewohnte Getreide anzubauen, hatten wir die Samen den Regeln nach und (nach Konsultierung des Almanachs) zur richtigen Mondphase gesät und ihnen die für ihr Wohlergehen empfohlene Menge an Düngemittel und Wasser zukommen lassen. Nun erwarteten wir natürlich, dass sie bis auf die Höhe des sprichwörtlichen Elefantenauges wüchsen. Doch sie schafften es nicht mal bis zur Höhe eines Wurmauges. Nichts. Nicht ein einziger Trieb kam aus der Erde.

Diesmal war sogar Pep perplex. »Wo haben Sie die Samen gekauft?«, wollte er wissen, während er auf das nicht vorhandene Maisfeld blickte.

»Nirgends. Ich habe einen Sack davon von einem Freund geschenkt bekommen, der aus Australien zu Besuch hier war.«

Das sagte Pep alles. »Vierzig Huren!«, rief er höhnisch. »Dann ist doch alles klar. Wie konnten Sie nur so dumm sein?«

»Dumm? Wie meinen Sie das?«

»Australische Samen, *guapo*«, sprudelte er hervor, unterbrochen von verächtlichem Kichern. »Ganz einfach: Die *bastardos* wachsen nach unten!«

Na ja, wenigstens gediehen unsere Tomaten, genau wie die Paprikaschoten, die Zwiebeln, der Knoblauch und andere Pflanzen, die sich gut für das Mittelmeerklima eigneten. Und in Entsprechung zu den steigenden Temperaturen verlangsamte sich auch der Lebensrhythmus im Tal. *Tranquilo* zu sein war nun keine Mühe mehr, sondern ein Muss, und selbst der von Arbeitsmoral besessenste *extranjero* geriet leicht in Versuchung, sich der *mañana*-Brigade anzuschließen. Aber, wie der Almanach für Juni konstatierte: »In den ersten Tagen des Monats sind die restlichen Wasserreserven im Boden meist erschöpft, und es ist nötig zu bewässern.«

Genau wie Pepe Suau vorausgesagt hatte, hatten die Obstbäume wunderbar auf seine radikale Beschneidung reagiert und waren nun in bestem Zustand, doch ohne weiteres menschliches Eingreifen würden sie bald Opfer der sommerlichen Trockenheit werden. Wir hatten bereits um jeden unserer Bäume Bewässerungskanäle angelegt, eine langwierige und mühevolle Angelegenheit, selbst mit der Traktor-und-Pflug-Methode, die Sandy ausprobiert hatte. Woher die Einheimischen die Kraft nahmen, diese mörderische Arbeit bei einer solchen Hitze mit der Hand zu verrichten, war mir ein stetiges Rätsel. Doch sie schafften es und schienen sich nicht mehr dabei zu denken als wir, wenn wir mitten in einem schottischen Schneesturm im Freien überwinterndes Vieh fütterten. Es ist wohl nur eine Frage der Gewohnheit, schätze ich.

Ob es nun die zu Schläfrigkeit führende Wirkung der Hitze war oder die Folge unseres Stromkabel-Duells, weiß ich nicht, aber Tomàs Ferrer war wesentlich nachbarschaftlicher geworden und stand uns stets mit Rat und Tat zur Seite, wenn wir ihn fragten. Manchmal sogar, ohne dass wir ihn fragten. Ja, unser Verhältnis war sogar so herzlich geworden, dass wir aufgehört hatten, die Tomaten mit der Suppe aus der Klärgrube zu düngen, wenn er und Francisca in ihrer Wochenend-*casita* waren – eine Geste des guten Willens, die sie bestimmt sehr zu schätzen wussten. Und wer weiß, vielleicht war es ja gerade die Befürchtung, wieder jeden Samstagmorgen zum Aroma unseres *»parfum de Paris«* aufzuwachen, die ihn dazu anhielt, nett zu sein. Was auch immer der Grund dafür war, wir empfanden es als willkommene Erleichterung, die Spannungen zwischen uns los zu sein.

»Sie dürfen es nie weiter als acht *palmos* unter diesen Knoten fallen lassen«, sagte Tomàs. Er instruierte mich, wie man mithilfe eines Seils, das von einem Pflock an der Brüstung herabhing, den Wasserstand in unserem Brunnen maß. Dann spreizte er die Hand und zeigte mir die Spanne zwischen kleinem Finger und Daumen, damit ich auch bestimmt wusste, was er mit einem *palmo* meinte. »Wenn Sie mehr als diese Wassermenge auf einmal herausholen, ist das zu viel, und es dauert zu lange, bis der Wasserstand wieder so hoch ist wie zuvor. Vergessen Sie das nie. *Muy importante.*«

Irgendwie war ich nicht besonders überrascht, als Tomàs am ersten Sonntag, an dem er den Brunnen nutzte, selbst fast zehn *palmos* Wasser herauspumpte. Und genau wie er gesagt hatte, war am nächsten Tag nicht genug Wasser vorhanden, um unsere Bäume zu bewässern. Vielleicht war meine Vermutung, dass er einen neuen Anfang machen wollte, doch ein bisschen voreilig gewesen. Aber anstatt zu riskieren, dass ich mich überstürzt in einen dieser allzu häufigen Wasserkriege verwickeln ließ, von denen mir Maria erzählt hatte, beschloss ich, den Vorfall kommentarlos hinzunehmen – ausnahmsweise! Und ehrlich gesagt überschritt Tomàs die Wassermarke nie wieder. Vielleicht war ihm das eine Mal lediglich ein Irrtum unterlaufen. Oder, noch einmal im Zweifel für den Angeklagten, vielleicht hatte er den Brunnen absichtlich überlastet, nur damit ich die Regel der acht *palmos* auch garantiert begriff. Ich ließ die Sache auf sich beruhen, obwohl mir auffiel, dass Tomàs von da an jedes Wochenende genau das absolute Maximum, das erlaubt war, aus dem Brunnen holte – wesentlich mehr, als er wirklich brauchte, da war ich mir sicher. Doch das lag eben in der Natur dieses Mannes: Wenn er nicht die ganze Hand haben konnte, dann würde er sich aber zumindest nicht mit weniger als dem ganzen kleinen Finger zufrieden geben.

Und es stand mir nicht zu, mich darüber zu beklagen. Pepe Suau hatte mir erklärt, dass jeder Baum auf der Plantage zur Befriedigung seiner Bedürfnisse mindestens einmal alle zehn Tage seinen Bewässerungsgraben bis zum Rand gefüllt bekommen musste. Der Brunnen führte genug Wasser, um dieser Daumenregel nachzukommen, und so blieb die nachbarliche Harmonie mit den Ferrers glücklicherweise gewährleistet.

Nur ein einziges Mal wurde dieser erfreuliche Status quo massiv gefährdet …

»*Madre mía*, Sie haben meine Schuhe gestohlen!«, plärrte Francisca, die mit einem Korb Saubohnen in der einen Hand vor unserer Tür stand, während sie mit der anderen auf ein Paar schmuddelige Espadrilles zeigte, die auf der Fußmatte lagen. Sie sah mich mit einem Gesichtsausdruck an, der unschwer erkennen ließ, dass sie mich für einen Perversen erster Ordnung hielt. »Da komme ich, um Ihrer Frau diese Bohnen zu schenken«, fuhr sie mit bebender Unterlippe fort, »nur um dann feststellen zu müssen, dass Sie meine neuen Schuhe gestohlen haben.« Sie bückte sich, um sie aufzuheben, wobei sie sie zimperlich zwischen Zeigefinger und Daumen nahm, als wären sie gerade von einem verbotenen Ausflug nach Tschernobyl zurückgekehrt. »Überall habe ich sie gesucht – und jetzt schauen Sie sie nur an. Total dreckig!«

Ich war total verblüfft, um nicht zu sagen vorübergehend sprachlos.

Dann bemerkte Francisca etwas, das weiter hinten auf der Veranda unter einem Stuhl lag. »Und schauen Sie mal, da!«, kreischte sie. »Mein roter Gummistiefel! Der fehlt mir schon seit gestern! *Jesús, María y José!*« Sie bekreuzigte sich und murmelte eine Beschwörungsformel, die eher blasphemisch als fromm klang.

Ich wusste das spanische Wort für »abartig« nicht, aber ich machte ihr trotzdem unmissverständlich klar, dass ich nicht darauf stand, Damenschuhe zu stibitzen.

»Dann also Ihre Söhne«, mutmaßte Francisca, den Tränen nahe. »Jungen in diesem Alter – Sie wissen schon …«

Ich wollte ihr gerade erklären, dass es, selbst wenn einer oder auch beide der Jungen einen Hang zum Schuhfetischismus entwickelt haben sollten, extrem unwahrscheinlich war, dass sie sich von derart unattraktiven Exemplaren angezogen fühlen sollten, wie es die waren, die sie die ihren nannte. Doch ich hielt es für günstiger, ihren Ärger nicht auch noch mit einer Kränkung anzufachen. Die Versicherung, dass wir alle drei unschuldig waren, war das Einzige, was ich ihr anbieten konnte – mehr war nicht drin.

Doch damit gab sie sich nicht zufrieden. »Ihre Frau kann es allerdings nicht gewesen sein«, sagte sie, bevor sie die Grundlage dieses messerscharfen Schlusses zum Besten gab: »Meine Schuhe wären ihr ja viel zu klein.«

Wiederum war das Einzige, was ich tun konnte, auf Unschuld zu plädieren, meine Unkenntnis der Vorgänge zu beteuern und im Stillen Francisca dafür zu beglückwünschen, dass Ellie nicht in der Nähe war und daher auch Franciscas gehässige Bemerkung über die Größe ihrer Füße nicht hatte hören können.

In diesem Moment kam Bonny vom Grundstück der alten Maria her über die Mauer gehüpft. Sie war jetzt fast fünf Monate alt und hatte sich bereits zu einer schönen, muskulösen jungen Boxerhündin entwickelt. Sie strotzte vor Übermut und Energie, wie es für diese Rasse so typisch ist, und genoss die Freiheit, die das Leben auf der *finca* ihr bot.

»Bo-niie-iee-iee!«, krähte Francisca, deren finstere Miene sich sofort in ein breites Grinsen verwandelte. *»Oh, mi pequeña querida!«*, gurrte sie und breitete die Arme aus, um ihre Seelenfreundin zu begrüßen. Doch ihre Begrüßungsworte »mein kleiner Liebling« wurden rasch von einem verblüfft hervorgestoßenen *»Dios mío!«* abgelöst, als sie sah, was Bonny im Maul trug: Es war einer von Marias abgetretenen Gummilatschen.

Auf einmal war das Rätsel des Schuhdiebstahls gelöst, und Francisca nahm die Aufklärung mit schallendem Gelächter entgegen, sprach mir aber mit keinem Wort eine Entschuldigung dafür aus, dass sie unterstellt hatte, meine zwei Sprösslinge und ich stünden bestenfalls eine Stufe über Wäschedieben.

Allerdings teilte Maria Franciscas Begeisterung in keiner Weise. Während Francisca mich säuselnd zu überzeugen versuchte, dass ich Bonny keine strenge Strafpredigt hielt, kam Maria atemlos und mit einem nackten und staubbedeckten

Fuß um die Hausecke gesaust. Sie war keine glückliche Nachbarin.

»Sie hat ihn mir direkt vom Fuß weggeschnappt«, keuchte sie. »Ich sitze da und drehe einer Ente den Hals um, da kommt Ihr Hund angetrabt und rennt mit meinem Schuh wieder davon! *Hombre,* man sollte ihm beibringen, ältere Leute zu respektieren!«

Damit wechselten sie und Francisca feindselige Blicke, sammelten ihre jeweilige Fußbekleidung auf und machten sich in entgegengesetzte Richtungen auf den Heimweg. Ihre gegenseitige Abneigung hatte mir diesmal eine heftige Standpauke erspart, und obwohl ich innerlich Bonnys Belustigung über die Folgen ihrer neuesten Marotte teilte, war mir klar, dass etwas dagegen unternommen werden musste. Ironischerweise hatten wir Bonny gekauft, um potenzielle Diebe abzuschrecken, und jetzt mussten wir feststellen, dass sie selbst lange Finger (oder Zähne) hatte.

»Bind ihr einen alten Stiefel ans Halsband«, schlug Ellie vor. »Das schreckt sie vielleicht ab.«

Eine ähnliche Methode hatten wir bei Copper, einer unserer früheren Boxerhündinnen in Schottland versucht. Deren Schwäche waren nicht Schuhe, sondern Hühner gewesen – und zwar lebende. Zumindest hatten sie noch gelebt, als sie sie stahl, waren aber regelmäßig vor Angst gestorben, wenn Copper sie stolz an unserer Hintertür ablieferte.

»Bindet ihr eines ans Halsband«, hatte jemand empfohlen. »Das schreckt sie immer ab.«

Tagelang eine tote Henne an einem Stück Schnur mit sich herumzuschleppen hatte Copper nicht abgeschreckt, ebenso wenig wie es Bonny abschreckte, einen alten Stiefel herumzuschleppen. Sie hielt das alles für einen Teil des Spiels, und bis sie es selbst leid wurde, mussten wir uns daran gewöhnen, unseren beiden Nachbarinnen am laufenden Band stibitzte Damenschuhe zurückzubringen. Natürlich war es nicht gerade hilfreich, dass Francisca ihr klauendes »kleines Schätzchen« mit einem Kichern, einem leckeren Häppchen und einem Kitzeln hinter den Ohren »bestrafte«. Und Marias fruchtlose Versuche, unser *»loco animal«* mit ihrer Hacke zu köpfen, steigerten lediglich Bonnys Vergnügen.

Erst als sie sich für unsere Bewässerungsarbeit zu interessieren begann, beschloss sie endlich, sich zu bessern und ihren Schuhklautick abzulegen. Sich in Wasser zu stürzen, das aus dem Ende einer Schlauchleitung rauschte, machte viel mehr Spaß.

Abgesehen von Bonnys unvermittelten Störmanövern gestaltete sich das Bewässern der Bäume als doch nicht ganz so mühsam, wie man mir gesagt hatte. Zuerst war es zwar ein wenig ermüdend, im Endeffekt aber doch erträglich, nachdem ich gelernt hatte, wie man die Aufgabe mit etwas gezielter Untätigkeit kombinierte. Das System war einfach. Ein Stück dicker Schlauch wurde an eine Reihe von Zapfhähnen an einem galvanisierten Rohr angeschlossen, das die ganze Länge des Grundstücks vom Brunnen bis zum Weg entlang verlief. Wenn man dann den Schalter der Brunnenpumpe betätigte, ging es los. Dann füllte ich zuerst die Wasserrinnen rings um die Bäume, die der metallenen Verbrauchsleitung am nächsten lagen, und verband dann mehrere Verlängerungen mit dem Schlauch, bis ich schließlich bei jenen am Zaun anlangte, der uns vom Anwesen der Ferrers trennte.

Diese Arbeit wurde abends erledigt, wenn die Sonne ein wenig von ihrer Hitze verloren und infolgedessen das Verdunstungsrisiko nachgelassen hatte. Man musste am anderen Ende des Anwesens beginnen, eine zuvor festgelegte Anzahl von Bäumen bewässern und dann Abend für Abend in Etappen auf den Weg zu weitermachen, bis sämtliche Bäume die erforderliche Menge Wasser erhalten hatten – und zwar wie von Pepe Suau angeordnet binnen zehn Tagen. Dann war es an der Zeit, wieder von vorn zu beginnen.

Abgesehen davon, dass man einen sperrigen Schlauch herumschleppen musste, bestand der schwerste (und langweiligste) Teil dieser Arbeit darin, stehen zu bleiben und zuzusehen, wie das Wasser in die Furchen lief. Doch schon bald hatte ich eine Eingebung wahren *tranquilo*-Seins. Warum sah ich dem Wasser eigentlich nicht im Sitzen zu? Damit hätte ich etwa alle zwölf Minuten zehn Minuten Sitzpause. Zeit, um dazusitzen und nachzudenken, oder, was erfahrungsgemäß häufiger der Fall war, Zeit, um einfach nur dazusitzen. Wenigstens lernte ich, mich den Gebräuchen der mallorquinischen Landbevölkerung anzupassen, statt mich gegen sie zu wehren, und diese Erfahrung gefiel mir immer besser.

Ja, so sagte ich mir, es gab eine Menge unangenehmerer Beschäftigungen für einen Mann, als an einem lauen mediterranen Abend in einem Orangenhain auf einer Plastikkiste zu hocken, dem Gurgeln des laufenden Wassers zu lauschen, den betörenden Duft der Zitrusbäume einzuatmen und verträumt auf die majestätischen Berge der Umgebung zu blicken. Das Idyll war perfekt, nachdem sich Charlie dazu überreden lassen hatte, mir allabendlich eine Flasche eisgekühltes Bier herauszubringen, wenn er von der Schule zurück war. Dann zog er mit Bonny los, damit sie mit dem kaputten Fußball spielen konnte, der nach der Schuhphase ihr Lieblingsspielzeug geworden war, und ich blieb in einsamer Glückseligkeit zurück, um über nichts Anspruchsvolleres nachzudenken als die ungewohnt goldene Farbe meiner einst schneeweißen schottischen Knie. Wenn dann die Dämmerung anbrach, war ich von einer Myriade tanzender Lichter umgeben – einem Ballett fliegender Insekten, die zwischen den Bäumen schwebten und umherflitzten, während ihre winzigen Flügel das Glühen der untergehenden Sonne reflektierten.

Wenn das Plackerei war, dann *viva* Plackerei!

* * *

Im Lauf der nächsten Wochen wurden unsere Vormittage mehr und mehr davon in Anspruch genommen, das Sommerobst zu pflücken – angefangen mit den Kirschen, bei denen uns die Vögel immer einen Schritt voraus zu sein schienen, ganz egal wie früh wir auch begannen. Langsam begriffen wir den Rat des alten Pep, unsere gefiederten Freunde möglichst nicht dazu zu ermuntern, die Obsthaine aufzusuchen. Winzige Sägewespen drohten eine Sorte kleiner Dessertbirnen zu befallen, Ohrwürmer waren die Feinde unserer Aprikosen, Schnecken fielen über die Pflaumen her, und Fruchtfliegen entwickelten eine Leidenschaft für unsere Loquats. Doch indem wir die einfachen Spritzregeln befolgten, die Pepe Suau angeordnet hatte, schafften wir es, die meisten Parasiten in Schach zu halten.

Da nun sowohl unser neuer französischer Freund Andreu als auch Señor Jeronimo einen Absatzmarkt für unsere Erzeugnisse darstellten, nahm unsere anfängliche Angst vor dem wirtschaftlichen Ruin Woche für Woche ab. Der Ertrag von Ca's Mayoral würde uns zwar nie reich machen – das hatten wir vom ersten Tag an akzeptiert –, aber zumindest kamen wir jetzt finanziell einigermaßen zurecht, und zwar wesentlich früher, als wir es noch vor ein paar Monaten für wahrscheinlich gehalten hatten. Allerdings hatte Sandy, wie Ellie und ich schon lange vermuteten, Vorbehalte gegenüber seiner weiteren Teilnahme an unserem mallorquinischen Abenteuer.

»Ich weiß, dass alles ziemlich gut läuft«, sagte er eines Tages, als wir Obstkisten im Kofferraum des Pandas verstauten, »aber wisst ihr, die Zukunft …«

Seine stockende Einleitung sagte mir, dass er intensiv über das nachgedacht hatte, was er loswerden wollte, es ihm aber trotzdem schwer fiel, es geradeheraus zu sagen.

»Ist schon gut«, sagte Ellie mit verständnisvollem Lächeln, »wenn du dir das Ganze anders überlegt hast, ist das kein

Beinbruch. Es ist dein Leben, und du musst tun, was am besten für dich ist.«

»Also, das soll jetzt nicht heißen, dass es mir hier nicht gefällt«, fuhr er fort, offenbar erleichtert, dass das Eis gebrochen war. »Es ist echt cool. Aber, na ja, ich weiß eben nicht genau, ob ich mein Geld auf Dauer mit Obstanbau verdienen will.« Er scharrte mit den Füßen und war schon wieder verlegen. »Ich … na ja, es ist nur … nichts gegen den putzigen Traktor und die Felder voller Bäume und alles – daran hab ich mich irgendwie gewöhnt. Aber …«

»Aber diese Art von Landwirtschaft ist vielleicht nicht wirklich dein Fall?«, sprach ich an seiner statt weiter. »Das kann ich dir nicht verdenken. Ich hatte lange genug selbst meine Zweifel, glaub mir.«

Sandy senkte niedergeschlagen den Kopf und murmelte: »Ich bin mir einfach nicht mehr sicher. Ich weiß, dass es noch jede Menge Arbeit ist, den Hof hier auf die Reihe zu kriegen, und ich will euch auch nicht im Stich lassen oder so …«

Ich klopfte ihm beruhigend auf die Schulter. »Weißt du was? Fahr doch einfach für zwei Wochen nach Schottland – sagen wir Anfang September. Dann kannst du während der Ernte ein bisschen mit einem *richtigen* Traktor arbeiten und dich mit den Leuten von der Landwirtschaftsschule unterhalten. Schauen, wie jetzt dort alles wieder auf dich wirkt, und dann deine Entscheidung treffen. Was hältst du davon?«

Sandys Gesicht leuchtete auf wie das eines Kindes an Weihnachten. »Ihr hättet nichts dagegen?«

»Natürlich nicht«, sagte Ellie und setzte ein ermutigendes Lächeln auf. »Wie gesagt, es ist dein Leben, und wir wären die Letzten, die dir im Weg stehen wollten.«

»He, das ist ja toll«, sagte Sandy grinsend. »Okay, dann mach ich genau das – ich fahre eine Zeit lang nach Hause und schaue mich um.«

Ellie und ich sagten nichts, aber ich wusste, dass wir beide das Gleiche dachten. Man musste nicht Freud sein, um Sandys Verwendung des Begriffs »nach Hause« zu interpretieren. Doch nur die Zeit würde Klarheit bringen. Vielleicht würde das Auffrischen der Erinnerung daran, wie es sein konnte, gegen grässliches Wetter ankämpfen zu müssen, während man die schottische Getreideernte einbrachte – was nicht selten geschah –, Sandy davon überzeugen, dass seine weitere Mitarbeit an unserem kleinen landwirtschaftlichen Unternehmen in der Sonne etwas war, an das man sich doch leicht gewöhnen konnte.

Das sagte ich auch zu Ellie, nachdem wir mit dem Panda aufgebrochen waren, um die tägliche Lieferung auszufahren. Wir hatten die Vorstellung geteilt, dass wir vier weiterhin die eng verbundene Familie bleiben würden, die wir von jeher gewesen waren. Aber Küken entdecken ihre Flügel und fliegen aus dem Nest, wenn ihre Zeit gekommen ist. Falls die Zeit für Sandy reif war, dann würden wir – ganz egal, wie traurig auch die Trennung war – seine Entscheidung akzeptieren, ihm alles Gute wünschen und ihm jegliche denkbare Unterstützung gewähren.

Doch fürs Erste waren wir noch alle zusammen auf Mallorca, es war Sommer, und wir waren fest entschlossen, ihn zu genießen.

* * *

Unbeständige Wetterbedingungen waren jedenfalls nichts, worüber sich Pep bei *seiner* Getreideernte Sorgen machen musste. Ja, das mallorquinische Klima ist sogar dermaßen günstig, dass er zwei Monate bevor sich die Mähdrescher auch nur in den frühesten Gegenden Schottlands über dieses Getreide hermachen würden, seinen Hafer zu schneiden begann. Doch es war kein Mähdrescher, der an diesem sonnigen Vormittag Ende Juni auf Peps *finca* vor sich hin ratterte. Es war nicht einmal ein Mähbinder, eine Maschine, die auf britischen Höfen schon Anfang der fünfziger Jahre von den ersten Mähdreschern verdrängt worden war. Nein, was Pep benutzte, um seinen Hafer zu schneiden, war eine Mähmaschine, der primitive Vorläufer des Mähbinders. Die Mähmaschine war bei ihrer Einführung revolutionär gewesen, da sie die Sichel verdrängt hatte, aber ich hatte zeit meines Lebens nur ein einziges Exemplar gesehen, und zwar im Landwirtschaftsmuseum. Tatsächlich eine im Einsatz zu erleben war so, als wäre man in ein anderes Zeitalter zurücktransportiert worden, und genau das galt auch für die Ernteszene, die Pep und seine vier Helfer abgaben.

Pep hielt die Zügel seines störrischen Maultiers, trieb es mit gebrüllten Flüchen dazu an, die uralte, laute Mähmaschine zu ziehen, und versuchte zugleich, sie in ordentlichen Linien zwischen den vereinzelt auf dem Feld stehenden Mandelbäumen hindurchzulenken. Keine leichte Aufgabe. Auf der Maschine saß ein Mann mit einer dreizinkigen, hölzernen Forke. Seine Aufgabe war es, die geschnittenen Haferhalme vor dem sich hin und her bewegenden Messer der Mähmaschine wegzurechen, sie sauber auf einer Plattform hinter dem Messerbalken zu stapeln und sie dann, wenn eine entsprechende Menge zusammengekommen war, nach hinten auf die Stoppeln zu werfen. Diese losen Bündel wurden dann von den anderen beiden Männern aufgesammelt und mit Stroh zu Garben gebunden. All das wäre selbst in einem gemäßigten Klima harte, kräftezehrende Arbeit gewesen, doch unter der brennenden Sommersonne Mallorcas schien es mir eine Vorstufe des Fegefeuers zu sein. Pep trug allerdings wie immer seine unverwüstliche lederne Bomberjacke und die schwarze Baskenmütze!

Was mich auch erstaunte, war, dass die Männer, die die Garben banden, sie nicht zu Hocken aufstellten, wie ich es selbst noch als Junge in Schottland getan hatte. Dies war ein unerlässlicher Bestandteil des ganzen Vorgangs, da so die Ähren vom Boden fern gehalten wurden. Ich brüllte zu Pep hinüber und fragte ihn, ob die Jungs und ich ihm dabei helfen sollten, doch seine Antwort begann mit einer abwehrenden Handbewegung.

»*Gracias, amigo*, aber die liegen gut so.« Er wies auf die Sonne. »*El bon sol* kümmert sich schon um sie. *Va bé.*«

Ich wusste, dass Pep nicht faul war – ganz und gar nicht. Aber ich fand trotzdem merkwürdig, dass er es riskierte, seine wertvollen Garben so liegen zu lassen, dass die Körner von der Feuchtigkeit aus dem Erdreich befallen werden konnten, und ihnen auch den Schutz durch einen Regenabfluss zu versagen, den das Aufstellen zu Hocken gewährleistet hätte. Tatsache war natürlich, dass der Boden so trocken wie Zunder und das Regenrisiko zu dieser Jahreszeit so gering war, dass man es vernachlässigen konnte.

Selbst der Almanach unterstützte Peps Nachlässigkeit. Für den bevorstehenden Zeitraum konstatierte er: »Im Durchschnitt wird im gesamten Monat nur ein einziger Regentag registriert. Man kann also sagen, dass die Niederschläge im Juli gleich null sind.«

Sowohl Peps sorglose Einstellung als auch die kühne Vorhersage des Almanachs erwiesen sich als völlig gerechtfertigt. In den nächsten drei Wochen blieben die Garben dort liegen, wo man sie hatte fallen lassen, und nahmen keinerlei Schaden – außer vielleicht durch den Appetit einiger Feldmäuse, und vor diesen hartnäckigen kleinen Nagern hätten nicht einmal Hocken die schmackhaften Haferkörner bewahren können.

Eines Tages, als Ellie und ich nach einem Einkaufsbummel den Weg entlangfuhren, bot sich uns auf Peps *finca* erneut eine Szene aus der Vergangenheit. Vor seinem baufälligen Bauernhaus stand eine mobile alte Dreschmaschine von der Sorte, wie sie in Großbritannien von einem Hof zum anderen zu fahren pflegten, als es noch keine Mähdrescher gab.

Wieder etwas, was ich seit meiner Kindheit nicht mehr gesehen hatte. Die Maschinen in meiner Erinnerung waren von großen, qualmenden Dampfmaschinen gezogen und angetrieben worden, doch die von Pep, die identisch, aber irgendwie kleiner war, wurde von einem Riemen angetrieben, der an einen uralten Fordson-Traktor angeschlossen war. Ein Traktor? Auf Peps Hof? So ernst war also seine Behauptung zu nehmen, dass er niemals eines dieser schmierigen, luftverpestenden Ungetüme auf seinem Grund und Boden dulden würde.

Während ich Peps Prahlereien über die »grüne« Orientierung seines Hofes als harmloses Beispiel für seine aufgesetzte Schrulligkeit einstufte, stoppte ich den Wagen und starrte fasziniert auf diese lebende Bildpostkarte aus der Vergangenheit. Die Temperatur, die an diesem Julitag im Tal herrschte, musste außerhalb des Schattens über vierzig Grad Celsius betragen haben, und das bei etwa neunzig Prozent Luftfeuchtigkeit. Trotzdem stand Pep, der schon mindestens siebzig Sommer gesehen haben musste, oben auf der Maschine und schaufelte so dynamisch Garben in ihr hungriges Maul wie jemand, der nur halb so alt war. Sein einziges Zugeständnis an die brütenden Arbeitsbedingungen waren Hemdsärmel (das erste Mal, dass ich ihn ohne seine imagefördernde Bomberjacke zu sehen bekam) und ein an vier Ecken geknotetes Taschentuch, das die Baskenmütze auf seinem Kopf ersetzte.

Zwei weitere Männer holten die Garben mit Peps Maultier und dem Karren vom Feld, während ein vierter Mann hinter der Maschine stand und den gedroschenen Hafer in Säcke packte. Mit seiner Heugabel und der Kraft eines Löwen beschäftigte der alte Pep also drei Männer und ein Maultier. Und da heißt es immer wieder, die Spanier seien ein Volk von Müßiggängern. Zweifellos haben sie das *mañana*-Syndrom und die Fähigkeit, *tranquilo* zu sein, zu einer Kunstform entwickelt, aber wenn es hart auf hart kommt, kann zumindest die Landbevölkerung jeden anderen im wahrsten Sinne des Wortes in den Schatten stellen. Und Pep bewies es an diesem brütend heißen Sommertag, an dem mir – wie ich gestehen muss – schon der Schweiß ausbrach, wenn ich nur daran dachte, ein paar Körbe Aprikosen zu pflücken.

Dies sagte ich Pep, als er eine kurze Unterbrechung der Drescharbeiten ausgerufen hatte, um seinen Helfern und dem Maultier eine Verschnaufpause zu gönnen – und sich selbst genug Zeit, damit er sich einen seiner pyrotechnischen *cigarrillos* drehen und rauchen konnte.

»*Hombre,* dazu muss man geboren sein«, war seine unmittelbare Reaktion, bevor er einschränkend hinzufügte: »Aber, *tío,* stellen Sie mich in Ihr Land, und mir wären schon die Eier abgefroren, bevor ich auch nur eine einzige Garbe aufgeladen hätte.«

Aha.

Der bevorstehende erfolgreiche Abschluss seiner Haferernte schien Pep in ungewöhnlich milde Stimmung versetzt zu haben, und so hielt ich es für eine günstige Gelegenheit, um ihn ein bisschen aufzuziehen, weil er seine hochgepriesene Maxime gebrochen hatte, auf seinem Hof keinen Traktor zu gestatten. Seine Entschuldigung dafür, dass er den alten, Parafin saufenden Forson auf sein Grundstück gelassen hatte, war kurz und bündig …

»*Coño*«, sagte er, »wenn ich das Getreide immer noch mit dem Flegel dreschen würde wie damals, als mein Vater noch gelebt hat, wäre ich schon seit zwanzig Jahren tot.«

Alles klar.

»Okay, aber was war neulich, als Sie Sandy gebeten haben, Ihr Land mit unserem kleinen Barbieri-Traktor umzupflügen?«

»Eine Frage der Machbarkeit«, antwortete Pep, während er offenbar auf eine noch schonungslosere Antwort sann.

»Ich musste in einer ungünstig gelegenen Ecke eines Felds den Boden besonders sorgfältig bestellen. Eine ungünstige, aber sichere Ecke ... für meine seltenen Tabakpflanzen, verstehen Sie?«

Ich nickte und wartete auf den finalen Rettungsclou.

Pep zwinkerte Ellie schelmisch zu und sagte dann zu mir: »Eine Egge hinter einem Maultier ist auf schwierigem Grund eine heikle Kombination, *sí*?«

»Sí.«

»Bueno! Versuchen Sie mal, einem Maultier die Antriebswelle einer Bodenfräse in den Arsch zu schieben, dann werden Sie schon sehen!«

Keine weiteren Fragen.

***

Das Ende von Charlies Sommerhalbjahr – oder -semester, wie sie es mit dem ausgeprägten transatlantischen Ethos der Schule nannten – wurde durch das jährliche Sportfest gekrönt. Zu diesem Anlass hatte man einen am Stadtrand von Palma gelegenen Sportplatz mit angrenzendem Schwimmbecken gemietet, da sich die Sporteinrichtungen der Schule auf eine kleine Turnhalle und ein Basketballfeld auf dem Spielplatz beschränkten. Die Angehörigen der Teilnehmer bildeten zwar nur eine kleine Gruppe (die ganze Schule umfasste nur etwa zweihundert Schüler), doch das machten sie mit Begeisterung und Lautstärke wieder wett. Und die Kinder, von denen jedes für sein eigenes »Haus« antrat, genossen die professionelle Atmosphäre und freuten sich, dass sie in einem *echten* Stadion und einem Schwimmbecken mit olympischen Ausmaßen zeigen durften, was sie konnten.

Die drückenden Temperaturen des Spätnachmittags bedeuteten, dass die Leichtathletik-Wettkämpfe sich für die älteren Schüler auf Sprint und Staffellauf sowie kurze Eierläufe und Dreibeinwettläufe für die jüngeren beschränken würden.

Wie es sich für Spanien gehörte, gab es auf dem Gelände eine Bar, damit sonnenstichgefährdete Eltern (ausschließlich Väter, wie mir auffiel) die sportlichen Leistungen ihrer Sprösslinge in klimatisierter Sicherheit über den Rand eines Glases gekühlten Bieres hinweg bewundern konnten. Die Vorstellung reizte mich auch sehr, doch Ellie rief mir rasch in Erinnerung, dass ich vor derartigen Genüssen mit dem Direktor über Charlies kürzliches Fehlverhalten auf dem Basketballplatz sprechen müsse.

Im Gegensatz dazu, was man Sandy seinerzeit gesagt hatte, hatte sich niemand von der Schule mit uns in Verbindung gesetzt, und so nahm ich an, dass die ganze Sache als Sturm im Wasserglas angesehen wurde. Trotzdem war es besser, wenn wir zu verstehen gaben, dass wir mit Charlies Benehmen nicht einverstanden waren.

»Jungs sind eben Jungs«, sagte der Schulleiter schmunzelnd. Er war ein wesentlich umgänglicher und lässigerer Mann als die despotischen alten »Direxe«, die ich aus meiner eigenen Schulzeit in Erinnerung hatte. Zwar hatte er alle Hände voll damit zu tun, seinen Mitarbeitern bei der Organisation der Wettkämpfe zu helfen, doch er nahm sich gern die Zeit, uns über Charlies Fortschritte nach zwei kompletten Halbjahren an seiner Schule zu informieren.

Was die Basketball-Rauferei anging, so erklärte er, dass er zwar an einer Schule wie der seinen, wo eine ziemlich hohe Fluktuation von Schülern mit dem unterschiedlichsten kulturellen Hintergrund herrschte, keinerlei gewalttätiges Verhalten dulden könne, aber solche Rangeleien wie die, an der Charlie beteiligt gewesen war, seien nicht gerade selten.

»Wir bemühen uns darum, die Harmonie zwischen allen Schülern zu fördern, ganz egal, aus welchem Land sie stammen, aber wie in jeder Schule gibt es immer einen Jungen, der sich aufspielt und jedem, der vor ihm kneift, das Leben zur Hölle macht. Ganz unter uns gesprochen, der Junge, mit dem Ihr Charlie diese Auseinandersetzung hatte, ist genau so ein Typ. Und obwohl der Sportlehrer wusste, dass sich Charlie bei dieser Gelegenheit vermutlich nur verteidigt hat, musste er die Verhaltensregeln der Schule durchsetzen.«

»Hoffentlich hat es sich Charlie zu Herzen genommen«, sagte ich.

»Sie brauchen sich über Charlies Verhalten im Allgemeinen keine Sorgen zu machen, das versichere ich Ihnen. Er ist ein lebhafter Junge mit einem aufgeschlossenen Wesen. Zwar lässt seine Aufmerksamkeit im Unterricht hin und wieder nach, aber er ist bei Schülern wie bei Lehrern sehr beliebt.« Der Schulleiter senkte die Stimme und fügte vertraulich hinzu: »Und sein Basketball-Gegner geht ihm mittlerweile brav aus dem Weg.«

»Wie steht es denn um seine schulischen Leistungen?«, wollte Ellie wissen. »Strengt er sich an? Macht er Fortschritte?«

»Wir verteilen nachher die Zeugnisse, die die Schüler mit nach Hause nehmen dürfen, da können sie alles genau nachlesen. Aber im Großen und Ganzen würde ich sagen, dass Charlie in Fächern, die ihn interessieren, sehr gut ist, und in denen, die ihn nicht interessieren, weniger. Das ist bei Kindern in diesem Alter nicht ungewöhnlich, aber in einer kleinen Schule wie der unseren haben die Lehrer Zeit, darauf einzugehen, und genau das tun wir bei Charlie.«

»Das werden wir auf jeden Fall zu Hause unterstützen«, versicherte ich ihm, ziemlich erleichtert, dass Charlies schulische Gesamtleistung nicht schlechter war als das altbekannte »Könnte besser sein«. Wenigstens war das Schulgeld nicht *total* verschwendet.

»Ach, nur eines noch«, sagte der Direktor, während er schon auf dem Sprung war, zu seinen Pflichten als Wettkampf-Organisator zurückzukehren. »Was seine Einstellung angeht, könnten Sie Charlie vielleicht auch von unserem Verdacht berichten, dass er wohl manche von uns Lehrern für Vollidioten hält. Vielleicht trifft das sogar zu. Aber« – er hielt inne, um kurz aufzulachen – »wir möchten nicht von einem Zwölfjährigen daran erinnert werden, ganz egal wie dezent es geschieht, verstehen Sie?«

Ich beschloss, Charlie darauf anzusprechen, aber innerlich freute ich mich darüber, dass er bereits die Fähigkeit entwickelte, den Charakter anderer Menschen einzuschätzen. Und an wem konnte er seine aufkeimenden Kenntnisse besser üben als an Lehrern? Ein reicher Schatz an unterschiedlichsten Originalen, wie es kaum einen Zweiten gibt!

Auch wenn es völlig anders war als die Schulsportfeste in Großbritannien, wo der süße Duft gemähten Grases an einem angenehm warmen Nachmittag unauslöschliche Erinnerungen prägt, gelang es auch dieser Stadionvariante, das euphorische Schuljahresendgefühl zu erzeugen. Obwohl es nur einen kleinen Teil der Sitzplätze einnahm, schuf das kleine Häuflein anfeuernder Eltern eine spannende Atmosphäre, die sich auf die Rennbahn übertrug. Wie immer heimsten ein paar athletisch begabte Kinder die meisten Preise ein, aber alle strengten sich an – selbst die hoffnungslosen Schlusslichter, die bezeichnenderweise aussahen, als trainierten sie mit Sahnetorten, Hamburgern und Pommes.

Doch sie hatten alle ihren Spaß, und als sich das Zentrum des Geschehens zum Schwimmbecken hinüber verlagert hatte, war der Wettkampfgeist zwischen den einzelnen Häusern auf dem Höhepunkt angelangt. Ich kann nicht von mir behaupten, ein besonders begeisterter Zuschauer von »professionellen« Schwimmveranstaltungen im Fernsehen zu sein, aber bei diesem kleinen Wettkampf ließ ich mich derart von der allgemeinen Begeisterung anstecken, dass ich ganz vergaß, wie andere hitzegeplagte Väter die Bar aufzusuchen. Ein Lob sei der Qualität der Wettkämpfe gezollt, bei denen sogar die ganz Kleinen voller Elan mitmachten – auch wenn ein paar Anfänger mit Schwimmflügeln übers Planschen am

Beckenrand nicht hinauskamen. Aber sie nahmen teil, und das war es, was zählte.

Selbst wenn der Duft von frisch gemähtem Gras fehlte, wurde dieser Mangel durch die ansteckende Begeisterung der fröhlichen Kinder mehr als wettgemacht. Ihre gebräunte Haut zeugte von dem gesunden Leben im Freien, das in einem Klima wie dem mallorquinischen fester Bestandteil einer Jugend war. Charlie konnte sich glücklich schätzen, und offenbar hatte er sich bereits an dieses Leben gewöhnt wie ein Fisch ans Wasser. Die Ironie des Schicksals hatte gewollt, dass der Besuch einer neuen Schule, vor dem ihm dermaßen gegraut hatte, nun am meisten dazu beitrug, dass er sich so gut in seine neue Umgebung integriert hatte.

Wenn nur auch Sandy das Glück gehabt hätte, in einem ähnlichen gesellschaftlichen Schmelztiegel gelandet zu sein.

Doch die Gedanken an eine langfristig vereinte Familie würden warten müssen. Fürs Erste hatte die Erleichterung darüber, wie der Direktor Charlies schulische »Fortschritte« einschätzte, im Verein mit der euphorischen Stimmung des Sportfests Ellie zu dem Vorschlag veranlasst, das Ganze abzurunden, indem wir die Jungen zu einem Festessen ausführten. Und da Kaninchen Ellies derzeitiges Leibgericht war, trat sie dafür ein, dass wir das Restaurante Mirador de Na Burguesa aufsuchten.

Ausgerechnet Ali, der ägyptische Junge, der Charlie nach der Basketball-Rauferei in Schutz genommen hatte, hatte uns dieses besondere Lokal empfohlen. Es war eines der Lieblingslokale seiner Eltern, und zwar nicht nur wegen der hervorragenden mallorquinischen Wildgerichte, die eine Spezialität des Hauses waren, sondern auch wegen des sagenhaften Blicks, den man von dort aus hatte. Der einzige Haken daran war, dass das Restaurant auf dem Gipfel des Na Burguesa lag und die Straße dort hinauf so halsbrecherisch war, dass Alis Mutter jedes Mal aus dem Auto stieg und zu Fuß ging!

Bald konnten wir es ihr nachfühlen! Wenn man das Dorf Gènova westlich von Palma verlässt, windet sich das schmale Sträßchen die Berghöhe hinauf. Da es keine schützenden Mauern gibt, wird es immer gefährlicher, die scheinbar endlose Abfolge von Serpentinen zu meistern, je höher man kommt. Ich bemerkte, dass Ellie die Augen fest zugekniffen hatte, und das vereinte Stöhnen vom Rücksitz ließ darauf schließen, dass die Jungen das Erlebnis auch nicht gerade genossen. Was mich betraf, der ich mit weißen Knöcheln das Lenkrad umklammert hielt, so war ich regelrecht dankbar dafür, dass die Strecke so steil war, dass ich nicht aus dem ersten Gang hochschalten musste. Mich aufs Bewältigen dieser wahnwitzigen Serpentinen zu konzentrieren war mir weiß Gott Beschäftigung genug.

Und dann geschah das Unvermeidliche. An der engsten Kurve kam uns ein Lieferwagen entgegen. Es war einfach nicht genug Platz, um beide Fahrzeuge passieren zu lassen, also musste einer von uns zurücksetzen und ausweichen. Alle Achtung vor dem anderen Fahrer, der genau das versuchte, doch die mit Schotter bedeckte Asphaltoberfläche bot so wenig Halt, dass seine Hinterräder durchdrehten, ohne dass sich der Lieferwagen auch nur einen Zentimeter den steilen Hang hinaufbewegt hätte.

»Ich muss ein Stück zurückfahren«, sagte ich, wobei ich es vermied, auf den senkrechten Abhang ins Jenseits zu blicken, der links von mir klaffte.

»Ich steige aus!«, sagte Ellie mit zitternder Stimme.

»Ich auch«, erklärten die Jungen einstimmig und kletterten ihrer Mutter nach aus der Tür auf der Beifahrerseite.

»Besten Dank«, murmelte ich, während ich an mich halten musste, um nicht selbst von Bord zu gehen. »Du darfst nicht mal daran *denken,* den Rückwärtsgang einzulegen, Mann«, schärfte ich mir ein. »Wenn dir der Fuß von der Kupplung rutscht, bist du …« Ich schluckte schwer und nahm den Fuß ganz sachte vom Bremspedal, während ich zugleich an der Handbremse zerrte – für alle Fälle.

»STOPP!«, brüllten drei hysterische Stimmen. Ich schaute in den Rückspiegel, wo ich Sandy und Charlie hektisch winken sah. Ellie stand daneben und hielt sich die Augen zu.

»Du bist nur noch ein paar Zentimeter vom Abgrund entfernt«, schrie Sandy. »Fahr ein Stück vor und probier's noch mal. Ich lotse dich rückwärts, keine Angst.«

Keine Angst? Guter Gott, ich wünschte bereits, ich trüge Inkontinenzwindeln, von solchen Kleinigkeiten wie Angst ganz abgesehen.

Ich weiß nicht, wie lange es dauerte, das heikle Manöver durchzuziehen – vermutlich nicht mehr als eine Minute, aber mir erschien es wie eine Ewigkeit. Ich zitterte immer noch, und der Schweiß tropfte mir von der Nasenspitze, als ich endlich in den Parkplatz ganz oben einbog.

»Schön, dass ihr's geschafft habt!«, rief ich Ellie und den Jungen zu, als sie keuchend über die Bergkuppe kamen. Mit einem zitternden Finger wies ich auf die Jesusstatue, die am höchsten Punkt dieses Berges steht und aufs Meer hinausblickt. »Und lasst mich nicht vergessen, ein paar Gebete zu ihm zu sprechen, wenn wir es wieder nach unten geschafft haben.«

Doch schon bald beruhigten sich meine Nerven, als ich erst einmal in der rustikalen Bequemlichkeit des Lokals saß und ein Glas kräftigen Landwein in der Hand hielt. Es bedurfte nur weniger Schlucke der stärkenden roten Flüssigkeit, um mich davon zu überzeugen, dass der Blick durch die Panoramafenster des Gastraums die ganze Zitterpartie wert gewesen war. Wir hatten die gleiche Aussicht über die Bucht von Palma wie Jesus. Die ganze Stadt lag weit unter uns ausgebreitet, bis hin zur Kathedrale, die in der Ferne aussah wie ein Spielzeugmodell, und weiter bis zur Es Pla, der zentralen Hochebene. Wir waren so hoch oben, dass wir sogar auf winzige Passagierflugzeuge hinabblicken konnten, die auf dem weit außerhalb der Stadt gelegenen Flughafen von Palma starteten und landeten. Alis Tipp hatte sich als Treffer erwiesen.

Doch wie stand es um das Essen?

»Also, ich weiß schon, was ich will«, erklärte Ellie, ohne auch nur einen Blick in die Karte zu werfen. »Wenn Ali sagt, dass das Kaninchen hier fantastisch ist, dann nehme ich das.«

Ihre gastronomischen Spanischkenntnisse wurden immer besser. Und so beschloss sie voller Selbstvertrauen und kulinarischer Vorfreude, selbst zu bestellen.

»*Hola!* Ähm, guten Abend, *señor*«, sagte sie in munterem Spanglish zum Kellner. »Ich habe gehört, dass sie wirklich *fabuloso* sein sollen, deshalb nehme ich eines Ihrer wunderbaren *cojones*. Ähm, eine *grande* Portion, *por favor*.«

Sandy und Charlie begannen zu kichern, und so warf ich ihnen einen strengen Blick zu, damit sie sich beherrschten. Dies würde einer von Ellies Klassikern werden. Zu gut, um ihn schon während seiner Entstehung abzuwürgen.

»*Perdón?*«, erkundigte sich der Kellner und musterte erst die Jungen und dann mich, um festzustellen, ob man ihn irgendwie auf den Arm nehmen wollte.

Wir blieben ungerührt.

»Ihre herrlichen *cojones*«, wiederholte Ellie mit einem charmanten Lächeln. »Ich hätte gern *uno* davon, *gracias*.«

Der Kellner zog die Augenbrauen hoch und zuckte bedauernd mit der Schulter. »*No es posible, señora*«, erklärte er mit unbewegter Miene.

Ellie verzog das Gesicht. »Ach herrje! Sind sie ausgegangen?«

»Nein, nein, *señora*, sie sind noch da. Und, hey, ich hoffe schwer, dass sie das bleiben!« Er drückte Ellie eine Speisekarte in die Hand. »Ich komme in ein paar *minutos* wieder, ja?«

Ich spürte, dass die Jungen genau wie ich verzweifelt darum rangen, nicht loszuprusten.

Stirnrunzelnd überflog Ellie die Karte. »Ich weiß gar nicht, was er hat. Das Kaninchen steht schwarz auf weiß hier unten.« Sie zeigte auf den entsprechenden Eintrag. »Schau – *cojones*!«

Das brachte das Fass zum Überlaufen. Sandy und Charlie hatten violett verfärbte Gesichter, die Tränen standen ihnen in den Augen, und belustigtes Schnauben drang aus ihren Nasenlöchern.

»Also, Ellie«, sagte ich und kicherte inzwischen selbst, »die Buchstaben stimmen schon.«

»Aber?«

»Du sagst sie leider in der falschen Reihenfolge.«

»Soll heißen?«

»Soll heißen, dass *conejos* das Wort für Kaninchen ist, aber *cojones* das Wort für …« Ich hielt inne, um mich zu fassen. »*Cojones*, Liebes, ist das Wort für … Hoden.«

»Ich hab ja schon viele Leute unanständig daherreden hören«, japste Charlie, nachdem Ellie sich rasch zurückgezogen hatte, um sich die Nase zu pudern, »aber Mums Version ist eine Klasse für sich!«

Als der Kellner wiederkam, bestellte ich Ellies Kaninchen.

Der Kellner hustete dezent, lächelte nervös und fragte dann höflich: *»Castrado, señor?«*

»Sí«, erwiderte ich und quittierte seine feine Ironie mit einem Kopfnicken, *»no cojones, por favor.«*

Hasta Mañana

Der mallorquinische Kalender ist großzügig mit Feiertagen durchsetzt – Tage, an denen sämtliche Geschäfte außer den Bars schließen, um den einen oder anderen Heiligen mit Paraden und meist ausgelassenen Feierlichkeiten zu würdigen. Vielleicht das wichtigste sommerliche Fest in Andratx und Umgebung ist das zu Ehren von *La Virgen del Carmen,* der Schutzheiligen der Fischer. Es findet Mitte Juli unten in Port d'Andratx statt, wo die Boote der einheimischen Fischereiflotte mit Flaggen, Wimpeln und Ballons geschmückt werden und die Uferstraßen genau wie die engen Gässchen im Dorf von Menschen wimmeln, die von allen Teilen der Insel kommen, um das bunte Ereignis mitzuerleben.

Der Höhepunkt der Festlichkeiten tagsüber ist das einzige alljährliche Erscheinen der Heiligen selbst – oder, genauer gesagt, ihres prunkvoll bekleideten, lebensgroßen Abbilds, das von der kleinen Kirche hinter dem Dorf auf einer Sänfte den ganzen Weg bis zum Wasser hinabgetragen wird. Irgendwo in den jubelnden Massen versteckt, führt eine Blaskapelle die Prozession zu jenem einen Fischerboot, das dazu auser-sehen ist, *La Virgen* aufs Meer hinauszutragen, wo sie das Wasser segnen und damit ein sicheres und einträgliches Jahr für die einheimischen Fischer gewährleisten soll.

Passend zur familiengerechten Tradition der meisten spanischen *fiestas*, werden die Kinder aufgefordert, in die Boote zu steigen, wo sie Süßigkeiten und musikalische Unterhaltung geboten bekommen, während die kleine Flotte aus dem Hafen ausläuft und an der Landzunge vorbei aufs offene Meer hinausfährt. Charlie hatte sich mit Toni zusammengetan, seinem mallorquinischen Freund aus unserem Dorf, und es ins erste Boot geschafft. Allerdings lag dessen Reiz für ihn vermutlich weniger darin, dass es die hölzerne *Virgen* beförderte, sondern darin, dass diese von der jugendlichen Schönheitskönigin der *fiesta* und ihren nicht minder hübschen Dienerinnen begleitet wurde. Sandy zog es vor, sich von derart pubertären Interessen fernzuhalten. Stattdessen spazierte er zu dem Volksfest, das zu diesem Anlass am Rand des Dorfes platziert war, wohl um dort die etwas reiferen einheimischen *chicas* mit seinem Können beim Autoskooterfahren zu beeindrucken.

Ellie und ich konnten uns nun ein oder zwei Mußestunden gönnen. Zuerst setzten wir uns vor die winzige Bar Tur am Hafen, wo Pau, der freundliche Wirt, Ellie wie üblich eine *ensaimada* schenkte und sie scherzhaft als *La Reina de las Malvinas* titulierte – die Königin der Falkland-Inseln. Obwohl dieser hochtrabende Titel ursprünglich Maggie Thatcher von den Spaniern verliehen worden war und vermutlich auch manche Rostlaube von Trampschiff zierte, nahm Ellie die zweifelhafte Ehre mit Humor entgegen. Alles hat seinen Preis, und in Ellies Fall entsprach dieser eben zufällig einem Gebäckstück im Wert von hundert Peseten.

Während sich die Menschenmassen, die sich nach dem

Ablegen der Fischerboote zerstreut hatten, langsam wieder am Ufer zu versammeln begannen, um die Boote bei ihrer Rückkehr im Hafen zu begrüßen, machten wir einen Abendspaziergang zu einem ruhigen kleinen Refugium auf der anderen Seite der Bucht. Die Bar Lovento war eigentlich kaum mehr als eine Fischerhütte, ein winziges, steinernes Häuschen, das immer noch den Kern des Lokals darstellte, jetzt aber durch eine überdachte Terrasse erweitert wurde, die bis an den Rand des Wassers reicht. Dort nahmen wir Platz, teilten uns einen Teller frisch gebratene Sardellen und warfen kleinen Schwärmen von Meeräschen, die direkt neben unserem Tisch nach Futter schnappten, Brotbröckchen hin. Was könnte es für einen besseren Ort geben, um das Verglühen des Sonnenuntergangs über der Bucht zu betrachten, während die zurückkehrenden Fischerboote an der Landspitze auftauchten und der Widerschein ihrer festlichen Beleuchtung wie Glühwürmchen auf dem gekräuselten Wasser tanzte?

Als es Nacht geworden war, signalisierte ein Feuerwerk, dass nun in Port d'Andratx die eigentliche *fiesta* begann. Zeit, die kleinen Fische und die Ruhe hinter sich zu lassen und sich drüben an der Uferpromenade unter die fröhlichen Menschen zu mischen. Die Nacht war noch jung, und die am Himmel aufgehenden Sterne würden schon bald ein quirliges Straßenfest beleuchten, das bis in die frühen Morgenstunden dauern sollte.

* * *

Der August brachte die drückende Hitze, die Francisca Ferrer als *»terr-ee-blay, horr-ee-blay«* beschrieben hatte, als sie Ellie und mir genau ein Jahr zuvor zum ersten Mal den Hof gezeigt hatte. Und wenn sie, die in diesem Tal geboren und aufgewachsen war, die August-Temperaturen schon schwer zu verkraften fand, was hatten dann wir erst kürzlich aus dem kühlen Norden gekommenen Einwanderer zu erwarten? Die Verhältnisse, die selbst die abgehärtetsten Mallorquiner zur Verzweiflung treiben, herrschen dann, wenn ein Südwind namens *Mitjorn* herrscht und in seinem heißen Atem den Sand der Sahara mitbringt. Alles – Autos, Boote, ja selbst die Blätter an den Bäumen – wird von einem Film aus rotem Wüstenstaub überzogen, und die brütende Hitze Afrikas senkt sich über die Insel. Das Ganze wird dadurch noch verschärft, dass der *Mitjorn* auf seiner Reise übers Meer Feuchtigkeit aufnimmt und so die ohnehin bereits vorhandene Luftfeuchtigkeit ins schier Unerträgliche steigert.

»Wir müssen einen Swimmingpool bauen«, keuchte ich, als ich mich an einem dieser schwülheißen Abende in die Küche schleppte, nachdem ich die Bäume bewässert hatte. Ich trug nichts als Shorts, schwitzte aber trotzdem übermäßig, obwohl ich nichts Anstrengenderes tat, als eine Flasche kaltes Wasser aus dem Kühlschrank zu nehmen.

»Aber du kannst nicht mal schwimmen«, wandte Ellie ein, während sie hinter ihrem hektisch wedelnden Fächer hervorblickte.

»Nein, aber ich kann schmelzen. Schau mich doch an. Ich bin kurz davor, mich aufzulösen!«

»Können wir uns das leisten – einen Pool, meine ich?«

»Das wissen wir erst, wenn wir uns erkundigt haben, was es kostet. Aber wir könnten es doch auf jeden Fall als Investition ansehen – dass ein Pool den Wert des Anwesens steigert oder so.« Ich öffnete erneut die Kühlschranktür und steckte den Kopf hinein. »Ich sage dir, ich hole gleich morgen früh Kostenvoranschläge ein. Das ist ja eine Qual.«

Genau wie die eisigen Tramuntana-Winde des Winters tritt der *Mitjorn* zum Glück immer nur einen oder höchstens zwei Tage auf, und so herrschte bald wieder die »normale« Gluthitze des Augusts, die Jahr für Jahr Millionen sonnenhungrige Urlauber in die mallorquinischen Badeorte lockt. Da der größte Teil des Sommerobsts gepflückt war, hatten wir mindestens einen Monat Ruhe vor dieser Art von Arbeit, bis die herbstreifen Früchte wie Quitten und Granatäpfel so weit wären. Endlich hatten wir ein bisschen freie Zeit. Vor allem an den Wochenenden, wenn nicht bewässert wurde. Und so flohen wir immer, wenn keine anderen Arbeiten anstanden, vor der oft erstickenden Hitze des Tals und fuhren mit weit geöffneten Autofenstern der vergleichsweise frischen Luft an der Küste entgegen.

Allerdings steuerten wir nicht die überfüllten Touristenfallen an, wo die sanften Küstenwinde mit dem Aroma von hundert verschiedenen Sonnencremes geschwängert sind und der Sandstrand unter einer Schicht bratender Menschen verschwindet. Unübertrefflich, wenn man deswegen auf die Insel gekommen ist. Aber wir hatten bereits ein wenig vom echten Mallorca entdeckt: das Mallorca aus der Zeit vor dem Touristenboom, wo die natürliche Schönheit der Insel noch relativ unverdorben erhalten ist, wo man nach wie vor in der Idylle einer einfachen *tasca* am Wasser frisch gefangene Sardinen genießen kann und die Bedienung womöglich die Frau des Fischers ist, der die Tierchen gefangen hat. Es gibt noch ein paar dieser unschätzbaren Refugien, versteckt in kleinen Buchten wie zum Beispiel Port des Canonge, das weit entfernt vom Massentrubel an der zerklüfteten Nordküste gelegen ist.

Oder wir fuhren in die Berge, wo die Luft sogar zu dieser schwül-heißen Jahreszeit rein und erfrischend kühl ist. Eines unserer Lieblingsziele war die Bar S'Hostalet, eine abgelegene kleine Taverne am Coll de Sóller, dem hohen Pass zwischen den gewaltigen Bergketten der Sierra del Teix und der Sierra d'Alfabia. Dieses abgeschiedene Lokal war in vergangenen Zeiten ein Rastplatz für Maultiertreiber gewesen, die Waren zwischen Palma und Port de Sóller auf der anderen Seite der Tramuntana-Berge transportierten. Und obwohl heute ein neuer Straßentunnel viele Kilometer unterhalb der Passhöhe den größten Teil des Durchgangsverkehrs abschöpft, hat die Bar S'Hostalet immer noch geöffnet.

Als wir jedoch kürzlich einmal dort einkehrten, war der einzige andere Besucher im Garten vor dem *hostal* eine frei herumlaufende junge Ziege, die voller Lebenslust und Neugier auf Gesellschaft zu sein schien. Sie steuerte sofort auf Ellie zu, die zufällig gerade ein kleines *madelena*-Biskuitteilchen aß. Von den akrobatischen Possen des niedlichen Tierchens sofort hingerissen, hielt sie ihm ein Stückchen hin, das es hastig futterte. Dann schnappte es sich den Rest des Kuchens aus Ellies anderer Hand. Die Gesellschaft eines freundlichen Wesens, dessen Anwesenheit den rustikalen Charme der Umgebung noch unterstrich, war den Kuchen wert, fand Ellie.

Wir saßen im Schatten einer ausladenden immergrünen Eiche an unserem Tisch, schlürften eisgekühlte Getränke und blickten auf das tiefe Tal hinab, von dem sich die Straße in Serpentinen den Pass hinaufwindet. Darüber beherrschten die schroffen Felsen der Alfabia-Berge die Szenerie und warfen willkommene Schatten auf die mit Sträuchern gesprenkelten Hänge darunter. Nichts regte sich, und sogar die Spatzen, die im Eichenlaub über unseren Köpfen Schutz suchten, gaben kaum ein Zwitschern von sich. Es wäre ein Leichtes gewesen, den ganzen Tag hier zu verbringen, doch die *siesta*-Zeit winkte, und es war eine weite Fahrt zurück nach Andratx.

Die zärtliche kleine Ziege begleitete Ellie die Treppe zum Parkplatz hinab, während ich die Rechnung bezahlen ging. Auf beiden Seiten der Eingangstür zur Taverne hingen zwei kleine Käfige aus Bambusrohr, in denen je ein rotbeiniges Rebhuhn hockte.

»Haustiere«, sagte die Kellnerin.

»Und die junge Ziege?«

»*Sí*, auch ein Haustier«, antwortete sie lächelnd.

Während sie in der Kasse nach meinem Rückgeld kramte,

warf ich einen kurzen Blick auf die Abendkarte, die an der Wand hing. Und – nanu, nanu – die beiden Tagesspezialitäten waren »Rebhuhn mit Wildpilzen« und – o Grauen über Grauen – »Gebratenes Zicklein auf mallorquinische Art«.

Ich sagte Ellie nichts davon, weil ich fürchten musste, sonst wegen Beihilfe zu einer Entführung verhaftet zu werden.

* * *

»Das Zeichen der Waage im September steht für Ausgewogenheit«, erklärte der Almanach, »und damit für die gleiche Länge von Tagen und Nächten. Das Eintreten der Sonne in dieses Zeichen markiert das Ende des Sommers und den Beginn des Herbsts.«

Nun, die Sonne und die Waage hätten mich fast getäuscht. Die Hitze war immer noch sehr groß, spanische Fliegen sausten wie Mini-Bungeespringer in der Küche herum, Ameisen patrouillierten in endlosen Armeen über die Terrasse, kleine Geckos klammerten sich an die sonnenwarmen Hauswände, und zwei Kakerlaken lieferten sich allnächtliche Wettrennen über den Fußboden des *almacén*. Auch die Stechmücken erinnerten uns weiterhin daran, dass wir noch sehr weit von dem entfernt waren, was unserer Vorstellung von Herbst entsprach und wovon der Almanach behauptete: »Es beginnt zu frieren, und die beißende Kälte zieht auf.« Darauf freuten wir uns sogar!

Aber wir hatten unseren ersten Sommer im Tal überstanden und waren ein bisschen klüger und wesentlich brauner. Unser Lebensrhythmus hatte sich dank der Hitze verlangsamt, und wir hatten uns daran gewöhnt, vieles zu planen, wenig zu tun und ohne die leisesten von Arbeitsmoral ausgelösten Gewissensbisse die dringend notwendigen täglichen *siestas* einzuhalten. Der Winter und die Mühen der Orangenernte kämen noch früh genug.

Wir hatten unsere Nachbarn seit geraumer Zeit nicht mehr

gesehen, da die brutale Hitze über Tag sie auf der Suche nach Schatten und einem kühlen Eckchen zum Ausruhen in die Häuser trieb. Selbst Andratx lag um die Mittagszeit seit Wochen verlassen da. Nur bei Sonnenuntergang bevölkerten sich die Straßen mit Einheimischen, die allerdings nichts so Anstrengendes wie einen *paseo* riskierten, sondern auf Stühlen saßen und durch die Fenster im Erdgeschoss ihrer Häuser fernsahen.

Auch Jordi hatte sich kaum blicken lassen, was ganz ungewöhnlich für ihn war. Allerdings hatte ich ihn ab und zu gesehen, wenn ich über den Platz fuhr – gemütlich auf einem Stuhl gleich hinter dem Eingang zur Bar Nuevo sitzend und ein Glas Bier in der Hand, das ihm nicht zu schaden schien. Er würde sein geselliges Leben wieder aufleben lassen, sobald die Temperaturen genug gefallen waren, dass Mopedfahrten zu seinen anderen Stammplätzen infrage kamen, daran bestand kein Zweifel.

Trotz der seltener gewordenen Gelegenheiten für ein Schwätzchen hatte sich im Tal irgendwie herumgesprochen, dass Pepe Suaus Sorgen wohl ein Ende hatten. Das Gerücht besagte, dass ein amerikanisches Paar Es Pou gekauft hatte, und da die beiden lediglich an dem großen Haus interessiert seien, hätten sie Pepe gebeten, das Anwesen weiterhin zu bewirtschaften. Sie hatten ein Zwillings-Töchterpaar, das – wie sich herausstellte – in Charlies Klasse ging. Sie hießen Sugar und Spice, und man musste einfach annehmen, dass Leute, die so fröhliche Namen für ihre Kinder ausgesucht hatten, gute Gutsherren für Pepe abgeben würden. Auf jeden Fall hofften wir das, aber schließlich würden wir alles aus erster Hand erfahren, wenn er im Frühjahr wieder kam, um erneut die Bäume zu beschneiden.

»Sandy fliegt morgen nach Schottland«, sagte Ellie, als ich eines Abends schon kurz vorm Einschlafen war und mein Gesicht genüsslich in die kühle Luft eines elektrischen Ventilators hielt, der auf dem Nachttisch stand. »Ob er wohl zurückkommt?«

»Hm, es wird schon alles gut, keine Angst.«

»Und für Charlie beginnt morgen ein neues Schuljahr. Dann wird es hier ziemlich ruhig werden.«

»Hm.«

Ellie schwieg ein Weilchen, und ich wusste, dass ihr Sandy jetzt schon fehlte. Wusste sie aufgrund einer Art mütterlicher Intuition, dass er nicht nach Ca's Mayoral zurückkehren würde? Schon möglich, aber im Moment wollte ich nur schlafen. Es war ein langer und anstrengender Tag gewesen.

»Gute Nacht, Ellie.«

»Du musst etwas gegen die Kakerlaken unternehmen.«

»Hab ich schon«, murmelte ich. »Ich habe Walnussblätter verstreut, wie es mir die alte Maria geraten hat.«

»Tja, es hat aber nicht gewirkt. Die Kakerlaken sind immer noch da – und die Fliegen auch.«

»Hm, ich habe an mehreren Stellen in der Küche gesalzene Zitronenscheiben ausgelegt. Maria sagt, das löst das Fliegenproblem.«

»Hat es aber nicht. Und hörst du das?«

»Was?«

»Hier drin ist eine Stechmücke. Ein sagenhafter Tipp von Maria, dagegen einen Blumentopf mit Basilikum aufs Fensterbrett zu stellen.«

»Vielleicht sollten wir stattdessen versuchen, einen Haufen Eselsmist zu verbrennen.«

»Sei doch nicht albern. Du wirst ernsthaft etwas dagegen unternehmen müssen.«

»Hm, ich gehe morgen ins Haushaltwarengeschäft und kaufe eine Dose Insektenspray.«

»Das hast du gestern schon gesagt … und vorgestern auch!«

»Gute Nacht, Ellie.«

»Und wolltest du nicht Kostenvoranschläge für den Bau eines Swimmingpools einholen?«

»Ja, das erledige ich auch morgen.«

»Das sagst du schon seit einem Monat.«

»Morgen, Ellie«, brummte ich und zog mir das Laken über den Kopf, um den Zuwendungen der Stechmücke zu entgehen. »Das mache ich alles morgen.«

»Ich glaube, du hast mir besser gefallen, als du dieses *tranquilo*-Sein noch nicht perfektioniert hattest«, maulte Ellie, als sie sich endlich zum Schlafen ins Kissen kuschelte. »Gute Nacht!«

»Gute Nacht, Ellie«, gähnte ich. »*Hasta mañana.* Bis morgen …«